KB218316

나의 여성사 읽기

나의 여성사 읽기

박 주 지음

국학자료원

책을 펴내며

어느덧 여성으로서 역사학자의 길로 들어선 지 30여 년의 세월이 흘러 정년퇴임을 하였다. 또 칠순을 맞으며 여성사학자로서의 자신의 삶과 연구 흔적을 돌아보고 싶어졌다. 그동안 너무 앞만 보고 달려왔기 때문이다. 그래서 여성사학자로서 지나온 흔적을 회고하며 후학들과 그 경험을 공유하기 위해 이 글을 쓰게 되었다.

필자가 한국 역사에 관심을 가지게 된 것은 선친 박영석 교수의 영향이 컸다. 선친께서는 필자를 역사학이라는 학문의 길을 걷는데 적극적으로 지도와 격려를 해주셨고 항상 든든한 버팀목이었다. 고인이 되신 아버지께 먼저 무한한 고마움을 전하고 싶다. 그리고 은사님들과 동학들에게도 고마움을 전한다.

유교 가정에서 태어난 필자는 선친의 영향으로 일찍이 유교 문화에 관심을 갖기 시작하여 시간으로는 조선시대 공간으로는 경상도 지역 효자와 열녀 연구에 주로 몰두하였다. 그리고 후반기에는 조선 후기 왕실여성 연구에 흥미를 갖고 집중하였다.

1980년대 대학 졸업정원제에 따른 입학정원 확대와 학과 증설로 운이 좋게도 젊은 20대 후반에 효성여자대학교 교수로 부임해서 조선시대사 전공자로 평탄히 정년퇴직을 맞이하였다. 38년간 대구가톨릭대학교(구, 효성여자대학교) 역사교육과(국사교육과, 사학과에도 근무)의 교수로 근무하면서 더불어 학회활동도 성실히 참가하고자 노력했다. 또한 지역대학 역사학자로서 학회활동을 통한 역사연구와 역사교육에 최선을 다했다. 지방대학의 열악한 연구환경 속에서 학문을 계속하는 제자가 많지 않아서 아쉬움이 큰 반면, 다른 한편으로는 중등학교 역사교사를 양성했다는 것에 보람을 느낀다.

"구슬이 서 말이라도 꿰어야 보배"라는 우리 속담이 있다. 그리고 아버지께서는 생전에 항상 자신의 글은 하나로 묶어 놓아야 한다고 하시면서 책으로 발간할 것을 권하셨다. 그래서 필자는 그동안 논문들을 모아 책으로 여러 차례 간행했다. 이번에는 논문 이외의 글들을 정리하여 책자로 발간하고자 한다. 이러한 작업은 나름대로 의미있는 일이라고 생각한다. 그러나 필자는 이러한 뜻깊은 작업을 은퇴 후 인생의 제2막을 시작하며 하고자 했으나 퇴임과 동시에 일생에 처음 겪는 팬데믹시기를 겪음으로써 이제야 실천에 옮기게 되었다.

제1부는 논문 이외의 글로 신문, 잡지, 회보 등에 실린 저자의 글 가운데

여성사 관련 글로서 왕실여성, 열녀, 국채보상운동에 참여한 부인들에 관한 글들을 선택하여 수록한 것이다. 제2부에서는 필자의 여성사 연구 이야기로 조선시대 여성사를 다룬 저서에 대한 소개와 국제학술회의에서 발표한 여성사 논문, 서평 그리고 학회활동으로서 한국여성사학회와 조선사연구회에서의 활동 등을 서술하였다.

　　끝으로 본 책의 출판을 흔쾌히 허락해 주신 국학자료원의 정찬용 원장님과 정구형 대표님 그리고 편집부 여러분들께 감사드린다.

2025년 1월

愼美堂　朴　珠

차례

제2부
나의 여성사 연구 이야기

제1부

조선과 근대 역사 속
그녀들의 발자취

제 1 장

조선시대 왕실 여성들

소현세자빈 강씨
비운의 세자빈으로 경제적 리더십 발휘

아버지 강석기와 어머니 고령 신씨의 둘째 딸로 태어난 소현세자빈 강씨 (1611-1646)는 1627년(인조 5) 17세의 나이로 세자빈에 간택되어 한 살 아래인 소현세자와 가례를 올렸다. 병자호란이 일어나자 강화도로 피난하였다가 강화성이 함락되자 청군에게 붙들리게 되었다. 인조가 삼전도에서 항복하고 맺은 정축맹약에 따라 소현세자빈 강씨는 소현세자와 함께 청의 인질로 심양에 끌려갔다. 심양에서 만 8년동안 볼모생활을 하였다. 심양에서 그녀는 뛰어난 경영능력으로 무역과 대농장 경영을 통하여 큰 재물을 모았고, 벌어들인 자금으로 조선인 포로들을 속환하기도 하였다. 드디어 소현세자 부부는 만8년 동안의 심양과 북경에서의 인질생활을 마치고 1645년(인조 23)에 귀국하였으나 인조를 위시하여 조선 조정에 환영받지 못하였다. 그것은 청이 인조 자신을 폐위하고 소현세자를 왕으로 세울지도 모른다는 불안감 때문이었다. 결국 소현세자는 귀국한 지 두달 여만에 급서하고 강빈은 소현세자가 죽은 지 1년도 채 되지 않은 이듬해 역모로 몰려 폐출. 사사되었다. 1646년(인조 24) 3월 15일 강빈은 36세의 나이로 3남 3녀를 남겨둔 채 세상을 떠났다. 강빈옥사 뒤에는 친정 식구들과 그녀의 세 아들 중 둘이 죽음을 당했다. 그러나 숙종대에 와서 강빈옥사가 무고임이 밝혀지면서 강씨는 '민회빈愍懷嬪' 이라는 시호를 받았고, 그녀의 친정식구들도 모두 신원되었다.

경기도 광명 영회원(永懷園. 민회빈 강씨의 묘)(출처 : 국가유산청)

소현세자와 소현세자빈 강씨는 심양에서 볼모생활을 하는 동안에 국내의 극도의 반청적 정치상황을 잘 파악하지 못한 나머지 귀국 후의 정치적 입지를 확보하는데 실패하여 결국 의문의 죽음과 사사를 당하였다. 넓게 보자면 소현세자빈 강씨는 병자호란 패전으로 인하여 억울하게 희생된 비운의 세자빈이었다. 그렇지만 한편으로는 왕실여성으로서는 최초로 심양에서 볼모생활하며 청과 국제무역을 하고 대규모 농장을 경영하여 재물을 모으는 리더십이 있었다. 이 자금으로 노예로 있던 조선인 포로들을 속환시켜 농군으로 고용하였던 것이다. 남편 소현세자는 이 재물을 바탕으로 조선과 청의 원만한 관계를 위해 청나라의 고관들과 교분을 나누었던 것이다. 따라서 그녀는 총명하고 강인하며 적극적인 성격으로 뛰어난 경영능력이 있는 여성 국제 CEO였다고 볼 수 있다. 그리고 무엇보다 그녀의 경제활동이 성공할 수 있었던 것은 그녀의 경영 능력 뿐만 아니라 당시 역관들의 헌신적인 도움과 역할이 컸기 때문이라고 볼 수 있다.

(「소현세자빈 강씨의 경제적 리더십」, 『조선 왕실여성들의 삶』, 국학자료원, 2018)

화순옹주(和順翁主)
남편 따라 목숨 끊은 조선왕실 유일한 열녀

    화순옹주(和順翁主 · 1720~1758)는 영조의 둘째 딸이며 정빈 이씨(1694~1721)의 소생이다. 2세 때 어머니 정빈 이씨가 세상을 떠났다. 9세 때에는 한 살 위인 오라버니 효장세자(추존왕 진종 · 1719~1728)마저 세상을 떠났다.

    화순옹주는 13세 때 동갑인 경주 김씨 판돈녕(判敦寧) 김흥경(金興慶)의 넷째 아들 김한신(金漢藎 · 1720~1758)과 결혼하였다. 김한신은 그의 집에서 관례를 치르고 뒤이어 월성위(月城尉)라는 부마의 작호를 받았다.

    사람들은 말하기를 "어진 도위(都尉)와 착한 옹주"라고 했다. 그러나 김한신이 1758년(영조 34) 1월 4일 39세의 나이에 갑자기 병사하자 화순옹주는 남편의 죽음을 지나치게 슬퍼하여 남편을 따라 죽기로 결심하고 스스로 음식을 끊었다. 이에 부친인 영조가 직접 찾아가서 위로하며 음식을 권하고 다시 장문의 편지를 보내 타이르기도 하였으나 끝내 옹주의 마음을 돌리지 못하였다. 결국 음식을 끊은 지 14일 만에 화순옹주는 자진(自盡)하였다. 영조는 한 달 사이에 딸 화순옹주와 사위 김한신의 죽음으로 크나큰 슬픔의 고통을 받았다.

    사관은 옹주의 절조를 극찬하였으며, 예조판서 이익정(李益炡)은 화순옹주의 정려(旌閭)를 청하였다. 영조는 자식으로서 늙은 아비의 말을 듣지 않고 먼저 죽었으니 정절은 있으나 불효라 하여 정려를 끝내 허락하지 않았다.

화순옹주 홍문과 현판(출처: 저자촬영)

결국 정려는 정조 때에 와서 세워졌다. 정조는 고모 화순옹주의 종사(從死) 행동이 왕실에서는 처음으로 있는 열행(烈行)이라며 극찬하였다. 1783년(정조 7)에 충청도 예산에 있는 화순옹주의 집 마을 어귀에 정문(旌門)을 세우도록 하였다. 화순옹주는 남편 김한신이 죽자 왕녀의 신분으로서 유일하게 남편의 뒤를 따라 자진했던 것이다. 아마도 어머니 정빈 이씨가 일찍 세상을 떠나 어머니 없이 자란 슬픔, 오라버니 효장세자의 죽음, 자식 없음, 자신의 병약 등 외롭고 어려운 상황에서 화순옹주는 사랑하는 남편마저 갑자기 죽자 따라서 죽기를 결심하고 14일 동안 식음을 전폐하고 애통해하다가 끝내 순절하였을 것이다.

월성위 김한신은 추사 김정희(金正喜)의 증조부이다. 어려서부터 총명하였으며 키가 크고 용모가 준수하였다. 특히 글씨를 잘 쓰고 시문에 능했으며 전각에도 뛰어났다. 그는 영조의 부마가 되었는데도 항상 겸손하고 검소하였다. 그가 39세의 나이로 병사하자 영조는 매우 슬퍼하며 정효(貞孝)라는 시호를 내려주었다. 그는 슬하에 자녀가 없어 맏형 한정(漢楨)의 셋째 아들 이주(頤柱)를 후사(後嗣)로 삼았다.

화평옹주

영조가 가장 사랑했던 딸로 동생 사도세자의 처지를 동정

1738년(영조 14) 12세 때 화평옹주(1727~1748)의 남편으로 박명원(연암 박지원과 8촌 형제간)이 간택되었다. 1748년(영조 24) 6월 24일 출산하다가 갑자기 22세로 죽자 영조는 매우 슬퍼하였으며 빈소에서 대성통곡하였다. 영조는 거처를 창경궁에서 아예 창덕궁으로 옮겨버렸다. 영조는 10여 일 동안이나 정사를 물리친 채 옹주의 죽음을 슬퍼했다. 금성위 박명원의 맏형 박흥원의 셋째아들 박수현(박상철로 이름을 바꿈)을 양자로 삼았다.

영조는 자녀들 중에서 화평옹주를 유달리 사랑했다. 화평옹주는 영조의 지나친 편애가 한편으로는 기뻤지만 다른 한편으로는 부담스러워서 항상 다른 형제들에 대해 미안한 마음을 가졌다. 특히 그녀는 동생인 사도세자의 처지를 동정하여 세자와 영조의 갈등을 해소시키기 위해 각별히 신경을 썼다. 세자와 생모 영빈 이씨와의 관계를 소원하게 만든 나인들을 궁궐 밖으로 내친 것, 영조가 집복헌에 거처하다가 저승궁이 가까운 경춘전으로 옮긴 것 등은 모두 화평옹주의 주선으로 이루어진 일이었다. 그러나 화평옹주가 출산하다가 갑자기 죽어 조정자가 없어지자 영조와 세자는 다시 멀어지게 되었다.

세자가 14세 되는 해인 1748년(영조 24년) 6월에는 영조가 사랑하던 화평옹주가 22세로 세상을 떠나 영조는 상심하여 세자를 돌보지 못했는데, 그

사이 세자는 거리낄 것 없이 놀면서 행동이 빗나가기 시작했다. 이에 대해 영조는 계속 꾸지람을 하였다. 그런데 세자의 잘못도 있지만 임금이 조용히 세자를 불러 훈계하지 않고, 언제나 사람들이 많이 모인 자리에서 세자를 꾸짖어 흉보듯이 말하여 세자를 더욱 무안하게 만들어 아버지에 대한 공포심과 반항심을 갖게 되었다.

누님 화평옹주가 살아있을 때에는 세자의 편을 들어주어 영조에게 간하고 풀어 주었는데, 옹주가 죽고 난뒤부터는 그럴 사람이 없어져서 부자사이가 더욱 나빠졌다는 것이다.

영조의 사랑을 받으면서 중간에서 세자를 도와주는데 가장 적극적인 구실을 한 사람은 누님 화평옹주이다. 그런 누님이 세상을 떠나자 14세의 세자는 더욱 고립되고 아버지와의 관계도 갈수록 악화되었다.

영조는 사랑하는 화평옹주와 화완옹주를 만날 때는 옷을 갈아 입고 만나고, 싫은 세자와 화협옹주을 만나면 귀를 씻는 버릇이 있었다고 한다. 세자를 만나고 나서 귀를 씻은 물을 화협옹주가 있는 집 창문으로 버렸다고 한다. 그래서 세자가 화협옹주를 만나면 "하하, 우리 남매는 씻는 자비로구나" 라고 하며 서로 웃었다고 한다.

(「영조의 딸과 사도세자」, 대구가톨릭대학교 박물관 소장유물 연계 콜로키움, 2023.10.11.)

화협옹주

화협옹주묘 출토유물로 화협옹주의 얼굴단장 추측

　남편은 영의정 신만의 아들 영성위 신광수다. 신재선을 양자로 두었다. 화협옹주(1733~1752)는 11세(1743년)에 혼인하고, 20세(1752년, 영조 28)에 병(홍역)으로 세상을 떠났다.

　영조 28년(1752) 10월 14일 세자는 전염병인 홍진(홍역)을 앓고, 23일에는 혜경궁이 홍역에 걸렸으며, 27일에는 출생 한 달인 세손(정조)도 홍역에

화협옹주 묘 출토유물 청화백자합(출처: 국립고궁박물관)

걸렸다. 11월에 모두 치유되었으나 세자의 둘째 누님 화협옹주는 11월 27일 20세로 세상을 떠났다.

사도세자는 영조가 화협옹주를 귀하게 여기지 않는다며 불쌍히 여기고 더욱 귀하게 대접하였다. 사도세자는 화협옹주가 세상을 떠나자 매우 애통해하고 아쉬움을 억제하지 못하였다. 이 누이에 대해 각별한 정이 있는데 직접 가서 슬픔을 쏟아내지 못하는 처지가 지극한 아쉬움이라고 하였다.

무덤은 경기도 남양주시 삼패동에 있다가 1970년대에 이장되었다. 발굴 조사 후 흥미로운 유물들이 출토되었다.

이 무덤의 주인이 화협옹주임을 확인할 수 있는 회지석, 아버지 영조가 딸의 죽음을 슬퍼하며 지은 묘지명이 담긴 묘지석, 생전에 사용하였던 것으로 보이는 화장품과 용기들, 거울과 거울집, 먹 등이 발견되었다. 특히 용기 안에는 화장품이 고스란히 남아있어 주목되었다.

(「영조의 딸과 사도세자」, 대구가톨릭대학교 박물관 소장유물 연계 콜로키움, 2023.10.11.)

화완옹주(和緩翁主)
친오빠 사도세자 죽음에 관여한 정조의 고모

화완옹주(和緩翁主·1738~1808)는 영조의 후궁 영빈 이씨의 막내딸로, 영조의 9녀이다. 그리고 사도세자의 친여동생으로 정조의 친고모가 된다. 12세 때 동갑인 일성위(日城尉) 정치달(鄭致達)과 혼인하여 슬하에 1녀를 두었다. 그러나 딸이 태어난 지 5개월여 만에 죽고, 딸이 죽은 지 한 달도 못 되어 남편 정치달이 20세에 요절했다.

화완옹주는 옹주 시절 아버지 영조의 총애를 무척 많이 받았으며, 그에 따라 궁중에서 실세가 되었다. 그에 따라 부마 정치달뿐만 아니라 양자 정후겸(鄭厚謙·1749~1776)도 영조의 사랑을 받을 수 있었다. 영조는 신하들의 반대에도 불구하고 자주 화완옹주의 살림집에 거동하였다. 정치달이 죽은 같은 날 조금 뒤에 중전 정성왕후 서씨가 승하하였다는 소식을 들었음에도 불구하고, 사위의 집으로 문상을 갔다. 그만큼 영조는 화완옹주와 부마 정치달을 사랑했던 것이다.

이후 영조는 딸과 남편을 일찍 잃은 청상과부 화완옹주를 배려하여 궁궐로 들어와 살게 했다. 이러한 영조의 총애는 화완옹주를 궁중에서 실세가 되게 하였다. 그리고 양자로 정후겸을 정해주었다. 정후겸은 인천에서 생선장수로 가난하게 살던 정석달(鄭錫達)의 둘째 아들로 당시 16세였다. 그는 대과에 합격하자마자 영조의 사랑과 배려 덕분으로 빠른 속도로 출세하여 당대의 실권자로 성장하였다.

그러나 그는 사도세자의 죽음에 연루되어 홍인한(洪麟漢) 등과 함께 후일 정조가 되는 왕세손의 대리청정을 적극적으로 반대하였다. 그리고 세손을 모해(謀害)하였다. 화완옹주도 아들 정후겸을 도와 홍인한과 결탁하여 정조를 핍박하였다. 따라서 정조의 즉위는 화완옹주의 정치적 위기를 의미하는 것이었다.

정후겸은 정조가 즉위하자 역적이 되어 28세의 나이에 함경도 경원부에 유배 보내졌다가 사사되었다. 그리고 화완옹주를 사형시키라는 대신들과 삼사(三司)의 탄핵이 줄기차게 계속되었다. 화완옹주는 종사(宗社)에 관한 죄를 지은 역적 죄인으로 취급되어 1778년(정조 2)에 강화도 교동부에 귀양을 가게 되었다. 또한 더 이상 옹주로 간주되지 않고, 정치달의 처라는 뜻의 '정처(鄭妻)'로 낮춰 불렸다.

4년 후인 1782년(정조 6)에는 정조가 몰래 선전관을 시켜 화완옹주를 강화도 교동 섬에서 육지 파주로 옮겼다. 파주에는 남편 정치달의 묘가 있었다. 이를 안 삼사와 대신들은 또다시 화완옹주에게 사약을 내릴 것을 강력히 주장하였다. 그러나 정조는 선왕 영조가 사랑했던 사람이며 선왕의 성덕(聖德)에 누가 될까 염려하여 끝내 사약을 내리지 않았다.

마침내 1799년(정조 23) 3월 4일 62세가 된 화완옹주를 용서하라는 하교를 내렸다. 그 후 화완옹주는 서울 도성에 들어와 살게 되었으며, 1808년(순조 8) 5월 17일 71세에 생을 마쳤다.

(이투데이, 2017. 9. 18.)

정순왕후 김씨(貞純王后 金氏)
46년간 국모 지위 누리며 정치적 영향력 행사

정순왕후 김씨(貞純王后 金氏·1745~1805)는 경주 김씨 김한구(金漢耉·1723~1769)의 딸이다. 1759년(영조 35) 15세에 영조의 계비(繼妃)가 되었으며, 그 후 왕대비, 대왕대비를 거치며 모두 46년간 국모의 지위에 있었다.

정순왕후 김씨는 그의 친정인 경주 김씨 가문을 통해서 정치적 영향력을 갖기 시작하였다. 그녀가 계비가 되었을 당시 영조와는 51세의 나이 차가 있었으며, 친자식이 없었다. 그녀는 친자식이 없는 가운데 계비로서의 지위를 누리기 위하여 친정 가문의 소속 당파인 노론 벽파를 이용하였다. 결국 왕위 계승자였던 사도세자의 비극적인 죽음에도 친정 가문을 통해서 개입하였다고 볼 수 있다.

정순왕후는 왕실의 최고 어른으로서 내명부(內命婦)뿐만 아니라 정치에 더욱 관심을 가졌다. 그녀는 정조의 충실한 신하였던 홍국영(洪國榮) 일당의 토벌을 주장하였다. 특히 홍국영과 연계되어 왕실 후계자 문제에 개입한 정조의 이복동생 은언군(恩彦君) 인(䄄)을 처단해야 한다고 하였다. 은언군 인이 사적으로는 국왕의 동생이지만, 역적으로 지목받은 인물인 만큼 국법에 따라 처분해야 한다는 공론을 일으켰다. 이와 관련하여 여러 차례 직접 한글 교지를 내려 정조와 대립되는 정치력을 행사하였다. 또한 왕대비 고유의 권한인 후사(後嗣) 문제를 해결하기 위해 한글교서를 내렸다. 즉 중전 효

원릉(元陵. 영조와 계비 정순왕후 김씨)(출처: 국가유산청)

의왕후가 병 때문에 후사를 얻을 수 없으니 하루빨리 비빈을 간택하여 후사
문제를 해결할 것을 종용하였다.

이후 순조가 11세의 어린 나이에 즉위하자 정순왕후 김씨는 대왕대비로
3년 반 동안의 수렴청정을 하며 국정에 깊이 개입했다. 이는 그녀가 직접적
으로 정치적 영향을 행사할 수 있는 기회였다.

정순왕후는 스스로를 '여군(女君)' 또는 '여주(女主)'라고 칭하며 '수렴청
정절목(垂簾聽政節目)'을 반포해 적극적인 정치 개입을 정당화하였다. 그
리고 3년 반 동안의 수렴청정을 통해 총 480건의 하교를 명하면서 국정에
깊이 개입해 탕평정치의 기반을 파괴하고 자신의 친인척들과 심환지(沈煥
之·1730~1802)를 비롯한 노론 벽파의 세력 확장을 후원했다.

정치적 지위가 절정에 이른 정순왕후의 주된 정치 목적은 정치, 군사 등
여러 방면에서 정조가 구축한 정치의 기반을 타파하는 것이었다. 따라서 조
선후기 정치사 연구자들에 의해 매우 부정적 평가를 받았다.

하지만 정순왕후는 지위와 역할에 따라 다양한 방법을 통하여 정치적 리더십을 발휘한 여성이었다. 오랜 경험으로 정치 감각이 있었고 늘 명분을 중시했다. 그녀의 정치적 리더십이 일반 백성을 위한 여러 정책에 발휘되었다면 후세 그녀에 대한 평가가 좀 더 긍정적이었을 것이다. 정순왕후는 1805년(순조 5) 1월 12일 61세를 일기로 창덕궁에서 승하하여 영조의 원릉(元陵)에 합장되었다.

(이투데이, 2017. 9. 19)

순원왕후(純元王后)
조선에서 유일하게 두번 수렴청정

순조의 비 순원왕후(純元王后·1789~1857)는 본관이 안동이다. 1789년(정조 13) 아버지 영안부원군 김조순(金祖淳)과 어머니 청송 심씨의 장녀로 태어나 1800년(정조 24) 왕세자빈으로 간택되었다. 삼간택(三揀擇)을 하기 전에 정조가 갑자기 승하하고 영조의 계비 정순왕후 김씨가 수렴청정을 하면서 왕비 책봉이 무산될 위기에 처하기도 하였으나 1802년(순조 2) 왕비에 책봉되었다.

순원왕후는 조선에서 유일하게 두 차례(헌종 조와 철종 조) 수렴청정을 하였다. 왕실의 최고 어른으로서 지위와 영화를 누렸으나 여성으로서의 삶은 매우 불행하였다. 자녀 1남 3녀 모두 자신보다 일찍 세상을 떠나는 비극을 겪었다. 1830년(순조 30)에는 아들 효명세자(孝明世子, 뒤에 익종으로 추존)를 잃었고, 1832년(순조 32)에는 둘째 딸 복온공주(福溫公主)와 맏딸 명온공주(明溫公主)가 불과 한 달 사이에 잇달아 세상을 떠났다.

그리고 2년 후인 1834년에는 남편 순조가 승하하였으며, 1844년(헌종 10)에는 하나 남은 가족인 막내딸 덕온공주(德溫公主)마저 세상을 떠났다. 1849년(헌종 15)에는 유일한 손자 헌종도 후사 없이 승하하였다. 연이은 가족의 죽음으로 순원왕후는 노년에 외롭고 쓸쓸하게 지냈을 것이다.

한편 순원왕후는 책을 읽거나 글씨 쓰는 것을 좋아하여 많은 한글 편지

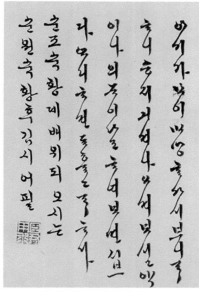

순원왕후가 딸 덕온공주에게 보낸
한글 편지(출처:국립한글박물관)

를 남겼다. 한글 편지는 그녀의 개인적인 삶과 친정 안동 김씨 외척과의 관계 등을 엿볼 수 있게 해준다. 특히 집안에 혼인, 회갑, 과거 급제 등의 경사가 있거나 유배, 죽음, 병고 등의 흉사가 있을 때 편지로 축하하거나 위로하였다. 또한 순원왕후는 수렴청정을 하면서 왕실 의례를 비롯한 다양한 정치적 문제 등에 대해 친형제 유근(逌根), 원근(元根), 좌근(左根)이나 재종형제 홍근(弘根), 응근(應根), 흥근(興根) 등과 의논하여 결정하는 일이 많았다. 이들 형제는 조정의 주요 관직을 두루 거치며 권력의 중심인물로 자리 잡고 있었다.

특히 순원왕후는 헌종 조 수렴청정을 할 때에는 친오라버니 유근, 재종오라버니 홍근 등에게 의지하였고, 철종 조 수렴청정할 때에는 친동생 좌근, 재종동생 흥근 등에게 많이 의지하였다. 순원왕후는 수렴청정을 하는 동안 친정과 긴밀한 관계를 유지하면서 안동 김씨의 세력 강화에 크게 기여하였다.

순원왕후는 1857년(철종 8) 8월 4일 창덕궁에서 69세로 승하하여 순조 왕릉인 인릉(仁陵)에 합장되었다. 인릉은 본래 경기도 파주의 장릉(長陵, 인조와 인렬왕후의 능) 옆에 있었는데 풍수지리상 불길하다고 1856년(철종 7) 10월 11일 현재의 서울 서초구 내곡동에 위치한 헌릉(獻陵, 태종과 원경왕후의 능)의 오른편 언덕으로 옮겨졌다.

(이투데이, 2017.9.20.)

덕온공주(德溫公主)
순원왕후의 막내·조선의 마지막 공주

　덕온공주(德溫公主·1822~1844)는 1822년(순조 22) 6월 10일 창덕궁 대조전에서 순조와 순원왕후의 3녀이자 막내딸로 태어났다. 1829년(순조 29) 8세 때 '덕스럽고 온화하다'는 의미의 '덕온(德溫)'이라는 이름을 받아 정식으로 공주에 책봉되었다.

　16세 되던 1837년(헌종 3) 8월 13일 생원 윤치승(尹致承·1789~1841)의 둘째 아들 남녕위(南寧尉) 윤의선(尹宜善·1823~1887)과 혼례를 올렸다. 살림집은 저동(서울 중구)에 마련되어 '저동궁'이라 불렸다. 윤의선은 선조 때 좌의정을 지내고 공신으로 책봉된 윤두수(尹斗壽)의 10대 후손이다. 윤의선의 어머니는 안동 김씨였다.

　공주의 혼례는 보통 12세 전후에 이루어지지만 덕온공주는 13세가 되던 1834년에 아버지 순조가 세상을 떠나고 삼년상을 치르면서 혼례가 늦어졌다. 혼례는 어머니 순원왕후의 주도로 이루어졌다. 순원왕후가 덕온공주와 사위 윤의선에게 마련해준 한글 혼수 발기 등이 남아 있다. '발기'는 사람이나 물건의 이름을 죽 써 놓은 글을 말한다. 혼수 발기에는 장신구(노리개, 단추, 장식끈, 댕기), 문방구, 그릇(사발, 대접 등), 바느질 도구(가위, 인두 등), 잡화(빗, 경대, 자물쇠, 망원경) 등 온갖 물건이 두루 갖추어져 있다. 혼수 물목을 통해 막내딸을 시집보내며 아낌없이 주고픈 어머니의 마음을 잘 알 수 있다.

덕온공주 인장과 인면(印面)
(출처:국립고궁박물관)

덕온공주는 어머니의 영향으로 책을 읽거나 글씨 쓰는 것을 즐겼다. 시집갈 때 4000권의 국·한문책을 가지고 갔다는 손녀 윤백영(尹伯榮·1888~1986) 여사의 증언이 있다. 덕온공주와 순원왕후가 안부를 주고받는 데 한글 편지가 큰 역할을 하였다. 순원왕후는 주로 사위 앞으로 편지를 보냈는데, 한글 편지가 다수 남아 있어 덕온공주의 혼인생활을 짐작할 수 있다.

덕온공주는 혼인 후 1839년에 첫째 딸을 낳았으나 일찍 죽었다. 혼례한 지 7년이 되던 1844년(헌종 10) 5월 24일 23세의 젊은 나이로 갑자기 세상을 떠났다. 당시 헌종의 둘째 부인을 뽑는 행사에 참석하였다가 점심으로 먹은 비빔밥이 체하여 같은 날 저녁에 숨을 거두었다. 둘째 아이를 임신 중이던 덕온공주는 숨을 거두기 전 아이를 낳았으나 아이도 바로 죽었다. 그 후 윤용구(尹用求)가 양자로 결정되었다.

한편 덕온공주의 묏자리를 둘러싸고 순원왕후와 안동 김씨 가문 간의 다툼이 있었음을 알 수 있는 순원왕후 한글 편지가 남아 있다. 막내딸 덕온공주가 세상을 떠난 후 공주의 묏자리에 대하여, 그곳이 왕기가 있어 능소(陵所)로 쓸 곳이므로 공주의 묘를 쓸 수 없다고 반대하는 의견이 제기되자, 몹시 분개하고 서운함을 토로하였다. 덕온공주의 묘는 서울 성북구 장위동에 있다.

(이투데이, 2017. 11. 22.)

덕혜옹주(德惠翁主)
비운의 삶 보낸 조선의 마지막 옹주

　　덕혜옹주(德惠翁主·1912~1989)는 고종이 환갑이 되던 1912년 5월 25일 덕수궁에서 태어났다. 고종의 고명딸로서 황실뿐만 아니라 국민의 큰 관심과 사랑을 받으며 자랐다. 옹주를 지극히 사랑했던 고종은 1916년 덕수궁 준명당(浚明堂)에 유치원을 설립하여 옹주가 다닐 수 있게 하였다. 왕녀 중 공식적으로 유치원에 입학한 사람은 덕혜옹주가 처음이다.

　　그러나 옹주는 조선총독부의 정책 때문에 6세가 되어서야 정식 왕공족(王公族)으로 등록되고 1921년 10세 때 '덕혜'라는 호를 받았다. 덕혜옹주가 8세 때인 1919년 1월 21일에 고종이 승하하였다.

　　10세가 되는 1921년 4월 1일 일본인 귀족 자제들을 위한 초등교육기관인 일출심상소학교(日出尋常小學校)에 입학하였다. 5학년 때인 1925년 3월 '황족은 일본에서 교육시켜야 한다'는 일제의 요구에 의해 강제로 일본 유학을 떠났다. 일본에서는 도쿄의 영친왕 이은(李垠)이 거처하던 집에서 생활하면서 일본 황족이나 귀족 자녀의 교육을 위해 세워진 여자학습원에 다녔다. 1년 뒤 1926년 4월 25일 순종이 서거하고, 1929년에는 생모 복녕당(福寧堂) 귀인 양씨(梁氏)마저 세상을 떠났다.

　　어머니의 장례 이후 덕혜옹주는 신경쇠약 증세를 보이기 시작해 조발성 치매증(정신분열증)으로 진단되었다. 일본은 영친왕에 이어 덕혜옹주도 일

덕혜옹주, 1923년경(12세)

본인과의 혼인을 추진했다. 1931년 5월 8일 대마도 번주의 아들 백작 소 다케유키(宗武志·1908~1985)와 도쿄에서 정략 결혼하였다. 다음 해인 1932년 8월에 딸 마사에(정혜·正惠)를 낳았다.

그러나 결혼 후 정신질환은 더욱 악화되었다. 1945년 일본 패망 이후 다케유키가 백작 지위를 잃고 경제적 어려움을 겪게 되면서, 1946년에 덕혜옹주를 도쿄 도립 마쓰자와 정신병원에 입원시켰다. 입원해 있는 동안 딸 정혜는 편지를 남기고 실종되었다. 그 후 1955년 6월 남편은 일방적으로 이혼을 선언하고 일본 여자와 재혼하였다.

서울신문 도쿄 특파원이었던 김을한(金乙漢·1906~1992)은 1950년 덕혜옹주의 소식을 접하고 환국을 추진했다. 이승만 대통령은 정치적인 이유로 대한제국 황손들의 귀국을 반대하였다. 그 후 1961년 국가재건최고회의 의장 박정희에게 알려져 1962년 1월 26일 덕혜옹주는 51세 때 대한민국으로 영구 귀국하게 되었다. 일본으로 떠난 지 38년 만이었다.

귀국 직후 서울대병원에 입원했고, 그해 2월 28일 '이덕혜'라는 이름으로 대한민국 국적을 회복하였다. 1967년 5월 퇴원하여 창덕궁 낙선재(樂善齋)의 수강재(壽康齋)에서 기거하였다. 1989년 4월 21일 78세로 영면하였다. 묘는 경기도 남양주시 홍유릉(洪裕陵)에 있다.

(이투데이, 2017. 11. 23)

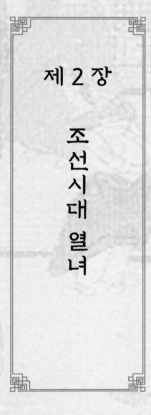

제 2 장

조선시대 열녀

수절과 열녀,
그 뒤에 숨은 이야기

유교사회에서 부부간의 관계는 남편에 대한 아내의 순종과 수절이 가장 중요한 덕목이었다. 여성의 순종은 '삼종지도(三從之道)', '열녀불경이부(烈女不更二夫)', '일부종사(一夫從事)'로 정의되어 있다. 성종은 『경국대전』에 "재가하거나 실절한 부녀의 자손 및 서얼자손은 문과. 생원. 진사과 시험에 응시할 수 없다."라고 명문화함으로써 사족 부녀자의 재혼을 사실상 금지하였다. 이후 과부의 재혼은 1894년 갑오개혁에서 처음으로 허용되었다.

수절과 열녀를 조장하는 사회

조선 전기에는 대부분 수절하는 여성이 포상되었으나, 후기가 되면 남편을 따라 죽거나 외간남자로부터 정조를 지키기 위해 죽는 여성 그리고 남편의 위급함을 구하기 위해 목숨을 버리는 등의 극단적인 행위를 한 여성들이 열녀로서 포상받았다. 그리고 열(烈)의 행적이 있는 자에게는 사회적 신분의 고하, 귀천을 막론하고 국가에서 적극적으로 포상하였다.

조선시대 역대 왕들은 해마다 연말이 되면 전국의 관찰사들로 하여금 열녀들을 수록 보고하게 하고 예조가 정기적으로 기록하여 왕에게 아뢰어 이들에게 정문(旌門), 정려(旌閭), 복호(復戶), 상물(賞物), 면천(免賤) 등으로 포상하였다. 여기에서 정문, 정려는 가장 큰 포상으로 사족녀(士族女)의 경우 가문의 명예였다. 정려의 형태는 비각처럼 전통양식의 작은 목조건물을 세우고 기와를 얹은 모습인데, 그 안에 정려기를 나무현판에 음각했거나 비석을 세워 음각하여 마을 입구에 세웠다.

그 다음으로 복호가 있는데 복호란 역(役)을 면제해주는 것이었고, 상물은 상으로 곡식이나 비단, 포(布) 등을 내려주어 경제적 혜택을 주는 것이다. 천인의 경우는 면천하게하여 신분상승을 가능하게 하는 등 실제생활에 이익을 주어 권장하였다. 이렇게 함으로써 후손들로 하여금 본받도록 했다.

조선 후기로 가면 열녀의 수가 급증하게 된다. 그것은 『삼강행실도』열녀편의 보급과 국가의 적극적인 정표정책으로 양반층 여성에서 일반 백성으로 열녀의 풍속이 침투되어 조선사회 전반에 널리 정착화되어 갔기 때문이다.

조선 후기에는 여성들이 정절을 목숨보다 소중히 여기고 과부의 수절이 여성의 의무인양 생각하는 풍속이 생겼다. 실제로 조선시대의 많은 여성들이 젊은 나이에 과부가 되어도 평생을 재혼하지 않고 수절하였다. 예컨대 혼례만 올리고 아직 시댁에 들어가 폐백도 올리지 않은 신부는 마당과부가 되고, 남자의 사주단지만 받아 놓은 상태에서 정혼자가 죽은 여성은 처녀과부가 되어 평생 수절하고 살아야 했다.

임진왜란과 병자호란을 겪은 후 사회적인 혼란과 무질서가 야기되자 질서회복과 안정추구의 방책으로 예(禮)를 중시하게 되면서 여성의 정절과 순종은 더욱 강화되었다. 즉 17세기에 들어오면서 가문의식으로 열녀이념이 더욱 규범화, 경직화되었던 것이다. 18세기에 와서는 죽음이 아니면 열녀로 정려를 받을 수 없을 정도로 죽음의 수가 증가하였다.

한편 18세기 후반에 이르러 열녀의 비인간적 측면과 허구성에 대한 비판이 대두되었다. 정약용은 「열부론」에서 정절의 허위성을 논하였다. 즉 남편이 천수를 누리고 죽었는데도 아내가 따라 죽는 행위는 제 몸을 죽이는 것일 뿐이라고 했다.

외적의 침략, 열녀를 양산하다

한편 조선시대 열녀 행적을 유형별로 나누어 보면 남편 사후 재가하지 않고 종신수절한 경우, 남편이 죽자 굶어 죽거나 목매어 죽거나 물에 빠져 죽거나 독약을 마시고 죽는 경우, 호랑이에게 물린 남편을 생명의 위험을 무릅쓰고 구하거나 남편의 시체를 빼앗거나 혹은 대신 죽는 경우, 도적의 침입에 위험을 무릅쓰고 남편을 구하거나 대신 죽는 경우, 남편이 병들었을 때 단지(斷指: 손가락을 잘라 피를 드림)하거나 또는 할고(割股: 넓적다리의 살을 베어 약으로 씀), 상분(嘗糞: 변을 맛보아 병의 경중을 살핌)으로 헌신적인 간호를 하여 병이 나은 경우도 있지만 대부분 남편이 죽었는데 이때 남편을 따라 죽은 경우, 화재시에 남편의 신주를 꺼내고자 불 속에 뛰어들어 타죽은 경우, 외간남자로부터 정조를 지키기 위하여 자결하거나 저항하다 죽은 경우, 또는 패도(佩刀)로서 스스로를 지킨 경우, 수절하는 여성에게 부모로부터 개가권유가 있었으나 한사코 거절한 경우, 전쟁 때 정절을 지키려다 죽은 경우 등을 들 수 있다.

임진왜란과 병자호란 때 엄청난 수의 여성이 정절을 지키려다 살해당하거나 자살하였다. 『동국신속삼강행실도』에 근거하여 임진왜란 때의 열녀수를 살펴보면 열녀로 정표된수는 효자, 충신을 합한 수보다 약 3배나 많다는 사실을 알 수 있다. 이와 같이 정절을 지키다 죽은 부녀자가 많은 것은 조선조의 유교적 열녀관이 철저했기 때문이다.

무려 6명이 자결한 솔레마을 여인들의 사연

수많은 열녀 사례가운데 몇 가지 사례를 들어보면 다음과 같다.

현풍 곽씨 솔례(率禮) 12정려는 대구시 달성군 현풍면 대동리 솔례촌에 있다. 정려(旌閭)라 하면 하나도 어려운 일인데 하물며 열둘이나 된다. 충신 1인, 효자 8인, 열부 6인의 정려각이 그것이다. 이 가운데 여섯 열부는 거창 신씨(곽이상(郭履常)의 아내), 곽씨(안음현감 곽준(郭趁)의 딸, 유학(幼學) 류문호(柳文虎)의 아내), 광주 이씨(곽재기(郭再祺)의 아내), 밀양 박씨(곽홍원(郭弘垣)의 아내), 안동 권씨(곽수형(郭壽亨)의 아내), 전의 이씨(곽내용-郭乃鎔)의 아내)가 그들이다.

이들에 대한 구체적인 열행을 살펴보면, 거창 신씨(居昌愼氏)는 황석산성이 함락될 때 남편과 시아버지(곽준)가 함께 전사했다는 소식을 듣고 곧 목매어 죽었다. 이에 광해조에 정문하였다. 충신 곽준의 딸 곽씨는 정유재란 때 친정아버지를 따라 황석산성에 들어가 적을 피하였다. 그런데 성이 함락되어 친정아버지와 두 오빠가 함께 전사하였다. 그리고 남편 또한 목숨을 잃었다는 소식을 듣자 곽씨는 스스로 목을 매어 자결하였다. 이에 광해조에 정문복호하였다.

광주 이씨(廣州李氏)는 임진왜란 때 왜적을 만나자 몸을 더럽힐까 두려워 물에 몸을 던져 자결하였다. 또 부인의 모친은 곽헌의 딸인데 역시 죽음으로써 정절을 지켰고, 부인의 시숙인 곽재록(郭再祿)의 딸도 동시에 순절하니 이 모두 조정에 알려져 선조는 정려를 명하였다. 밀양 박씨는 어느 날 집에 강도가 들어와 남편 곽홍원을 향하여 달려들며 칼로 찌르려는 순간 부인 박씨가 얼른 앞을 가로막아 남편은 무사했으나 박씨는 칼에 찔려 목숨을 잃었다. 이 사실이 조정에 알려져 현종은 정려를 명하였다. 안동 권씨는 시집간지 일 년도 채 되지않아서 남편이 병으로 위독하자 권씨는 밤낮으로 흐느껴 울면서 자신이 대신 죽기를 천지신명께 빌었다. 그러나 마침내 남편이 죽자 장례를 지낸 뒤부터는 물 한 모금도 입에 대지 않다가 마침내 목을 매어 자결하였다. 이 사실이 조정에 알려져 현종은 정려를 명하였다.

전의 이씨(全義李氏)는 세살 때 어머니를 여의고 계모밑에서 자랐다. 19세 때 동갑인 곽내용과 혼인했으나 6개월 여만에 남편이 병으로 세상을 떠났다. 이씨는 그 날부터 식음을 전폐하고 남편의 뒤를 따르기로 결심하고 오직 상주로서만의 도리를 다하다가 탈진상태에 이르렀다. 이를 눈치챈 시부모가 위로와 함께 외아들을 잃은 우리는 너를 의지할 수 밖에 없다고 타일렀다. 또 병석에 누워있던 친정아버지가 "너의 죽음은 곧 나의 죽음이며 내 명도 조석에 달렸다."고 타이르자 효성이 지극했던 그녀는 어른들의 명에 따르기로 했던 것이다. 6년 뒤인 25세 때 친정아버지가 돌아가셨다는 부고를 받은 후 제문을 지어 남편 영전에 바치고 장문의 절명사(絶命詞)를 남긴 뒤 굶어서 목숨을 끊고 남편의 뒤를 따라갔다. 이 사실이 알려져 영조 18년(1772)에 정문을 명하였다.

정절을 위해 목숨을 초개같이 버렸구나

8정려는 정유재란 때 같은 날, 같은 배를 타고 난리를 피하다가 적선이 뒤쫓아오자 바다 가운데서 부녀자 12명이 바다에 몸을 던져 순절하여 정려된 것이다. 그 열부들이 순절한 지 84년만인 숙종 8년(1682)에 후손들의 상소에 의해 8열부 정열각(旌烈閣)이 전라남도 함평군 월야면 월악리에 세워졌다.

그 당시 배에 같이 탔던 정희득(鄭希得)은 25세의 나이로 왜군의 포로가 되어 일본 본토에서 3년동안 포로생활을 하다가 귀국하여 피로(被虜)기록으로 『월봉해상록(月峯海上錄)』을 남겼다. 『월봉해상록』에는 난리를 피해 바다로 나온 어머니, 형수, 누이동생 그리고 아내가 왜적으로부터 정절을 지키기 위해 바다에 몸을 던져 순절하는 상황을 비통한 심경으로 생생하게 기록하고 있다.

(「조선의 女人」, 대구은행의 지역사랑지 『향토와 문화』 59, 2011년 여름호)

열녀,
조선 사회를 바라보는 하나의 창

경상도 지역의 열녀를 찾아서

일찍이 유교문화에 관심이 있던 필자는 석사 논문으로 「조선 숙종조의 사우祠宇 남설濫設에 대한 고찰」을 작성하였다. 그 후에도 조선시대 유교정책과 유교문화의 보급 등 유교를 보다 심층적이고 입체적으로 이해하는 데 관심을 기울였다. 주된 관심 분야는 당쟁, 문중, 족보, 서원, 사우祠宇 등이었다.

1983년 박사학위 논문을 준비하며 처음 열녀와 인연을 맺었다. 논문 주제를 정하지 못해 고민하던 어느 날 같은 과 동료 교수인 고고학 전공 故 이은창 교수로부터 마을마다 효자, 열녀 정려문旌閭門이 있는데 아직 연구가 안되어 있다는 이야기를 들었다.

우연히 들은 이 한마디가 결국 열녀 연구의 계기가 되었다. 조선시대 효孝와 열烈은 삼강三綱의 중요한 요소로서 유교문화를 이해하는 데 빠트릴 수 없는 윤리이다. 이 가운데 그동안 학계의 관심에서 소외되어 온 열녀의 존재에 마음이 갔다.

열녀에 대하여 관심을 가진 연구 초기에는 《조선왕조실록》과 《삼강행실도》, 《속삼강행실도》, 《이륜행실도》, 《동국신속삼강행실도》, 《오륜행실도》 등의 유교 윤리서를 중심으로 살펴보았다. 먼저 《태조실록》부터 《숙종실록》까지 효자, 열녀, 정려旌閭, 정문旌門 관련 자료를 꼼꼼하게 찾기 시작했다. 이때만 하더라도《조선왕조실록》번역이 일부만 이루어졌기 때문에《조선왕조실록》을 한 권 한 권 검토하는 작업은 지난한 것이었다.《조선왕조실록》은 그야말로 사료의 보고寶庫였다. 정표旌表, 정려, 정문, 효자, 열녀 등과 관련해 그동안 주목받지 못했던 수많은 사료와 만날 수 있었다.

그 후에는 경상도 지역의 지리지에 주목하였다. 먼저 수령이나 재지사족들이 펴낸 사찬 읍지인 함안의《함주지咸州志》, 안동의《영가지永嘉誌》, 진주의《진양지晉陽志》, 선산의《일선지一善誌》, 상주의《상산지商山誌》, 경주의《동경잡기東京雜記》, 함양의《천령지天嶺誌》, 성주의《성산지星山誌》, 청도의《오산지鰲山志》, 단성의《단성지丹城誌》, 밀양의《밀양지密陽志》, 동래의《동래부지東萊府志》등에서 열녀 기록을 일일이 수집했다. 이어서 관찬 지리지인《신증동국여지승람》,《여지도서》,《경상도읍지》등 지리서를 검토하였다.

경북지역을 먼저 주목한 이유는 이 지역이 조선시대에 이른바 '추로지향(鄒魯之鄕)'으로 꼽힌 곳으로 유교 이념이 지역사회에 얼마나 확산되어 있었는가를 실증적으로 확인하고 싶었다. 아울러 경남지역의 열녀 사례들을 상세히 분석함으로써 경남지역 열녀의 특성을 실증적으로 연구하고자 하였다.

첫째, 지역사 차원에서 경상도 지역의 열녀 사례를 심층적으로 분석함으로써 그동안 등한시되었던 지역사 연구 발전을 도모하고자 하였다. 이것은 그동안 중앙 중심의 역사서술에 대한 반성과 아울러 지역사 연구를 통하여 열녀에 대한 입체적인 접근을 시도하고자 한 것이었다.

둘째, 자료 활용도 16세기의 관찬 지리지인《신증동국여지승람》외에 16, 17세기에 현존하는 경상도 지역 사찬 읍지류, 18세기의 관찬 지리지인《여지도서》, 19세기의 읍지인《경상도읍지》등 주로 관찬·사찬 지리지를 두루 활용하였다. 이를 통하여《조선왕조실록》, 유교 윤리교화서 등의 사료만으로 연구할 때 나타나는 부족한 점들을 보완하여 총체적으로 접근해 보았다.

《경상도읍지》 속 열녀들

읍지는 《조선왕조실록》 못지 않게 열녀 자료의 보고라고 할 수 있다. 그 가운데 《경상도읍지》는 1832년(순조 32)에 작성되었으며 경상도의 71읍이 전부 수록되었다. 책수만 무려 20책이다. 다만 이 방대한 자료에 의미를 부여하기 위해서는 읍지의 내용을 하나하나 검토하고 분석하는 작업이 뒤따라야 하므로 시간이 많이 걸리는 자료이기도 하다. 그런 만큼 이 자료에서 찾아낸 열녀의 존재들은 다양한 사회상이나 여성의 삶을 보여주고 있어서 보람도 있다.

먼저 통계적으로 볼 때 경북지역은 233건(41개 고을)이고, 경남지역의 열녀는 255건(30개 고을)이어서 경남지역이 경북지역보다 열녀가 더 많다. 임진왜란 때도 경남지역이 80건으로 경북지역의 55건보다 많아서 경남지역 여성의 피해가 매우 컸음을 엿볼 수 있다.

먼저 경북지역 41개 고을의 233건의 열녀 사례를 분석해 보면, 임진왜란 때 죽은 열녀가 압도적으로 많았다. 임진왜란 때 경북지역 열녀의 자살 및 피살 유형으로 적에게 참혹하게 살해된 사례가 가장 많고, 그다음으로 강물과 못에 몸을 던진 사례로 나타났다.

남편이 병으로 사망하자 따라 죽는 순절의 사례도 많았다. 순절할 때도 남편의 장례와 제사를 직접 담당하고 후사까지 정한 뒤에 순절하는 경우가 많아서 여성 스스로도 가문을 중시했음을 알 수 있다. 순절의 방식은 목을 매어 죽거나 굶어 죽는 사례가 많았다. 그 밖에 독약을 마시고 죽거나 물에 빠져 죽는 경우가 나타난다. 청상과부가 되어 부모의 적극적인 개가 권유에도 불구하고 평생을 종신 수절한 사례도 적지 않았다.

흥미로운 사실은 조선 후기로 갈수록 열녀의 수가 급증하는 추세를 보인다는 점이다. 조선 후기에 여성들이 정절을 목숨보다 소중히 여기고 과부의 수절이 조선 사회 전반에 널리 정착되어 가는 풍속이 생겼음을 알 수 있다.

아울러 경북지역의 지역별 분포를 보면 성주 지역이 열녀가 가장 많았고 그 다음이 안동 지역이었다.

다음으로 경남지역 30개 고을 255건의 열녀 행적을 보면 경북지역과 마찬 가지로 남편 사후 따라 죽어 같이 묻히고자 하는 여성들이 많았다. 그래서 남편 사후 목매어 죽는 경우가 가장 많았다. 남편이 죽자 장례 일에 죽는 경 우도 있고, 유복자가 있는 경우에는 해산 후 자결하는 경우, 후사가 없는 경 우에는 후사를 정한 후에 자결하는 경우도 있었다. 이 역시 가문을 매우 중 시하였음을 알 수 있다. 또 순절이 수절보다 훨씬 많아서 열녀의 행적과 여 성의 죽음이 밀접하게 연결되었음을 짐작할 수 있다.

그 밖의 열녀 행적을 소개하면, 남편 사후 종신 수절한 경우, 남편 사후 에 상복을 3년 또는 6년, 9년이나 입는 경우, 남편이 호랑이에게 물려 가자 생명을 걸고 남편의 시체를 찾아 오거나 함께 죽은 경우, 화재 시 남편과 함 께 타죽은 경우, 도적의 침입으로부터 남편을 구하고 대신 죽은 경우, 남편 이 병들었을 때 본인의 손가락을 잘라 피를 먹이거나 남편의 변을 맛본 경 우, 외간 남자로부터 정조를 지키기 위하여 목매어 자결하거나 저항하다 죽 은 경우 또는 패도佩刀로 스스로를 찌른 경우, 왜란 때 절개를 지키려다 죽 은 경우 등이 있다.

한편, 경상도 전 지역에서 임진왜란 시기에 정절을 지키려다 죽은 여성들 이 급증하는 경향을 보여주었다. 전쟁은 열녀가 나오는 가장 직접적인 계기 가 되었다. 당시 경남지역에서는 임진왜란(1592년), 계사년(1593년) 왜란, 정유재란(1597년), 무술년(1598년) 왜란 순으로 여성들이 일본군으로부터 큰 피해를 입은 것으로 보인다. 임진왜란 때의 열녀는 대부분 살해되거나 자살한 예이다. 많은 여성이 적을 만났을 때 적을 꾸짖으며 끝까지 굴복하 지 않아 참혹하게 살해당하였다. 지역별 분포를 보면 진주 지역이 가장 많 고, 그다음이 함안지역이었다.

이 밖에도 열녀 가운데 효자의 처 또는 효자의 딸이 적지 않아 주목된다. 신분별로 보면 양반의 부인이 가장 많았다. 그리고 경남지역이 경북지역보다 하층 신분이 더 많아서 경남지역 열녀의 특색을 엿볼 수 있다.

《우열녀전禹烈女傳》의 발굴

열녀 연구의 1차 자료는 《조선왕조실록》과 읍지다. 국가에서 시행한 열녀 정책의 흐름을 파악할 수 있을 뿐만 아니라 시대마다 특별히 강조한 포상 사례를 통해서 당대 시대의 특성도 포착할 수 있기 때문이다.

여기에 더하여 연구를 진행하면서 가장 큰 보람은 새로운 자료의 발굴이다. 필자가 2006년에 발굴한 《우열녀전禹烈女傳》이 여기에 해당한다. 열녀 연구에서 《조선왕조실록》과 읍지가 중요한 자료이지만 내용이 단편적이라는 아쉬움이 있었다. 그런데 이 《우열녀전》를 통하여 우 씨禹氏(1657~?)라는 여성의 삶과 함께 어떤 한 여성이 열녀가 되는 과정을 생생하게 조명할 수 있게 되었다.

《우열녀전》은 1694년(숙종 20) 신덕함申德涵(1656~1730)에 의해 쓰였다. 《우열녀전》에는 우 열녀의 출생과 성장배경, 결혼 초의 시집 생활, 1683년(숙종 9) 도적의 침입으로 인하여 졸지에 과부가 된 과정, 홀아비 군인 이영발李永發의 청혼과 협박, 이웃 부인의 개가 권유와 우 열녀의 강한 수절 의지, 이영발의 집 마당에서의 자결 시도와 소생 등이 매우 생생하게 서술되어 한 편의 소설을 읽는 것 같았다.

작자 신덕함은 우 열녀가 궁벽한 시골 마을(경상도 의성현 동촌 점지동)에서 신분이 천한 목수의 딸로 태어났음에도 절개, 효, 지혜, 용기를 겸비한 행실에 감동을 받아 후세에 교훈을 남겨주려는 의도에서 그의 모든 행실을 자세히 기록했다고 한다. 우 열녀의 사례를 통해서 천한 신분에서도 일부종사의 변함없는 열(烈)관념을 다시 한번 확인할 수 있었다.

열녀 연구의 새로운 방향

열녀는 조선시대 유교 사회를 이해하는 하나의 창이라고 볼 수 있다. 하지만 김씨나 이씨, 이조이(소사), 정 조이 등 성씨로만 표기된 열녀에 대한 연구는 아직 개척 단계이며, 앞으로 열녀에 대해서는 더 많은 연구가 이루어져야 하겠다.

첫째, 지역별 사례 연구에 주목할 필요가 있다. 현재 경상도 지역에 대한 연구가 이루어진 정도다. 그러므로 경기도, 충청도, 전라도, 강원도, 제주도 등지의 열녀에도 관심을 가져야 하며, 아울러 통일에 대비하여 북한 지역까지 그 연구의 범주가 확대될 필요가 있다.

둘째, 사료의 경우 그동안은 《조선왕조실록》, 유교 윤리서, 지리지 등 관찬 사료들이 주로 이용되었는데 그 범주 또한 더 확대되어야 한다. 각 지역에 세워진 열녀비가 대표적이다. 열녀비 등을 조사해 보면 문헌 자료에 등장하지 않는 내용과 여성 개인의 삶이 잘 담겨있다.

셋째, 열녀의 경우 사료에서 열녀의 목소리를 찾아내야 한다. 정절을 강요받던 조선 사회에서 열녀들이 어떤 생각을 가지고 순절했는지를 알 수 있는 새로운 사료를 많이 발굴해야 한다.

넷째, 개별 열녀 사례도 아직 연구가 미흡한 실정이다. 그러므로 각 지역에서 열녀에 대해서는 개인에 초점을 맞춘 자료의 발굴과 연구가 앞으로 지속되어야 한다.

다섯 째, 일기, 편지 등을 비롯한 여성들이 남긴 사료와 선비들이 남긴 열녀전, 문집 등에 대한 적극적인 발굴도 병행되어야 할 것이다.

(「열녀, 조선 사회를 바라보는 하나의 창」, 『여성사 한 걸음 더』, 푸른 역사, 2024.12)

우열녀(禹烈女)
절개와 용기를 겸비한 하층민 열녀

(1) 우열녀의 삶

우열녀의 이름은 말질진(末叱眞)이다. 1657년(효종 8) 경상도 의성현(義城縣) 동촌(東村) 점지동(店池洞)이라는 궁벽한 시골마을에서 목수의 딸로 태어났다. 21세 때 안동인 김덕립(金德立)과 혼인하였다. 시부모로부터 "우리 현부(賢婦)"라는 칭찬을 받으며 딸 하나를 낳고 행복하게 살았다.

그런데 1683년(숙종 9) 어느 날 갑자기 침입한 도적의 칼에 남편이 찔리는 사건이 발생하였다. 그때 우열녀는 맨몸으로 칼을 무릅쓰고 남편을 구하고자 했으나 같이 중상을 입었다. 그 후 남편이 죽자 밤낮으로 호곡하며 굶어서 따라 죽고자 했으나 가족들의 만류로 그러지 못하고 수절(守節)하게 되었다. 그러나 경제적인 어려움으로 시어머니와 이별하고, 어린 딸을 데리고 친가로 돌아왔다. 친정에서는 품팔이 생활을 하며 늙고 병환 중인 아버지 막복(莫卜)을 봉양하였다.

우열녀는 어려운 생활환경 속에서도 노부(老父)와 계모를 잘 봉양한 효녀였다. 뿐만 아니라 시어머니와 떨어져 지내면서도 인편이 있으면 반드시 안부를 물었고, 문안할 때는 반드시 음식을 보내드렸다. 남편과 시아버지에 대한 제사도 정성껏 지낸 효부였다. 그러던 중 홀아비 군인 이영발(李永發)이 오랫동안 짝사랑을 하여 청혼하였다. 이웃 부인도 개가(改嫁)를 권유했

© 『우열녀전(禹烈女傳)』 필사본 원문 1면

으나 우열녀는 "사람이 금수(禽獸)와 다른 것은 예의가 있기 때문입니다. 부부는 한 번 같이하면 종신토록 고치지 않는 것입니다"라며 죽어도 개가하지 않겠다는 뜻을 분명히 했다. 개가가 문제되지 않는 하층민 신분임에도 투철했던 우열녀의 수절 의지는 17세기 후반에 이미 양반층 여성의 열(烈)의 윤리가 서민층 여성에게까지 보급되었음을 보여주는 것이다.

이영발은 승낙을 받지 못하자 가족과 친족, 이웃까지 협박하였다. 아버지 막복과 이웃사람들은 곤경에 처하였다. 결국 우열녀는 청혼을 승낙하고 영발의 집으로 갔다. 그러나 마당에 들어서자마자 추상 같은 꾸짖음에 이어 영발이 차고 있던 칼로 자결을 시도했으나 실패하여 소생하였다. 우열녀는 비록 자결에 실패하였지만 죽음으로 강하게 저항함으로써 그 열행(烈行)이 널리 알려지게 되었다.

1694년(숙종 20)에 『우열녀전(禹烈女傳)』을 지은 신덕함(申德涵·1656~1730)은 우열녀의 행실이 완비되었다고 크게 칭찬하였다. 우열녀가 궁벽한 시골 마을에 천한 신분으로 태어나 견문도 없이 절개, 효, 지혜, 용기를 겸비한 행실은 옛 열녀보다 뛰어났다는 평가를 내렸다.

(2) 작자 신덕함의 우씨 열녀에 대한 평가

우씨 열녀가 살았던 17세기에는 여성들의 삶에 커다란 변화가 일어났다. 임진왜란과 병자호란을 겪은 후 사회적인 혼란과 무질서가 야기되자 질서 회복과 안정추구의 방책으로 예를 중시하게 되면서 유교이념이 강조되고 여성의 정절과 순종은 더욱 강화되었다.

17세기에 들어오면서 여성들 스스로 가문을 위해 순절(殉節)하는 경우도 적지 않았다. 통계적으로 볼 때 남편 사후 종신수절한 열녀보다 순절한 열녀가 훨씬 많았음을 알 수 있다.

우열녀의 경우는 도적의 침입에 위험을 무릅쓰고 남편을 구하려다 함께 중상을 입었으나 결국 남편은 죽고 우씨는 살았으나 굶어서 순절하고자했다. 그러나 가족의 만류로 살아남아 수절하게 된 특이한 사례라고 볼 수 있다.

작자 신덕함은 우씨 열녀의 행실이 완비 되었다고 보았다. 즉 정조(貞操)를 굳게 지켜 죽어도 다른데 살러 가지 않는 것은 그녀의 절개인 것이며, 능히 아버지의 뜻을 받들어 비록 죽음도 사양하지 않음은 그녀의 효요, 위험에 당해서 변통스럽게 처리하여 거취에 마땅함을 얻음은 그녀의 지혜요, 칼날을 밟음을 감수하더라도 조용히 하여 급히 하지 않음은 그녀의 용기라고 하였다. 이 네 가지(절개, 효, 지혜, 용기)는 비록 스스로 독서하고 도를 말하는 대남자가 종신토록 힘쓸지라도 능히 하기 드문 것이라고 하였다. 열녀는 궁벽한 시골마을에 천한 부인으로 견문도 없이 이 큰 일을 스스로 헤아려 함은 옛 열녀보다 뛰어났다고 칭찬하였다. 그렇다면 이 열녀의 절행이 배우고 난 뒤에 억지로 한 것이 아니므로, 소위 하늘에서 타고난 열녀가 아니겠는가. 절개가 이와 같은데 자신 또한 온전히 보전치 못하고 원통함이 맺혔어도 고할 데가 없어서 가슴에 칼을 꽂았으니 슬픈 일이라고 하였다.

전일에 안동에 호소장을 보낸 것도 절개이며, 뒷날에 영발의 집에서 죽으려고 한 것도 또한 절개로서, 사람도 한 사람이고 절개도 같은 것이다. 전에 있어서는 아무 틀림이 없었는데 후에 절개를 말하는 것은 생사의 행적이 달라 사람들이 절개를 말하는 것도 반드시 죽음에 있는 까닭이다. 이로 말미암아 말하건대, 하늘이 이 열녀로 하여금 위태함에 빠지게 하고 그의 몸을 잔인하게 하여 남의 이목(耳目)을 놀라게 하여 멀고 가까운 데까지 전파가 된 것은 욕되는 일이 아니고 영광스러운 일이니, 그 또한 무엇이 한(恨)이 되겠는가. 혹 말하기를 이 열녀가 자기 집에서 죽지 않고 영발의 집에서 죽으려고 한 것은 흠이 된다고 하나 이것은 크게 그렇지 않다.

만일 이 여인이 영발을 거절하고 자기 집에서 죽는다면 친정 아버지가 반드시 슬퍼하고 상심하였을 것이다. 이렇게 되면 불효에 가까운 일이 될 것이다. 또한 영발이 반드시 놀라고 원망하여 성냄을 옮기는 단서가 없지 않으니 이것이 근심이 될 것이다. 또한 열녀가 깊은 방에 들어가서 아무말 없이 남몰래 죽는다면 그 마음은 비록 정결하나 그 자취는 나타나지 않을 것이다. 이렇게 되면 영발의 죄를 바로 잡을 수도 없을 것이다. 여기에서 이 열녀가 지혜 있음을 알 수 있다.

영발의 집에서 죽으려고 결심한 것은 첫째는 아버지의 命에 순종해서 그 참상을 보이지 않게 함이요, 또 하나는 영발의 속임수를 썼고 여러 사람으로 하여금 모두 다 알게 해서 아버지로 하여금 나에게 한(恨)됨이 없게하고, 영발로 하여금 자기의 분노를 옮길 곳을 없게 하고 자 한 것이다. 소위 동촌(東村)은 문소(聞韶: 의성의 옛 지명)의 극동(極東) 산골짜기로 사대부가 사는 곳이 아니었다.

군자의 모습을 보고 듣지 못해서 사람들은 무지하고 어리석은 행동을 익혀서 한갓 인물의 짝 있음만 보고 절의가 무슨 일이 되는지를 알지 못하였다. 이 여성의 일을 혹은 지적하기를 사납고 모질다고 하기도 하고 혹은 또 말하기를 보잘 것 없는 작은 일이라고도 한다. 진실로 임공(任公)이 이 일에 대해 권장하고 크게 칭찬하며 이 일을 확대하지 않았다면, 열녀의 순행과 절개를 온전히 함을 오직 전하지 못했을 뿐만 아니라 사나운 계집의 보잘 것 없는 일이 됨을 면치 못했을 따름이다. 임공의 공이 어찌 작다고 할 수 있겠는가. 또한 막복(莫卜)은 열녀의 아버지로되 딸의 뜻을 알지 못하였고 이웃 사람들이 많았으나 주연(酒宴)을 베푸는 뜻을 전혀 몰랐는데, 오직 석동(乭同)만이 자취를 미루어 열녀의 마음을 알았을 뿐아니라 겉에 드러난 것을 보고 마음 속까지 보아서 그 밥을 먹지 않고 먼저 반드시 죽을 것임을 말했으니, 그의 지혜도 또한 가히 자랑할 만하다. 우씨의 절개를 마땅히 크게 기록하고 임공의 공(功)도 아울러 쓰고 석동의 지혜도 또한 마땅히 붙여서 써야 할 것이다.

이와 같이 작자 신덕함은 우씨 열녀가 궁벽한 시골 마을에 천한 부인으로서 절효지용(節孝智勇)을 다 겸비했음은 드문 일로서 하늘에서 타고난 열녀라고 크게 칭찬하였다. 아울러 임세장(任世章) 원장의 공과 김석동(金乭同)의 지혜를 높이 평가하였다.

(3)『禹烈女傳』자료의 가치

첫째, 작자 신덕함(1656~1730)은 우열녀의 행실이 완비되었다고 크게 칭찬하였다. 우열녀의 절개, 효, 지혜, 용기는 대장부가 종신토록 힘쓸지라도 능히 하기 힘든 것이며, 궁벽한 마을에 천한 신분으로 이 큰 일을 한 행동은 옛 열녀보다 뛰어났다는 평가를 내렸다. 그리하여 우열녀의 행적이 묻혀 사라지지 않도록 우열녀의 모든 행실을 자세히 기록하였던 것이다.

둘째, 우열녀는 성장과정에서부터 남다른 자질이 있었다는 점이다. 즉 말과 용모에 있어서 조용하고 단정하며 고결하였다. 그리고 남들과 망령되이 교유(交遊)하지 않았으며 희소(嬉笑)를 잘 나타내지 않았다. 이러한 성품은 여러 열녀들에게서 드러나는 특성이라고 볼 수 있다.

셋째, 우열녀는 효종 8년(1657) 경상도 의성현 동촌 점지동이라는 궁벽한 시골마을에 목수의 딸로 태어났다. 비록 천한 신분으로 태어나 졸지에 과부가 되었지만 친정으로 가 품팔이 생활을 하며 수절하였다. 그러던 어느 날 이웃 부인이 개가(改嫁)를 권유하였으나 그녀는 "사람이 금수(禽獸)와 다른 것은 예의가 있기 때문이다. 부부는 한번 같이 하면 종신토록 고치지 않는 것이다." 라고 말하며 죽어도 개가하지 않겠다는 뜻을 분명히 하였다. 이처럼 사회적 신분이 재혼이 문제되지 않는 하층민임에도 불구하고 재혼에 대한 우열녀의 저항과 수절 의지는 17세기 후반에 이미 양반층 여성의 열(烈)의 윤리가 서민층 여성에게까지 보급되었음을 보여주는 것이다.

넷째, 조선 후기에는 양반 여성보다 양인이나 천민 신분의 여성들이 과부가 된 뒤 경제적인 어려움으로 시가를 떠나 친정으로 갔다. 우열녀의 경우도 남편이 죽은 뒤 경제적인 어려움과 늙고 병환중인 친정 아버지를 봉양하기 위해 시어머니를 뒷날 봉양할 것을 기약하고 친가로 돌아갔던 것이다.

다섯째, 숙종 9년(1683)에 도적이 집에 들어와 남편이 도적의 칼에 찔렸다. 우열녀는 맨몸으로 칼을 무릅쓰고 남편을 구하고자 하였으나 같이 중상을 입었다. 그런데 남편은 죽고 혼자 살아남아 주야로 호곡(號哭)하며 굶어서 따라 죽고자 했으나 가족이 지키고 보호하여 죽지를 못했다. 17세기에 이르면 남편이 죽은 후 남편을 따라 죽는 순절(殉節)의 유형이 여러 열녀들에게서 볼 수 있는데, 우열녀 역시 순절하고자 했음을 알 수 있다.

여섯째, 우열녀는 어려운 생활환경 속에서도 老父와 계모를 잘 봉양한 효녀였다. 뿐만 아니라 가정형편상 시어머니와 떨어져 지내면서도 인편이 있으면 반드시 안부를 물었고, 문안할 때는 반드시 음식을 보내드렸다. 또한 남편과 시아버지에 대한 제사도 정성껏 지낸 효부였음을 알 수 있다.

일곱째, 처음에는 양반 아무개가 정절을 빼앗고자 하였으며, 나중에는 홀아비 군인 이영발(李英發)이 오랫동안 짝사랑을 하며 청혼하였으나 열녀의 마음을 얻지 못하자 가족과 친족 그리고 이웃에게까지 협박을 하였다. 그리하여 결국 우열녀는 청혼을 승낙하고 영발의 집으로 가 추상같은 꾸짖음과 이어서 영발이 차고 있던 칼로 자결을 시도했으나 실패하였다. 우열녀의 경우 비록 자결함에 실패하였지만 죽음으로써 강하게 저항함으로써 그 烈行이 세상에 널리 알려지게 되었던 것이다. 따라서 17세기에는 열녀의 수절보다는 열녀의 순절과 자결을 더 높이 평가하였음을 우열녀의 사례로서 엿볼 수 있다.

여덟째 우열녀에 대한 포상기록이 보이지 않는 점이 주목된다. 비록 임세장 원장이 관청에 우열녀의 행적을 알리기는 했지만 지방감사가 중앙에 보고하지 않음으로써 포상이 주어지지 않은 것으로 짐작된다. 따라서 『조선왕조실록』에도 우열녀에 대한 기록이 보이지 않고 다만 읍지에만 보이는 것이 아닌가 추측된다.

신덕함, 『禹烈女傳』, 필사본, 1694
박주, 「조선후기 경상도 의성현의 우씨 열녀의 삶」, 『조선시대의 여성과 유교문화』 국학자료원, 2008.8
이투데이 2017. 11.17

향랑(香娘)
가부장제 사회의 비극적 열녀

향랑(香娘·1682~1702)은 경상도 선산부 상형곡(현 경북 구미시 형곡동)에 살던 양인 박자신(朴自申)의 딸이다. 일찍 어머니를 여의고 계모 슬하에서 자라난 그녀는 어려서부터 정숙하고 효순하였다. 날이 갈수록 계모의 박대가 심해졌으나 조금도 성내는 기색 없이 그 뜻에 순종하였다. 17세인 1699년(숙종 25)에 같은 마을에 사는 임천순(林天順)의 아들 칠봉(七奉)과 혼인했다.

남편은 겨우 14세로 성행이 괴팍하여 향랑을 원수처럼 미워하였다. 향랑은 참고 몇 년을 같이 살다가 부득이 친정으로 돌아왔다. 하지만 이미 계모에게 사랑을 받지 못하였는 데다 남편에게서도 버림을 받아 결국 숙부에게 몸을 의탁했다. 그런데 숙부도 얼마 후 개가하도록 종용했다. 향랑은 하는 수 없이 다시 시댁을 찾아갔으나 남편의 횡포는 여전하고 이번엔 시아버지마저 개가를 권유했다. 오갈 데 없는 처지가 된 향랑은 결국 죽기로 결심하였다. 그리하여 낙동강 아래 지주연(砥柱淵)으로 갔는데, 거기서 나무하는 한 소녀를 만났다. 그녀는 다리[髢·숱이 적은 머리에 덧대는 가발]와 짚신을 묶어 주면서 부탁하기를, "이것을 가지고 나의 부모님께 전해드려 내 죽음을 증명해주고 내가 죽거든 시체를 연못 속에서 찾으라"고 하였다. 그리고 기구한 인생사를 낱낱이 말하고 '산유화(山有花)'라는 노래를 지어 부른 뒤

연못에 몸을 던졌다. 이때 20세였으며 1702년(숙종 28) 9월 6일이었다. 죽은 지 14일 만에 시신이 떠올랐다고 한다. 향랑이 자살 직전에 불렀다는 산유화의 가사는 다음과 같다.

'하늘은 어이하여 높고도 멀며, 땅은 어이하여 넓고도 아득한가/천지가 비록 크다 하나, 이 한 몸 의탁할 곳이 없구나/차라리 이 강물에 빠져 물고기 배에 장사 지내리.'

이처럼 향랑은 오갈 데 없는 자신의 슬픈 사연을 담아 노래하였다. 이 시기 문인들은 전(傳), 한시(漢詩), 소설, 잡록 등 무려 20편이 넘는 작품으로 향랑 사건을 기록하였다. 《경상도읍지》와 《숙종실록》에도 향랑 사건이 기록되어 있다. 《숙종실록》을 보면 경상감사 조태동(趙泰東)이 향랑의 시아버지와 남편, 계모에게 벌을 주고 향랑의 행적을 조정에 보고했다는 기록이 있다.

열녀 향랑에 대한 정문(旌門)은 1704년(숙종 30) 6월 좌의정 이여(李畬)의 건의로 비로소 내려졌다. 이여는 "향랑은 시골의 무식한 여자로서 두 남편을 섬기지 않는다는 의리를 알아 죽음으로 스스로를 지켰고, 또 죽음을 명백히 하였으니,《삼강행실(三綱行實)》에 수록된 열녀라도 이보다 낫지는 않습니다. 마땅히 정표하여 풍화(風化)를 닦아야 합니다"라고 건의하였다. 숙종은 건의를 받아들여 향랑을 정녀(貞女)라 부르고 무덤 옆에 비석을 세우도록 하였다. 이로써 향랑은 열녀로 널리 알려지게 되었다.

(이투데이 2017. 11.20)

솔례 현풍곽씨(玄風郭氏)와 12정려

　대구광역시 달성군 현풍면 대리 솔례마을은 현풍곽씨 집성촌이다. 포산(苞山) 또는 현풍(玄風) 곽씨(郭氏)는 관향(貫鄕)을 포산(苞山)으로 하였으나, 뒤에 포산현이 현풍현으로 개칭됨에 따라 현풍곽씨로 통칭하게 되었다.

　현풍곽씨의 시조는 중국 송나라에서 고려로 귀화한 곽경(郭鏡, 1117~1179)이라고 전한다. 1930년 곽경의 묘지에서 출토된 지석(誌石)에 의하면, 곽경은 중국 관서(關西)의 홍농인(弘農人)으로서 고려에 귀화한 후 1138년(인종 16) 과거에 급제하여 문하시중평장사(門下侍中平章事)를 지냈고 금자광록대부(金紫光祿大夫)에 올랐으며, 포산군(苞山君)에 봉해졌다. 이후 곽경의 후손들이 본관을 포산으로 하였으나 조선조에 이르러 포산현이 현풍으로 개창됨에 따라 현풍을 본관으로 하게 되었다.

　현풍곽씨는 고려조에서 많은 인물을 배출하였는데, 특히 곽원진(郭元振)의 후대에서 가장 번성하였다고 한다. 그 후 조선조에 들어와서 곽안방(郭安邦)의 청백리정신을 이어받아 충효와 선비정신을 대대로 전하여 왔다.

　임진왜란때 황석산성에서 순국한 안음현감 곽준(郭䞭)의 일문삼강(一門三綱)을 비롯한 12정려, 또 의령(宜寧)에서 포의서생(布衣書生)으로서 조선 최초 의병장 곽재우(郭再祐)의 구국충의, 그리고 구한말 면우(俛宇) 곽종석(郭鍾錫)의 한국유림단 파리장서 운동 등 현풍곽씨 문중의 문풍은 충효와 청백리정신 그리고 의병과 독립운동 정신으로 계승되어 왔다.

현풍곽씨 12정려(대구광역시 달성군)(출처: 저자 촬영)

십이정려각(十二旌閭閣)

(1) 일문삼강(一門三綱)

충신 충렬공 곽준

효자 증정랑 곽이상, 증정랑 곽이후

열부 거창신씨, 포산곽씨

『동국신속삼강행실도』 거창신씨의 열녀도

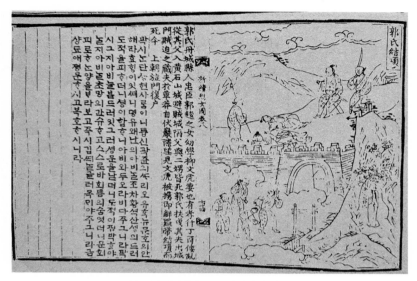

『동국신속삼강행실도』 포산곽씨의 열녀도

현풍곽씨라면 우리나라의 대표적인 도덕가문으로 꼽는다. 조선조 때 정려가 12개나 되어, 12정려는 〈현풍곽씨〉의 대명사로 통한다. 정려(旌閭)란 충신 효자 열녀들을 기리기 위해 나라에서 그들이 살던 고을에 정문(旌門)을 세워 표창하는 일이다. 조선시대에는 정려(旌閭)가 하나만 세워져도 그 가문과 고을의 자랑거리였다. 하물며 12정려는 동서고금에 다시 유례가 없을 만큼 특출한 것이라 볼 수 있다.

현풍곽씨 솔례 12정려는 정면 12칸 측면 2칸 팔작지붕이며 이 안에는 2기의 비석과 10개의 현판이 있다.

현풍곽씨의 중시조인 곽안방(郭安邦)은 청백리로 꼽힌다. 충효열의 뿌리는 그로부터 내리기 시작한다. 그의 현손에 주(走)자 항렬의 8형제 중 월(越), 준(趏), 율(趉) 3형제가 특히 빼어나고 이들은 대부분 임진왜란 때 의병을 일으켜 적을 무찌름으로써 당시 영남 일대에서는 〈현곽팔주玄郭八走〉로 이름을 떨쳤다. 특히 3형제 중 곽준 일가는 일문삼강(一門三綱)으로 유명하다.

곽준(郭趏)(1551, 명종 6년~1597, 선조 39년)의 호는 존재(存齋)이며, 시호는 충렬이다. 곽안방의 현손으로 곽지완(郭之完)의 차자(次子)이다. 일찍이 배낙천문(裵洛川門)에서 대암(大庵) 박성(朴惺), 괴헌(槐軒) 곽재겸(郭再謙)과 같이 수학하고 뒤에 한강(寒岡) 정구(鄭逑)로부터 사사하였다. 송암(松庵) 김면(金沔)과 친교가 돈독했으며, 임진왜란이 발발하자 의병대장 김면의 군막으로 들어가 참모로 활약이 컸으며 거창 등지에서 왜적과 혈전을 전개하였다. 1593년(선조 26) 3월 김송암(金松庵) 의병도대장이 병사하자 난중에 장례를 정중히 치른 후 의병을 독려하여 왜적을 방어하는데 혼신의 힘을 기울였다.

1594년(선조 27) 봄에 순찰사가 계청(啓請)하여 자여도찰방(自如都察訪)에 제수되고 둔전차사(屯田差使)를 겸하였으며, 둔전을 잘 관장해서 부족한 군량을 보급하는데 공을 세웠다. 1594년 9월에 안의현감(安義縣監)이 되어 왜적의 호남 진출을 막기 위하여 황석산성을 사수하는 중책을 맡았다. 1597년(선조 30) 체찰사 이원익(李元翼)이 그의 현철함을 왕에게 계달(啓達)하여 삼읍군(三邑軍)의 수령이 되었다.

1597년(선조 30) 정유재란에 곽준이 안음현감(安陰縣監)으로서 황석산성(黃石山城)을 지켰는데, 왜적이 성에 다다르자 별장 백사림(白士霖)이 도망하였다. 이 틈을 타고 적군이 동쪽으로 쳐들어오니 그는 동요하지 않고 싸웠다. 그러나 중과부적으로 적병이 달려들어 칼날을 휘두르자 그는 성을 내며 적병을 꾸짖다가 마침내 화를 당하게 되었다. 그때 함께 전장에 있던 그의 장자 곽이상(郭履常)과 차자 곽이후(郭履厚)가 보호하려 하니 그는 "나는 직책이 있으니 사수(死守)를 해야 하지만 너희들은 피난을 가라"고 하였다. 하지만 두 아들은 "아버지가 임금을 위해 목숨을 바치려는데 어찌 아들이 아버지를 위해 죽지 않으랴" 하면서 호위하다가 일시에 다 함께 해를 당하였다.

그 뿐 아니라 그의 장자부(長子婦) 거창신씨(居昌愼氏)도 남편을 따라서 자결했고, 그의 딸인 유문호(柳文虎)의 처 역시 성중(城中)에서 친정의 변고와 함께 남편도 전사하자, 부인은 호곡하면서 "부친이 전사해도 죽지 못하였음은 남편이 있기 때문이었는데, 이에 또 남편마저 전사했으니 어찌 차마 살 수 있으리오" 하고 목을 매 자결하였다.

곧 일문에 忠, 孝, 烈 삼강이 한꺼번에 나온 것이다. 이러한 사실이 조정에 알려져 선조가 가상히 여겨 「일문삼강一門三綱」이라 하여 정려(旌閭)를 지어 표창할 것을 명했던 것이다.

(2) 효자사공(孝子四公)

사인(士人) 곽재훈(郭再勳)의 네 아들 결(潔), 청(淸), 형(洞), 호(浩)는 곽안방의 6세손이다. 이 4형제가 임진왜란 때 병든 부친을 모시고 현의 동쪽 유가산(瑜伽山) 굴속에 숨어서 피난을 하게 되었다. 병이 심한 아버지가 기침을 하여 왜적들에게 발각되었다. 발각될 때마다 아들이 한명씩 나아가 마침내 4형제가 차례로 죽음을 당하고 그 부친만 홀로 살아남았다. 왜적은 4형제의 효행에 크게 감동하여 그 아버지를 석방하면서 그의 등에다 「사효자지부四孝子之父」라는 다섯 글자를 쓴 패를 달아 보내니 다른 왜적들도 다시는 아무런 해를 끼치지 못하였다고 한다. 이 사실이 조정에 알려져 광해조에 정려를 명했던 것이다. 그 후에 향리 사람들은 그 굴 앞에 있는 바위에다 「사효굴(四孝窟)」석 자를 새겨 그들의 효행을 기리고 있다.

(3) 효자 증별검 곽의창, 증별검 곽유창(孝子 贈別檢 郭宜昌, 贈別檢 郭愈昌)

곽주(郭澍, 1569~1617)의 둘째 아들은 곽의창(郭宜昌, 1613~1647), 셋째 아들은 곽유창(郭愈昌, 1615~1673)이다. 곽안방의 7세손이다. 곽의창은 어릴 때 어머니가 안아주면 울고 비녀(婢女)가 안아주면 그치니 그것은 벌써부터 어머니를 편안하게 하려는 천성이 무의식중에 싹튼 것이다. 부모가 병이 들면 음식도 먹지 않으므로 "부모님이 식사를 드시면 저도 먹겠습니다." 고 대답하였다. 그 후 다섯 살 때 부친상을 당하여 어른처럼 통곡하고 조석 은 죽만 먹음으로 어머니가 좋은 음식을 주어도 먹지 아니하였다.

곽유창은 어머니의 상을 당하여 장례와 제사를 모두 『주자가례』대로 하였다. 상시로 빈소에서 거처하고 음식은 장례 전은 메밀가루 한 홉을 물에 타서 마시는 것 뿐이고 장례 후에는 나물밥 한 그릇을 구운 소금으로 조금씩 먹었을 뿐이었다. 상을 마치는 날에 성효(誠孝)를 다하고 초상 때 발인하여 30리 험준한 길에 상여대를 잡고 가서 하관할 때는 호곡하는 소리와 벽용하는 얼굴이 인심을 감동시켰다. 향인이 효자비를 세웠으나 이 사실이 조정에 알려져 형제 두 사람에게 장원서(掌苑署)의 별검(別檢:정, 종8품)으로 증직을 내리고 또한 정려에 표할 것을 명하였다.

(4) 절부 광주이씨(廣州李氏) (선조조)

절부 광주이씨는 계공랑(啓功郎 종8품) 곽재기(郭再祺)의 부인이며, 권관(權管, 종9품) 이심옥(李心玉)의 딸이다. 임진난에 왜적을 만나자 몸을 더럽힐까 두려워 물에 빠져 자결하였다. 또 부인의 모친은 사인 곽헌의 딸인데 역시 사절(死節)하고 또 남편의 형 동지중추부사 곽재록(郭再祿)의 딸도 동시에 순사하니 이 모두 조정에 알려져 선조는 정려를 명하였다.

(5) 열부 밀양박씨(密陽朴氏) (현종조)

열부 밀양박씨는 사인 곽홍원(郭弘垣)의 부인이며, 계공랑(啓功郎, 종8품) 박성(朴惺)의 딸이다. 집에 강도가 들어와 남편을 해치려 하니 남편 앞을 가로막아 남편은 상하지 않았으나 부인은 칼을 맞아 대신 죽음을 당하였다. 임종시에 "그대를 구하였으니 나는 편안히 눈을 감겠다"고 하였다. 이에 현종(顯宗)이 정려를 명하였다.

(6) 열부 안동권씨(安東權氏) (현종조)

안동권씨는 통덕랑(通德郎, 정5품) 곽수형(郭壽亨)의 부인이며, 사인 권일(權鎰)의 딸이다. 시집온 지 한 해도 못되어 남편이 병으로 위독하자 부인은 주야로 흐느끼며 하늘에 대신 죽기를 기원하였다. 그러나 마침내 남편이 죽자 장례를 지내고는 음식을 끊고 목매어 자결했던 것이다. 이 사실이 알려져 현종은 정려를 명하였다.

(7) 효열부 전의이씨(全義李氏) (영조조)

효열부 전의이씨는 사인(士人) 곽내용(郭乃鎔)의 부인이며, 사인 이명후(李命厚)의 딸이다. 세 살 때 어머니를 여의고 계모밑에서 자랐다. 어릴 때 효경을 능히 익혀 부모를 효성으로 봉양하니 일가친척들의 칭송이 자자했다. 19세 때 동갑인 곽내용과 혼인했으나 6개월 여만에 남편이 병으로 세상을 떠났다. 이씨는 그날부터 음식을 끊고 따라 죽을 뜻을 보이므로 병상(病床)에 계신 부친이 울면서 "네가 죽으면 나 역시 병도 나을 수 없고 죽을 것이다" 하니 부인은 겨우 연명할 만큼만 식사를 하였다. 그 후 6년 뒤 부친이 별세를 하니 장문의 절명사를 남긴 뒤 그때부터는 굶어서 목숨을 끊고 남편의 뒤를 따라갔다.

사후에 염습을 하는데 자리 밑에서 가사(歌詞) 한 폭을 발견했으니 그것이 장문의 절명사(絶命詞)인 것이다. 장례날 상여가 남편의 묘 앞에 이르자 묘가 갈라지는 기적이 나타나 남편과 합장을 하였다. 이 사실이 조정에 알려지자 영조는 정려를 명하였다.

(솔례 현풍곽씨와 12정려, 뿌리회, 2015. 6. 13)

함평지역의 팔열부 정열각

　팔열부 정열각은 정유재란 때 한마을에 살던 부녀자 8명에 그 친족까지 합쳐서 무려 12명이 같은 날, 같은 배를 타고 난리를 피하다가 적선이 뒤쫓아오자 바다 가운데서 부녀자 12명이 바다에 몸을 던져 순절하여 정려(旌閭)된 것이다.

　당시의 상황을 살펴보면, 정유재란에 왜적은 호남지역인 나주와 함평 그리고 영광에까지 침입하였다. 이 때 정운길(鄭雲吉, 1536~1597)은 인근의 청장년들을 모아 영광 우치전투에 참가하여 수많은 적을 상대로 싸웠으나 마침내 포로가 되어 순절하였다. 이에 그의 아들 정돈(鄭燉, 1557~1597)이 100여 명의 노복들을 거느리고 부친의 원수를 갚고자 하였으나 그 또한 적과 접전 끝에 순절하고 말았다. 상황이 이렇게 되자 정주일(鄭主一)과 정함일(鄭咸一)이 마을회의를 소집하여 부녀자들은 모두 피신시키고 장정들은 왜적과 싸울 것을 다짐하였다. 그리고 이들은 이튿날 가족들과 함께 영광 법성포로 향하기 위해 밀재를 막 넘으려 할 때 적 수십명에게 사로잡혀 불갑사로 끌려가게 되었다. 그날 밤 왜적들은 그들을 한곳에 모아놓고 감시병만을 남겨둔채 어디론가 가버리고 없었다. 이에 사로잡혀있던 사람들 중에 정절과 정경득이 숨겨두었던 칼과 몽둥이를 이용하여 감시병을 죽이고 불갑사를 빠져나왔다. 그리고 겨우 보름만에 법성포에 도착하여 가까스로 배 한 척을 구해 법성포를 떠나게 되었다. 그런데 이들 피난민들은 지금의 영

팔열부 정열각(전라남도 함평군)(출처: 국가유산청)

광군 백수읍 대신리 묵방포 앞 칠산 바다에 이르렀는데 갑자기 적선 5척이 나타나 포위하게 되자 다시 왜적의 포로가 되고 말았다. 그리고 왜적들은 부녀자들을 겁탈하려고 하자 정절이 그들에게 항거하였으나 순절하였다. 이때 영광 우치전투에서 남편과 아들을 잃었던 정운길의 아내 함양오씨가 주동이 되어 가족들이 보는 가운데 왜적들에게 몸을 더럽혀 가문을 욕되게 하느니 차라리 죽는 것이 옳다며 바다에 투신하자 나머지 부녀자들 또한 모두 바다에 투신 순절하였다.

  한편 살아 남아있던 사람들은 일본으로 끌려가게 되었다. 정경득(鄭慶得)과 정희득(鄭希得) 그리고 정절의 두 아들인 정호인(鄭好仁), 정호례(鄭好禮)와 정운길의 손자 정재흥(鄭再興, 1587~1626) 등은 왜적들에 의해 일본에 끌려가 억류되어 포로생활을 하게 되었다. 그러나 1598년 겨울 정경득과 정희득 그리고 정호인과 정호례는 왜승 현소(玄蘇)의 주선으로 귀국길이 트여 대마도에 이르렀으나 그곳에서 다시 억류되었다가 이듬해 7월 부산에 도착 귀국하게 되었다. 그러나 같이 끌려갔던 정재흥은 끌려간지 7년

만에 본국으로 돌아오게 되었다. 이들 중 정호인은 당시 19세로서 포로생활을 하면서 생활의 이모저모를 소상히 기록한 생활일기라고 할 수 있는 《정유피난기》를 남겼다. 그리고 그의 족숙인 정경득과 정희득 형제 또한 《만사록(萬死錄)》과 《월봉해상록(月峯海上錄)》을 남겨 현재까지 전해오고 있다.

그 당시 배에 같이 탔던 사인 정희득(1575~1640)이 25세의 나이로 왜군의 포로가 되어 일본 본토에서 3년동안 포로생활을 하다가 귀국하여 포로기록으로 남긴 《월봉해상록》에는 난리를 피해 바다로 나온 어머니, 형수, 누이동생 그리고 아내가 왜적으로부터 정절을 지키기 위해 바다에 몸을 던져 순절하는 상황을 비통한 심경으로 생생하게 기록하고 있다. 정희득은 당시 배 위에서 포박되어 일본으로 끌려가 억류생활을 하다 3년만인 1599년(선조 32) 6월 29일에 풀려나 고향으로 돌아온 7월 20일의 일기에 "집에 도착했다. 부친은 성내에 가셨다가 밤에 돌아오셨다. 손을 잡고 통곡했다. 모친은 하나의 나무 신주일 뿐이었다. 하늘을 부르짖고 땅을 치니 오장이 무너지고 찢어지는 듯 했다. 게다가 기아(奇兒)는 이미 8세라 옷을 잡고 호곡하니 이 날의 심회 형언할 수 없다. 우아(遇兒)는 초동 처가에서 기르기 때문에 당장 서로 보지 못하니 더욱 애련했다. 집은 불타고 골목은 바뀌었으며, 촌락은 빈터를 이루어 사람들이 옛 모습이 아니었다. 슬펐지만 오직 돌아와 늙으신 아버지를 모시게 된 것이 이 세상의 다행이었다."라고 적고 있다. 광해조에 오면 진사 정희득은 쌀 1백석을 바침으로써 관직을 제수받았다.

전라남도 함평인 정함일(鄭咸一)의 처 함평 이씨와 그의 딸 진주 정씨, 정함일의 장자인 정경득(鄭慶得)의 처 순천 박씨, 차자인 정희득(鄭希得)의 처 함평 이씨, 정운길(鄭雲吉)의 처 함양 오씨, 정주일(鄭主一)의 처 함평 이씨, 정주일의 아들 정절의 처 영광 김씨, 정절의 아들인 정호인(鄭好仁)의 처 함평 이씨, 경도인 심해(沈諧)의 처 정씨, 권척(權陟)의 처 정씨, 무장인 오굉(吳宏)의 처 변씨, 김한국(金翰國)의 처 오씨 등 온 족친이 함께 배를 타고

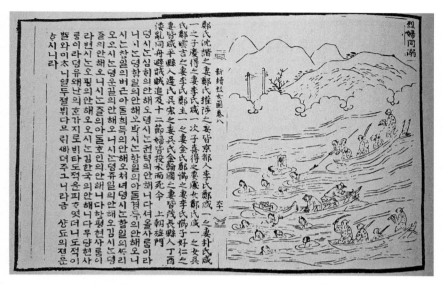

『동국신속삼강행실도』 열녀편에 수록된 함평지역의 8열부

난리를 피해 영광의 바다 가운데 있는데 적선이 뒤쫓아오자 12절부가 동시에 바다에 뛰어들어 죽었다. 당초에 모두 정문(旌門)을 내리고 이 일을 《동국신속삼강행실》에 실었는데, 자손이 쇠잔하고 유락해서 폐지한 채 거행하지 못하였다. 이 때에 이르러 그 후손들이 연명하여 상언하자 예조에서 다시 아뢰어 실행하게 되었다.

요컨대 이 사건은 열부동익(烈婦同溺)으로 《동국신속삼강행실》에도 수록되어 있다. 그 열부들이 순절한지 84년만인 1682년(숙종 8)에 후손들의 상소로 나라에서 정려각이 내려져 이들을 특별히 '월악의 8열부'라 부른다.

현재 전라남도 지정기념물 제8호로 지정되어 있는 이 정열각은 정면 3칸, 측면 1칸의 맞배지붕을 하고 있으며, 전라남도 함평군 월야면 월악리 155-1에 있다.

(「조선시대 12정려와 8정려에 대한 사례연구」, 『조선시대의 효와 여성』,

국학자료원, 2000. 8)

대구지역의 인물과 열녀
경북편

　필자는 대구시 청년유도회(靑年儒道會) 전문위원으로서 대구시 청년유
도회에서 매월 발행하는 〈대구청유회보(大邱靑儒會報)〉에 2003년 3월호
(제55호)부터 2014년 2월호(제186호)까지 "특별기획 정려(旌閭)" 섹션을 맡
아 10년간 조선시대 영남지역의 효자, 열녀를 연재하는 재능기부를 하였다.
　여기에서는 〈대구청유회보〉에 실었던 경북지역과 경남지역의 효자, 열
녀 가운데 일부 지역의 열녀들을 선택하여 소개하고자 한다.

(1) 조선시대 대구지역의 인물
　먼저 『신증동국여지승람』, 『여지도서』, 『경상도읍지』, 『대구읍지』 등의
자료들에 근거해 조선시대까지의 대구의 연혁을 정리한다.
　대구는 본래 신라의 달구화현(達句火縣)이었는데 신라시대 경덕왕이 지
금의 이름으로 고쳐서 수창군(壽昌郡)의 속현으로 삼았다. 고려 현종 때에
는 경산부(京山府)의 속현이 되었고, 인종 때 현령을 두었으며 조선 세종조
에 군(郡)으로 승격되었다. 세조조에 처음으로 진(鎭)을 설치했고 도호부(都
護府)로 승격되었다. 그리고 선조 34년(1601)에 경상 감사가 대구부사를 겸
하게 하면서 판관을 두었고, 효종 7년(1656)에 다시 대구부사를 따로 임명
하였다. 현종 9년(1668)에 유영(留營)을 설치하고 대구부사를 겸직하게 하
면서 판관을 두었다가 숙종 3년(1677)에 판관을 없애면서 부사로 승격시켰

고, 숙종 10년(1684)에 감사가 부사의 임무를 겸하게 하면서 판관을 두었다. 영조 31년(1755)에 판관을 없애고 부사로 승격시켰다가 영조 38년(1758)에 다시 판관을 두었다.

이와같은 연혁을 요약하자면 대구지역은 고려 때까지 현(縣)급이었으나 여말선초에 급속히 발전됨에 따라 조선 세종 1년(1419)에는 군(郡)으로, 다시 세조 12년(1466)에는 도호부로 승격되었다. 그리고 선조 34년(1601)에 대구도호부에 경상도 감영(監營)이 설치되었다. 즉 이때부터 대구는 경상도 지역의 중심지 역할을 할 수 있었다. 『택리지』의 저자 이중환은 "대구는 감사(監司)가 있는 곳이다. 산이 사방을 높게 막아 복판에 큰 들을 감추었으며, 들 복판에는 금호강이 동쪽에서 서쪽으로 흐르다가 낙동강 하류에 합친다. 고을 관아는 강 뒤쪽에 있다. 일도(一道)의 한 복판에 위치하여 남북으로 거리가 매우 고르니, 또한 지형이 훌륭한 도회지이다." 라고 말한 바 있다.

한편 『신증동국여지승람』대구도호부 인물조에 오른 인물의 수는 4명(고려인 3명, 조선인 1명)에 불과하다. 18세기에 편찬된 『여지도서』 대구도호부 인물조에는 『신증동국여지승람』 인물조의 인물 4명을 포함하여 16명이 새로 추가되었다. 그리고 19세기에 작성된 『경상도읍지』 대구부에 오른 인물은 모두 45명이다. 인물들에 대한 신분과 가계배경, 행적 등이 자세히 실려 있어 대구 지방의 인물들을 연구하는데 중요한 자료가 된다.

대구지방 사족은 퇴계(退溪) 이황(李滉)과 학문적 연원관계를 형성하였다. 그리고 곽재겸(郭再謙), 서사원(徐思遠), 손처눌(孫處訥), 손처약(孫處約: 처눌의 弟), 이주(李輈), 채몽연(蔡夢硯), 도성유(都聖兪), 도여유(都汝兪), 박종우(朴宗祐), 최동집(崔東集), 이휴운(李休運), 정추(鄭錐) 등은 한강(寒岡) 정구(鄭逑)와 문인관계를 맺었다.

『경상도읍지』「대구 인물조」를 보면 빈우광(賓宇光), 배정지(裵廷芝), 정평공(貞平公) 서균형(徐均衡: ?~1391, 達城君 穎의 자), 문평공(文平公) 전

백영(全伯英), 서침(徐沉: 정평공 균형의 자), 문충공 서거정(徐居正: 1420 ~1488), 박한주(朴漢柱: 1459~1504), 양희지(楊稀枝), 이영(李榮), 이숙 량(李叔樑: 1519~1590, 孝節公 賢輔의 자), 채응린(蔡應麟), 정사철(鄭師 哲), 전경창(全慶昌: 1532-1585, 문평공 백영의 5대손), 곽재겸(郭再謙: 1547 ~1615), 서사원(徐思遠: 1550~1615, 沉의 7세손), 정광천(鄭光天: 사철의 자), 손처눌(孫處訥: 1553~1634, 효자 현감 致雲의 孫), 손처약(孫處約), 이 주(李輈), 채몽연(蔡夢硯), 손린(孫遴: 1566~1628, 처눌의 종질), 최계(崔 誠: 1567~1622), 우배선(禹拜善: 1569~1621, 丹陽伯 忠靖公 玄寶의 7대 손), 전계신(全繼信), 도성유(都聖兪), 류시번(柳時藩), 박수춘(朴壽春: 1572 ~1652), 도여유(都汝兪: 1574~1640, 聖兪의 從弟), 정추(鄭錘), 서사선(徐 思選: 서사원의 從弟), 박종우(朴宗祐: 1587~1654), 봉림대군 사부(師傅) 최동집(崔東集), 이휴운(李休運), 채무(蔡楙: 1588~1670, 몽연의 자), 도경 유(都慶兪), 류여양(柳汝糧), 전유장(全有章), 전극태(全克泰: 1640~1696, 유장의 자), 우석규(禹錫珪: 1648~1713, 군수 배선의 증손), 최흥원(崔興 遠), 전양군(全陽君) 이익필(李益馝: 1674~1751), 영교(營校) 김재중(金載 重), 이경원(李慶元), 박숭장(朴崇章: 宗祐의 자), 조춘경(趙春慶), 구문한(具 文漢) 등이 수록되어 있다. 따라서 대구 지역에서는 조선 중기에 많은 인재 를 배출하였으며, 달성서씨(達城徐氏), 인천채씨(仁川蔡氏), 성주도씨(星州 都氏), 옥산전씨(玉山全氏), 단양우씨(丹陽禹氏), 동래정씨(東萊鄭氏), 일직 손씨(一直孫氏), 경주최씨(慶州崔氏), 순천박씨(順天朴氏) 등 특정 가문위 주로 수록된 경우가 적지 않음으로 이들 성씨들이 대구에서 영향력 있는 재 지사족이었으리라 짐작된다.

대구 지방의 학자로서 알려진 사족들은 대부분 퇴계 이황의 문하에서 공 부했거나 한강 정구, 낙재 서사원 등에게 배웠음을 알 수 있다. 정사철, 서사 원, 곽재겸(곽재우의 종형), 손처눌, 이주, 정광천, 우배선, 최계, 박수춘 등은 임진왜란 때 의병을 일으켰다. 그리고 대구의 연경서원(研經書院), 남강서원, 구암서원, 이강서원(伊江書院), 청호서원(靑湖書院), 백원서원(百源書院) 등에 제향되었다.

(2) 조선시대 대구지역의 열녀

대구는 다른 어느 지역보다도 유교사상이 강하게 뿌리내린 지역이다. 그러나 문헌에 보이는 열녀는 많지 않다.

대구 지역에서 배출된 열녀 행적을 유형별로 보면, 남편이 죽은 후 평생동안 수절한 경우, 남편이 죽자 굶어 죽은 경우, 왜적으로부터 정조를 지키기 위해 목숨을 끊은 경우, 남편이 죽자 목매어 죽거나 물에 빠져 죽은 경우, 남편이 병 들었을 때 단지(斷指)로써 정성껏 돌본 경우, 남편이 익사하자 같이 빠져 죽은 경우, 남편이 이웃사람에게 맞아죽자 복수한 경우 등이 있다.

남편이 죽자 수절하여 포상된 경우로는 조선 초기에 주로 보인다. 예컨대 서씨(徐氏)는 낭장(郎將) 김내정(金乃鼎)의 처이다. 24세 때 남편이 죽었는데 절개를 지켜 두 남편을 섬기지 않았다. 태종 때에 정려하고 복호하였다.

자미(者未)는 사인(士人) 구귀징(具龜徵)의 비첩(婢妾)이다. 20세에 귀징이 죽자 성복(成服)한 뒤에 인하여 머리를 얹었다. 그리고 문밖을 나가지 않으며 3년을 지냈다. 부모가 다른 사람에게 시집보내려고 하자 몸속에 칼을 품고 죽기를 스스로 맹세하였고, 다른 남자와는 말하거나 웃지도 않았다. 70세에 죽으니 영조 때 정문을 내렸다.

남편이 이웃사람에게 맞아 죽자 복수한 경우가 있어 주목된다. 사비(私婢) 명춘(命春)은 남편이 이웃 사람에게 맞아 죽게 되자 자신의 손으로 그 이웃 사람을 쳐 죽이고 주(州)의 관가(官家)에 고하니 주의 관가에서 의롭게 여겨 불문에 붙였다. 나이 60세가 넘도록 굳게 절의를 지키므로 도신(道臣)이 보고하니 숙종은 사비 명춘을 정려하도록 명했다. 여기에서 남편을 위해 복수한 사비 명춘에게 죄를 주지 않고 오히려 포상하였음을 알 수 있다.

왜적으로부터 정조를 지키기 위해 목숨을 끊은 경우도 적지 않았다.

참봉 이종택(李宗澤)의 처이고 취금헌(醉琴軒) 박팽년(朴彭年)의 후손인 박씨는 임진왜란 때 왜적을 만나자 서출의 여동생과 함께 강물에 뛰어 들어 죽었다. 선조 때 정문하였다.

온대(溫代)는 박씨의 여종이다. 임진왜란 때 왜적이 강제로 범하려 하자 온대가 시어머니를 업고 금호강에 투신하여 죽었다. 이에 정문하였다.

남편이 죽자 굶어 죽은 경우도 많이 보인다.

사인 이하주(李廈柱)의 처 이씨는 남편이 죽자 물과 미음도 마실 수 없어서 인하여 죽게 되었다. 이리하여 정문하였다.

사인 구정리(具鼎履)의 처이고 송재(松齋) 이우(李堣: 퇴계의 숙부)의 후손인 이씨는 남편이 죽자 초상과 장례를 한결같이 예법을 따랐다. 물과 미음도 먹지 않은 것이 한달 남짓 되었는데 졸곡(卒哭)을 마치고 나서 어느 날 스스로 목숨을 끊었다. 영조 13년(1737)에 정문하였다.

박지운(朴之運)의 처 창녕 성씨는 18세에 폐백을 하고 시집가기 전에 남편이 죽었다는 소식을 듣고 곧 와서 슬피 울며 눈을 감고 사물을 보지 아니하고 음식을 가까이 하지 않았다. 이에 정려하였다. 정려각은 다사 이천리에 있다.

남편이 익사하자 같이 빠져 죽은 경우도 있다. 일례로 장인(匠人) 최태상(崔太尙)의 처인 조소사(趙召史)는 남편이 물에 빠져 울부짖고 곡하면서 시신을 찾으려 했으나 찾지 못하자 강물에 투신하여 죽었다. 이에 정문을 내렸다.

남편이 죽자 목매어 죽거나 물에 빠져 죽은 경우도 많다.

서재공(鋤齋公) 도여유(都汝兪)의 7세손 사인 필상(必祥)의 처이며 신달모(申達謨)의 딸인 아주신씨(蛾洲申氏)는 일찍이 남편을 여의고 후사마저 없이 자결하니 전일에 성격이 온후하고 인심이 후덕한 주인의 은덕을 잊지 않고 노비 설만(雪滿)이 어려운 가운데 비용을 마련하여 정성껏 안장을 하여주고 제사까지 받들었다. 이러한 사실을 어사 심기태(沈器泰)가 알고 조정에 장계하여 정려가 내리고 그 노비까지 천인을 면하도록 하였다. 정려각은 다사면 서재리 산에 있다.

양직당(養直堂) 도성유(都聖兪)의 9세손 사인 진극(鎭極)의 처이며 이충경(李忠敬)의 딸인 순천 이씨는 26세 때 남편이 요절하고 후사마저 없었다. 상장(喪葬)의 절차에 성의를 다하고 몇 달 뒤에 친정과 시가의 부모님께 유서를 남기고 조용히 목매어 자결하였다. 이에 순조 때 정려하였다.

도성유의 7세손 사인(士人) 필해(必海)의 처인 월성최씨는 나이 20세에 남편이 일찍 죽으니 때마침 임신중이라 분만을 기다렸다가 유복자를 낳은 뒤에 약을 먹고 남편의 뒤를 이었다. 그후 순조 3년(1803)에 정려가 내렸다. 열부비각은 다사면 서재리에 있다.

사인 도흥락(都興洛)의 처인 류씨(柳氏)는 남편의 병이 심하였는데, "부인이 죽으면 남편의 병이 낫는다"는 설이 있어 유씨는 먼저 약을 먹고 죽었다. 정조 7년(1783)에 급복(給復)하였다.

사인 이만섭(李萬燮)의 처인 남씨(南氏)는 남편이 죽자 친히 두 구덩이를 팠으며 스스로 목을 매어 죽었다. 정조 21년(1797)에 정려하였다. 사인 이성후(李成厚)의 처인 윤씨(尹氏)는 남편이 죽자 강에 몸을 던져 죽었다. 두 딸도 다투어 나가 어머니의 시체를 안고 빠져 죽었다. 이에 정조 21년(1797)에 정려하였다.

영리(營吏) 이항언(李恒彦)의 처인 홍성(洪姓)은 남편이 죽자 예를 다해 상일을 마치고 독약을 마시고 따라 죽었다. 이에 순조 32년(1832)에 정려하였다.

사인 정광일(鄭匡一)의 처인 송씨(宋氏)는 남편이 죽자 독약을 마시고 남편을 따라 죽었다. 그 딸과 비(婢)도 약을 마시고 죽었다. 순조 32년(1832)에 정려하였다.

이상에서 열녀들의 사례를 정리해 보면 남편이 죽자 자결한 경우가 가장 많았다. 자결의 형태는 굶어 죽거나 목매어 죽거나 독약을 마시고 죽거나 물에 빠져 죽었다. 그리고 남편이 이웃사람에게 맞아죽자 복수한 사비(私婢)에게 죄를 주지 않고 오히려 정려(旌閭)하여 주목된다.

신분이 밝혀진 17명의 열녀의 신분을 살펴보면, 사족(士族)으로는 참봉(參奉: 종9품)의 처 1명, 낭장(郞將)의 처 1명, 유학(幼學)의 처 1명, 사인(士人)의 처가 10명이었다. 사인의 처가 가장 많은 비중을 차지했다. 중인(中人)으로는 영리(營吏)의 처가 1명으로 나타났다. 평민으로 장인(匠人)의 처가 1명, 천민으로 비첩(婢妾) 1명, 사비(私婢) 2명으로 나타났다. 따라서 열녀 신분 역시 사족(士族)이 가장 큰 비중을 차지하였음을 알 수 있다.

열녀 17명의 포상내용은 정문(旌門) 또는 정려(旌閭) 14명, 정려와 복호(復戶) 1명, 정려와 면천(免賤) 1명 그리고 급복(給復) 1명이었다. 따라서 17명의 열녀 모두 정문 또는 정려의 포상을 받았다고 할 수 있다. 효자와 다른 점은 면천(免賤)의 포상이 보이고 있다는 점이다.

청도 『오산지』의 편찬과 열녀
경북편

(1) 청도 『오산지』의 편찬

먼저 청도의 연혁을 살펴보면, 청도는 본래 이서소국(伊西小國)이었다. 신라 유리왕 때 정벌해서 차지하였고, 뒤에 구도성(仇刀城) 경내의 솔이산성(率伊山城), 경산성(驚山城), 오도산성(烏刀山城) 등 3성과 합쳐서 대성군(大城郡)을 설치했다.

경덕왕 때 구도를 오악현(烏岳縣)으로, 경산을 형산현(荊山縣)으로, 솔이산을 소산현(蘇山縣)으로 각각 이름을 바꾸고 모두 밀성군(密城郡: 밀양)의 속현으로 만들었다.

고려 초기에 3성을 다시 합쳐서 군(郡)으로 만들고 지금의 이름인 청도(清道)로 고쳤다. 이어서 밀성(密城)에 소속시켰다. 예종 4년(1109)에 감무(監務)를 두었고, 몽고간섭기인 충혜왕 4년(1343)에는 이 고을사람 상호군(上護軍) 김선장(金善莊)이 나라에 공을 세워 지군사(知郡事)로 승격하였다가 얼마 안 되어 다시 감무를 두었다. 공민왕 15년(1366)에 다시 군(郡)이 되었다. 조선에서도 그대로 하였다. 별호는 오산(鰲山), 도주(道州)였다.

이상과 같은 건치연혁을 볼 때 청도지역은 본래 이서소국이었다. 고려 초기에 지금의 이름인 청도[1]가 되었음을 알 수 있다.

---

1 청도군은 경상북도 최남단에 위치함으로써 동쪽으로는 경상북도 경주시, 서쪽으로는 경상남도 창녕군, 남쪽으로는 경상남도 밀양시, 북쪽으로는 대구광역시 달성군과 경산시로 경계를 이루고 있다. 그리고 지형이 동서로 길고 남북이 짧아 옛날부터 오산(鰲山)을 중심으

『오산지』는 경상도 청도의 사찬읍지이다. 처사 이중경(李重慶:1599~1678)이 75세 때인 1673년(현종 14)에 편찬하였다. 이중경의 본관은 전의(全義)이며 자는 경숙(慶叔), 호는 수헌(壽軒)으로 두암(竇岩) 이기옥(李璣玉: 1566~1604)의 아들이다. 시조는 고려조 태사를 지낸 棹(18대조)이다. 효정공(孝靖公) 이정간(李貞幹: 세종조에 관찰사와 중추원사 역임)은 8대조로 분파조이다. 증조 이홍지(李興智: 효정공 이정간의 손자)는 소요당(逍遙堂) 박하담(朴河淡: 1479~1560)의 사위로 경기도 금천(衿川: 현재의 시흥)에서 청도로 우거하여 입청도조가 된다. 조부는 이득록(李得祿)이다. 부친 이기옥은 동강(東岡) 김우옹(金宇顒:1540~1603)과 한강(寒岡) 정구(鄭逑: 1543~1620)에게 사사하였고 정여립(鄭汝立)의 옥사에 연루되어 함경도 종성으로 유배되었다가 풀려났다. 그리고 공릉(恭陵)참봉과 집경전(集慶殿) 참봉에 제수되었으나 모두 관직에 나아가지 않았다. 이후 청도로 돌아와 장현광(張顯光), 김부윤(金富倫), 박성(朴醒) 등과 교유하였다.

한편 '오산(鰲山)'이라는 명칭은 옛 청도 관아가 있던 곳의 바로 뒷산의 별칭이다. 자라 모양으로 생긴 나지막한 산으로 청도의 주산인 화악산(華岳山)의 地氣가 모인 곳으로 일컬어졌다. 청도는 예로부터 이서(伊西), 도주(道州), 대성(大城), 마악(馬岳), 오산(鰲山) 등으로 불렸다. '이서'와 '대성'은 삼국시대부터, '청도'와 '도주'는 고려시대부터 불렸다.

『오산지』의 서문인 〈오산군고금사적서(鰲山郡古今事蹟序)〉를 보면 편찬동기와 편찬목적을 엿볼 수 있다.

〈오산군고금사적서(鰲山郡古今事蹟序)〉를 보면

> 40여 년 전에 군수 유진(柳袗)이 이 일을 계획하여 옛 자취를 수집하고, 나로 하여금 그 일을 주관하게 하였다. 그러나 일을 시작하기도 전에 유군

로 산동, 산서로 나누어 불렸다.

수는 파직되어 떠나버렸다. 나는 일찍부터 이 일을 애석하게 여겨 나름대로 약간의 보고들은 것을 모으고 기록하여 난고(亂稿)를 작성한 다음 문갑 속에 넣어 두었다. 그 뒤로 바쁘게 살다 보니 하루도 다시 볼 겨를이 없었고, 지금 늙고 병들어 죽을 날이 얼마 남지 않음에 이르도록 그 일을 까맣게 잊고 있었다. 그런데 마침 권군수가 이 일을 제기하고 감독하여 이루려하니 이는 천재일우의 기회라 할 만하다. 참으로 이런 일이 몇 번이나 있을 수 있겠는가?

아! 백 년 이전의 일은 아득하여 들은 것이 없고 옛 노인들도 계속해서 돌아가시니, 뒷사람이 어디에서 그 진전(眞傳)을 얻을 수 있겠는가? 지금 이후로 더욱 오래되고 멀어진다면 사적(事蹟) 중에 들을 수 있고 상고할 만한 것을 더더욱 살필 수가 없는 지경에 이를 것이니, 그렇게 된다면 어디에서 취하고 징험하겠는가?

내가 이와 같은 사실을 가슴 아파하여 삼가 옛날에 들은 바를 취하고 눈으로 직접 본 것들을 모아 사실에 부합되는 것은 따르고 잘못된 부분은 없애서, 합쳐서 한 권의 책으로 만들어 군수에게 드렸다. 감히 지(誌)라고는 할 수 없으나 사적을 기록한 초고라고는 할 수 있다. 만약 누군가가 우리 고을 고금(古今)의 자취를 알고자 한다면, 이 책을 펼치는 순간 환하게 알 수 있을 것이다. 관아에 앉아서도 온 고을의 사정을 훤히 볼 수 있으며 오늘날에 살면서도 앞 시대를 두루 알 수 있을 것이니, 아마도 백성을 다스리고 군을 다스리는 일에 보탬이 될 것이다.

라고 하여 『오산지』의 편찬이 40여년 전 1627년(인조 5)에 군수 유진 (1582~1635: 유성룡의 아들)[2]에 의해 시작되었으나 파직되어 떠나게 되어

---

2   유진(1582, 선조 15~1635, 인조 13)의 본관은 풍산, 자는 季華, 호는 修巖이며 영의정 유
    성룡의 아들이다. 봉화현감, 형조정랑, 청도군수, 지평 등을 역임하였다. 1627년에 청도군

중단되었다가, 1673년(현종 14) 이중경의 나이 75세 때 청덕루(淸德樓)의 제영(題詠)을 지은 양촌(陽村) 권근(權近)의 후손인 청도군수 권일(權佾)의 부탁으로 예전의 기록들을 다시 모아 편찬하게 되었음을 알 수 있다. 그리고 〈오산지발(鰲山志跋)〉에서

　　나라에는 史가 있고 읍에는 誌가 있어서 그 凡例가 한결같으니, 읍지를 어찌 없앨 수 있겠는가? 국조의 현종. 숙종 때는 만력 임진년과의 거리가 이미 백 년에 가까운지라, 노인들은 모두 돌아가시고 문적마저 없어져 곳곳마다 연혁은 있지만 인사가 매몰됨이 많아 식견이 있는 사람들은 한스럽게 여긴다.

라고 하여 편찬목적을 밝히고 있다. 즉 임란 이후 사라져가는 청도지역의 역사와 문화를 정리할 필요성뿐 아니라 수령의 지방 통치에 필요한 자료, 교화의 수단 등으로 이용하기 위해 편찬하였던 것이다.

『오산지』에서 이중경은 청도의 지명이 '山川淸麗, 大道四通(산과 시내가 맑고 아름다우며 큰 길이 사방으로 통한다)'이라는 말에서 나왔음을 최초로 밝혔다. 즉 청도라는 지명의 유래를 밝히고 있다.

『오산지』는 서문, 발문과 73개의 항목으로 구성되어 있다.

수가 되었다가 이듬해에 收布匠人에 대한 보고에 허위가 있다하여 파직당하였다. 이조참판에 추증되었으며, 안동 병산서원에 제향되었다. 저서로는 『수암집』이 전한다.

〈표 1〉 청도지역 지리지의 항목 비교

	『신증동국여지 승람』 청도군 (1531)	『오산지』(1673)	『여지도서』 청도군 (1757-1763)	『경상도읍지』 청도 군읍지(1832)
자연환경	산천	산천형세총론	산천, 형승	산천, 형승
행정	건치연혁 군명 관원	관기,군지계원근,분장도리	방리, 도로, 건치연 혁, 군명, 성지, 관 직, 公廨	건치연혁 군명 관직 방리 도로
경제	토산	토산,면화창,제언,방천, 관죽전 관지소, 투호점,전 결원수,장적호구원수,진 상토산	창고, 제언, 물산, 목 장, 한전, 수전,진공, 조적(糶糴), 전세, 대 동, 군세, 봉름	호구 전부 창고 제언 장시 목장 토산 진 공 봉름 임수
군사	성지 봉수 역원	경내오역,경내각참원사, 경내산성,열무당,군액원 수,진장,봉수,각향신역	봉수 역원 군병	군액 성지 군기 關阨 진보 봉수 교량 역원
역사문화	성씨 풍속 누정 학교 사묘 불우 고적 인물 명환 제영	삼국유사,도선답산기,오산 삼걸, 토성,성내외해우각 소,중창청덕루,전사단,기 우단,학궁,삼선생봉안문, 삼선생춘추상향축문,평시 탁영선생상향축문,추증삼 선생,사액자계서원삼현사 유제문,절효선생행적,탁영 선생행적,사화수말약록, 고적,삼족당선생행적,천 목,선암향현사,향현사이건 선암기,소요당선생행적,삼 족당중소요당시,선현묘시, 선현묘전, 절효선생효문비 명병서,절효선생효문비명 발, 삼족당선생묘갈명병 서,영현공사적,명환,토주 내력,군수선정비문, 효자 열녀정표문, 문무명인,문 무동반직,경내승지,경내산 성,경내사찰,석탑,석불,동 송정,율림,고이,송김직장준 손기손영친청도서,중수청 도학기, 여해원중창이문. 향노당기,대동기,강학제 생유문,주흘헌기,주흘헌이 건상량문	성씨 학교 풍속 누정 고적 인물 제영 사찰 단묘 명환	성씨 풍속 학교 단묘 총묘 불우 공해 누정 고적 환적 과거 인물 제영 비판 책판
항목수	18	73	34	40

〈표 1〉에서 항목의 수를 비교할 때 『오산지』의 항목수가 가장 많다. 특히 『오산지』의 경우 다른 지리지에 비해 역사문화 부분에서 내용이 가장 풍부하고 상세함을 알 수 있다. 또한 인물 중심의 읍지였음을 알 수 있다. 청도와 관련된 인물 즉 절효(節孝) 김극일(金克一: 김일손의 조부), 탁영(濯纓) 김일손(金馹孫, 1464~1498), 삼족당(三足堂) 김대유(金大有,1479~1551: 김일손의 조카), 소요당(逍遙堂) 박하담(朴河淡, 1479~1560), 영헌공(英憲公) 김지대(金之岱, 1190~1266)에 관련된 행적과 봉안문(奉安文), 축문(祝文), 제문(祭文), 비명(碑銘), 묘갈명(墓碣銘), 기문(記文) 등의 상세한 내용이 주목된다.

한편 청도 토성으로 申. 金. 白. 李. 曺 등 5성씨가 있다. 이들은 모두 청도를 본관으로 하는 성씨이다. 그 이후 이주해온 성씨로는 李(고성, 경주, 재령), 朴(밀양, 죽산), 金(김해), 孫(밀양, 일직), 郭(포산), 芮(예:부계), 玄(팔려), 張(창녕), 蔣(아산), 崔(경주) 등의 성씨가 있다. 청도는 고려 시대부터 군내에 토성세력이 강성하여 수령들이 파견되어도 통치하기가 어려운 지역으로 소문이 나 있었다. 청도 김씨 상호군 김선장(金善莊)과 감찰대부 김한귀(金漢貴)는 청도를 현(縣)에서 군(郡)으로 승격시키는데 주역을 담당하였다. 청도 백씨 또한 밀양적(密陽賊)이 청도를 습격하였을 때 백계영(白桂英) 형제들이 군민을 동원하여 섬멸하였던 사실에서 당시 토성세력들이 매우 강성했음을 엿볼 수 있다. 조선이 건국된 후 청도의 토성들은 침체된 반면 타지역에서 이주해 온 가문들이 재지사족으로 성장하였다. 조선 중기에 이르면 김해 김씨와 밀양 박씨들이 청도사족으로서 확고한 지위를 가지게 되었다. 고려말에 청도에 이주한 김해 김씨는 탁영 김일손과 삼족당 김대유와 같은 사림세력을 배출하였다. 밀양 박씨 또한 조선 중기 청도지역 향촌 주도세력이었다.

임진왜란 때 청도지역에서 의병들의 활약이 매우 컸는데, 이때 밀양 박씨 문중에서 14명의 의사(義士)가 배출됨으로써 17세기 이후 밀양 박씨들이 청도 향촌사회를 영도하게 되었다.

(2) 청도지역의 열녀

『오산지』에는 열녀 3명의 행적이 실려있다. 『신증동국여지승람』과 『경상도읍지』에는 열녀 사례가 보이지 않는다. 『여지도서』에는 2명의 열녀 사례가 수록되어 있을 뿐이다. 『삼강록』에는 2명의 열녀와 3명의 효부 사례가 실려있다. 이들의 행적을 소개하면 다음과 같다.

이씨(李氏)는 윤면(尹勔)의 처이다. 그녀에 관한 사적은 살필 수가 없으며, 다만 정려(旌閭)만이 남아 있을 뿐이다. 정려는 읍내 눌미리(현 화양읍 눌미리)에 있다.

종비(從非)는 향리 김군산(金君山)의 처이다. 지극한 효성으로 시부모를 섬겼다. 시부모가 세상을 떠나자 삼년상을 마친 다음 영당(影堂)을 지어 아침저녁으로 마치 살아있는 시부모를 섬기듯이 제사를 지냈다. 이 일이 나라에 알려져 그녀가 살던 마을에 정문(旌門)을 세워 표창했다. 읍내 동계(東溪)가에 있다.

노씨(盧氏)는 유학(幼學) 정흠조(鄭欽祖)의 처이다. 임진왜란 때 산골짜기에서 적을 만났으나 절개를 지켜 굴하지 않고 죽었다. 이에 정려를 내렸다. 정려는 서면(西面) 변수로(卜樹路)가에 있다.

김씨(金氏)는 선비 이만영(李萬英)의 처이며, 군수(郡守) 김수효(金守斅)의 증손녀이다. 남편이 세상을 떠나자 스스로 목을 매어 목숨을 끊었다. 이 일이 나라에 알려져 그녀가 살던 마을에 정문을 세워 표창했다.

이씨의 본관은 완산으로 진번(震蕃)의 딸이며, 진양 강재호(姜載浩)의 처이다. 일찍이 남편이 세상을 떠나자 남편을 따라 죽고자 하였으나 어린 자식이 무릎에 있어서 죽지 못하였다. 사계절마다 의복을 묘 아래에서 불사르며 "나의 남편이 춥지는 않으신가?"라고 하였다. 햇곡식과 별미가 있으면 묘 아래에서 올리며 "나의 남편이 혹시 굶주림은 없으신가?"라고 하며 40여 년을 하루같이 하였다. 향도의 사림이 방백과 암행어사에게 추천하여 포열각(褒烈閣)을 세웠다.

예씨(芮氏)의 본관은 청도로 인천 이동인(李東璘)의 처이다. 남편의 병이 매우 위중하여 산에 빌고 하늘에 기원하며 몸을 대신하기를 원하였다. 상을 당하여서는 마지막 보내는데 유감이 없도록 하여 장례를 마치는 즉시 자결하였다.

최씨의 본관은 영천으로 참봉 상순(相淳)의 딸이며 경주 김창호(金昌鎬)의 아내이다. 시부모를 잘 섬겼는데 시아버지께서 마종(麻瘇) 병에 걸려 온갖 약이 효험이 없었다. 밤이면 칠성에게 빌고 낮이면 종기의 독을 빨아 30년 남짓을 하루와 같이하여 마침내 완전히 소생하였다. 사람들은 효성에 감응하여 이루어진 일이라고 칭송하였다. 사림이 영읍(營邑)에 청원하여 포상을 받았다. 이러한 사실이 속수삼강록〈續修三綱錄〉에 실려있다.

장씨(張氏)의 관적은 인동(仁同)으로 곡강(曲江) 최삼갑(崔三甲)의 아내이다. 나이 16세에 시집와서 시부모를 잘 섬겨 지극히 효성을 다하였다. 시아버지께서 중풍으로 누워서 일어나지 못하시자 잠시도 곁을 떠나지 않고 곁에서 부축하고 도왔다. 대소변을 몸소 받아내기를 8년을 하루같이 하니 面에서 돈으로 상을 주고 郡에서 그릇을 상으로 주었다.

정씨(鄭氏)의 본관은 동래로 도사(都事) 치목(致睦)의 딸이며 순흥 안학진(安學鎭)의 아내이다. 효로써 시부모를 섬겨 음식을 받들어 봉양하였다. 아침저녁으로 안부를 살피며, 용모를 부드럽게 하고, 기쁜 낯빛을 하여 뜻을 따르는데 어김이 없었다. 사람들이 칭송하기를 "옛날 진효부(陳孝婦)라도 이보다 더할 수는 없을 것이다"고 하였다. 유림의 추천이 있었다.

열녀의 신분, 거주지가 분명하였다. 신분이 밝혀진 열녀의 신분으로는 향리의 처 1명, 유학(幼學)의 처 1명, 군수의 증손녀 1명, 선비의 처 1명이 보여 주목된다. 포상내용으로는 정려(旌閭)만이 보인다.

(대구청유회보 [제60호] 2011년 12월호)

(청도 『오산지』의 편찬과 효자·열녀, 경북 청유 선비문화 청도포럼, 2023.7.7.)

경주지역의 열녀
경북편

『동경잡기(東京雜記)』정렬조(貞烈條)에 21명의 열녀 사례가 나와 있다. 열녀행적을 유형별로 보면 남편 사후 종신토록 수절한 경우, 임란 때 정절을 지키려다 해를 입거나 자결한 경우, 남편 사후 불식종사(不食從死)하거나 바다 또는 못에 빠져 자결한 경우, 남편 사후 복상 6년을 한 경우 등이 있다. 여기에서 남편 사후 수절하거나 자결한 경우가 가장 많다.

먼저 신라인으로 율리민녀(栗里民女) 설씨(薛氏)의 사례가 보인다. 『동국여지승람』에도 수록되어 있다.

임진왜란(4건), 정유재란(1건), 병자호란(1건) 등 전란에 정절을 지키려다 해를 입거나 자결한 경우로는 훈도(訓導) 김련(金鍊)의 처 김씨(金氏), 봉사(奉事) 손봉선(孫奉先)의 처 최씨(崔氏), 유학(幼學) 김눌(金訥)의 처 금씨(琴氏), 유학(幼學) 권사립(權士立)의 처 김씨(金氏), 충의위(忠義衛) 김홍엽(金弘燁)의 처 양씨(楊氏), 봉사(奉事) 장운룡(張雲龍)의 처 덕금(德今) 등을 들 수 있다.

훈도(訓導) 김련(金鍊)의 처 김씨는 임진란에 남편이 상경(上京)하여 돌아오지 않자 김씨는 3살 된 아이를 데리고 산속에 숨었다가 잡혔다. 적이 채찍질로 나아가게 함에 아이를 안고 통곡하며 맹세코 따르지 않았다. 적이 아이를 빼앗아 다른 숲에 두고 김씨를 죽였다. 이에 정려하였다. 정려(旌閭)는 부서(府西) 광교변(廣橋邊)에 있다.

봉사(奉事) 손봉선(孫奉先)의 처 최씨는 임진란에 남편, 계모와 함께 구미산(龜尾山) 속에 피해 숨었는데 갑자기 적을 만났다. 남편은 말하기를 '원컨대 나를 죽이고 어머니를 해치지 말라' 하였으나 모자는 함께 죽음을 당하였다. 이때 최씨가 몸으로 막다가 유혈이 낭자하여 거의 죽게되자 적이 버리고 갔다. 최씨는 모자의 시신을 친히 염하고 장사지낸 후 자녀에게 이르기를 '남편이 어머니를 위해 죽었는데 어찌 홀로 내가 살겠는가'하고 스스로 목을 매고 죽었다. 이에 정려하였다. 정려는 부서(府西) 작원(鵲院)에 있다.

유학(幼學) 김눌(金訥)의 처 금씨(琴氏)는 안강현리(安康縣里)에 살았다. 임진란에 산골짜기에 숨었는데 적이 갑자기 이르러 그녀의 자색을 보고 범하려 하자 금씨는 굳게 저항하다가 힘이 못 미쳐 허리에 찬 작은 칼로 적을 찌르고 해를 당하였다.

유학(幼學) 권사립(權士立)의 처 김씨는 안강현리에 살았다. 임진란에 왜구가 그 자색을 보고 탐하려 하자 김씨는 머리를 풀어 얼굴을 가리고 물에 빠져 죽었다.

충의위 김홍엽(金弘燁)의 처 양씨는 부동(府東) 개곡리(開穀里)에 살았다. 정유난에 무장산에 숨었다가 적이 갑자기 이르러 끌고 가자 앞서가다가 깊은 못에 이르러 스스로 몸을 던져 죽었다.

봉사(奉事) 장운룡(張雲龍)의 처 덕금(德今)은 기계현북(杞溪縣北) 성법촌(省法村)에 거주하였다. 병자난에 남편이 쌍령(雙嶺)에서 전사하자 덕금은 천리(千里)를 뛰어가 시체를 찾아서 돌아와 장례를 치르고 제존(祭尊)에 정성을 다하여 향인(鄕人)이 칭찬하였다.

남편 사후 불식종사(不食從死)한 경우로는 이단(李壇)의 처 정씨(鄭氏), 사인(士人) 이영(李楹)의 처 한씨(韓氏), 서후규의 처 김씨 등을 들 수 있다.

이단(李壇)의 처 정씨는 흥해인(興海人)이며 예조정랑(禮曹正郎) 사명(四溟)의 딸이다. 시집가서 1년이 못되어 남편이 병사하자 자결로서 따르고자 수차 시도하였으나 주변 사람들의 만류로 이루지 못하다가 빈렴(殯斂)한 뒤부터 미음을 먹지 않고 냉수만 마시다가 죽었다.

사인 이영(李楹)의 처 한씨는 기계현(杞溪縣)에 거주하였다. 시집가서 1년이 못되어 남편이 병사하자 한씨는 여종에게 이르기를 '내 양친을 일찍 여의고 지금 또 남편마저 잃었으니 내 어찌 홀로 살겠는가'하고 절식(絶食)하였는데 13일만에 죽었다.

서후규의 처 김씨는 안강현북(安康縣北) 노당촌(魯堂村)에 거주하였다. 교리(校理) 종일의 누이동생이다. 김씨는 아들 하나를 낳고 과부가 되었는데 읍혈 3년 하였다. 아들이 약관에 천연두에 걸려 죽었다. 김씨는 호통하며 말하기를 '내가 죽지 않은 것은 아들이 있기 때문이었는데 이제 아들이 죽었으니 내가 다시 무슨 희망이 있겠는가'하고 자결하려 하자 오라비가 여종으로 하여금 지키게 하자 소주(燒酒)를 많이 마시고 죽었다. 이날 밤새도록 편지를 써서 남겼는데 그 내용은 입후(立後, 양자)를 부탁하는 것이었다.

남편 사후 종신토록 수절한 경우는 충의위 이저(李竚)의 처 정씨, 사비(私婢) 방금(方今), 사비(私婢) 단비(丹非), 봉사(奉事) 주청(朱淸)의 처 정씨, 사비(私婢) 용개(龍介), 조금(趙今), 박소사(朴召史), 우견(又堅)의 딸 한씨(韓氏), 백성 이명생(李命生)의 처 김소사 등이 있다.

충의위 이저(李竚)의 처 정씨는 남편을 일찍 잃고 슬퍼함이 예를 넘었다. 이어서 모친상을 당해 밤낮으로 울고 아버지가 병들자 치료에 정성을 다하였다. 일이 알려져 정려하였다. 정려는 부남(府南) 월남리(月南里)에 있다.

안강현리 사비(私婢) 방금(方今)은 19세에 과부가 되었으나 재가하지 않고 70여세에 죽었다.

봉사(奉事) 주청(朱淸)의 처 정씨는 부남(府南) 중리촌(中里村)에 거주하였다. 남편이 죽자 정씨는 주야로 호곡하며 빈소를 떠나지 않았다. 계절 제사마다 반드시 남편의 옷과 버선을 만들고 제(祭)가 끝난 후 옷을 불사르고

버선을 묻었다. 복(服)을 벗고 난 후도 소복(素服) 마질(麻絰)로 하고 술과 고기를 먹지 않기를 종신토록 하였다. 향인(鄕人)이 이를 선적(善籍)에 기록하였다.

사비(私婢) 용개(龍介)는 부서(府西) 부산촌에 거주하였다. 19세에 과부가 되었는데 강폭한자에게 더럽힐까봐 항상 잠자리에 옷을 벗지 않고 칼, 낫 등을 비치하였다. 58세에 죽었는데 이웃사람이 다 칭찬하였다.

조금(趙今)은 안강현서 옥산동에 거주하였다. 21세에 과부가 되었으나 재가하지 않고 70여세에 죽었다. 박소사는 기계현 남촌에 거주하였다. 19세에 시집가서 25세에 남편을 잃었는데 마음을 다해 상을 치루고 슬퍼하기를 6년 하였다. 종신토록 수절하며 부모를 효양하였다. 어머니가 노병으로 눈이 어둡자 성심봉양하였는데 어머니가 죽자 복상 6년 하였다. 또한 아들 없는 숙부를 위해 복상 3년 하였다. 숙부를 위해 복상한 경우는 지금까지 없었던 사례이다.

한씨는 부서(府西) 대곡촌에 거주하였다. 우건(又堅)의 딸이다. 남편이 죽어 장례하기 전에 비가 많이 내려 물이 넘쳐 시구(屍柩)가 표류하자 물에 뛰어들어 시구를 안고 출몰하다가 안변(岸邊)에 걸려 모두 보전하였다. 상을 마치고도 고기를 먹지 않았다.

백성 이명생(李命生)의 처 김소사는 기계현리에 거주하였다 일찍 남편을 잃고 자식이 없이 양식을 구걸하여 장제(葬祭)하고 복상 6년 하였다. 시어머니를 봉양하는데 시종 태만하지 않았고, 시어머니가 역질로 죽자 소사가 스스로 지고 가서 매장하였다. 복을 마치고도 최복을 벗지 않았다.

남편 사후 자진(自進)한 경우로는 충순위 이종찬(李宗纘)의 처 견씨(堅氏), 수군(水軍) 박인옥(朴仁玉)의 처 어둔개(於屯介)를 들 수 있다.

충순위 이종찬의 처 견씨는 남편을 잃고 읍혈(泣血) 3년 하였다. 염장(鹽醬)을 먹지 않고 상복을 벗지 않고 몸이 상하여 자진하였다. 이에 정려하였다. 정려는 신원에 있다.

어둔개는 부남(府南) 명곡리(椧谷里)에 거주하였다. 동해인이며 수군 박인옥의 딸이다. 남편이 병들자 어둔개는 정성을 다했으나 죽자 목매려 하였으나 집안사람의 만류로 이루지 못하자 바다에 빠져 죽었다.

요컨대 열녀의 사례를 정리해보면 우선 거주지역이 대부분 자세히 밝혀져 있고, 정려된 경우에는 정려의 위치까지 밝혀져 있어 주목된다. 사례 내용도 다양하였다. 남편에 대한 수절, 자결이 가장 많았다. 임진왜란, 정유재란, 병자호란 등 전란시에 발생한 열녀가 고르게 분포되어 있음을 알 수 있다. 노비층의 수절이 많이 보이며 이들 역시 수절을 하는 데에는 양반 가문보다 뒤지지 않는 것이 특징이다. 포상내용이 적은 것이 주목된다.

(대구청유회보 [제60호] 2003년 8월)

상주지역의 열녀
경북편

『상산지商山誌』효열조에는 17명의 열녀 사례가 수록되어 있다. 열녀의 사례유형을 살펴보면 남편 사후 제사를 정성껏 지내며 종신토록 수절한 경우, 남편이 죽자 굶어서 따라 죽거나 목매어 죽은 경우, 임진왜란 때 정조를 지키기 위해 강물에 빠져 죽거나 피살된 경우 등이 있다.

먼저 남편 사후 제사를 정성껏 지내며 수절한 경우를 들면 김심(金潯)의 처 김씨, 김자(金滋)의 처 이씨, 정병(正兵) 엄석산(嚴石山)의 처 이씨, 현감 김유(金洧)의 사비(私婢) 유월(六月) 등을 들 수 있다.

김심의 처 김씨는 17세에 남편이 병으로 죽자 단발하고 신의를 지켰다.

습독(習讀) 김자(金滋)의 처 이씨는 남편상을 당하여 묘를 5리 밖 큰 산중에 쓰고 유복자 언건(彦健)을 데리고 날마다 열심히 제사를 드렸다. 아침에 갔다가 저녁에 들어와 가지고 간 제사 음식을 저울에 달아서 신이 잘 대접 받았는지 살펴보았다. 그러던 중 하루는 저녁에 밥을 저울에 다니 제사 지내기 전과 같았다. 이상하게 생각해서 헤쳐보니 밥에 한 올의 머리털이 들어 있었다고 한다. 감사가 조정에 알려 효열로 의인(宜人)에 봉하였다. 그리고 이어 복호를 명하였다.

현감 김유(金洧)의 여종 유월은 16세에 김유의 집으로 와서 60년을 수절하였다. 죽을 때 집안 사람들에게 내가 천한 몸으로 주인의 묘에 가까이 묻힐 수 없으니 주인의 묘가 보이는 곳에 묻어 달라고 하였다. 목사 이선(李

選)이 제사를 지내 주었다.

정병 엄석산의 처 이씨는 젊었을 때 남편상을 당하여 평생을 상복을 입고 지냈다. 아침 저녁으로 제사를 지냄에 정성을 다하여 처음과 끝이 변하지 않았다. 강하고 세찬 욕을 볼까 더러운 얼굴로 더러운 옷을 입고 지냈으며, 밤이면 칼을 품고 자서 평생을 수절하였다.

남편이 죽자 굶어 따라죽거나 목매어 죽은 경우로는 교리(校理) 권달수(權達手)의 처 정씨, 박사(博士) 강설(姜雪)의 처 황씨와 부솔(副率) 김헌의 처 양씨를 들 수 있다.

정씨는 홍문관 교리 권달수의 처이다. 연산군 갑자사화에 남편이 연산군에게 간언하다가 피살되었다. 그때 정씨는 함창(咸昌)의 촌사에 있었다. 식음을 전폐하고 60여 일이 지나서 노비에게 이르기를, "내가 지금까지 살아있는 것은 남편의 시체가 고향으로 돌아오면 나도 그 곁에 뼈를 의지하기 위함이라" 하고 기진맥진하여 통곡하다가 죽었다. 영조 14년(1738)에 열녀각을 지었다.

황씨는 박사 강설의 처이다. 남편이 서울에 있을 때 병으로 죽었다. 남편은 내가 일어나지 못하면 당신과 자식이 걱정이라며 슬퍼하자 황씨는 울면서 아내는 지아비를 위하여 죽는 것이 마땅한데, 만약 깨끗하지 못하면 맹세코 따라 갈 것이라 하였다. 그리고 얼마 후 상(喪)을 당하였다. 주야로 곡을 하여 울음소리가 그치지 않고 하루에도 세 번 기절하니 겨우 관을 부축하여 남쪽으로 돌아왔다. 아버지와 형제들이 음식을 권하면 내가 죽지않고 살아있는 것은 장사를 아직 마치지 못한 것이라 하였다. 장사를 마치고 음식을 먹지 않은 지 30여 일이 되어 기진하여 죽었다. 목사 윤국형(尹國馨)이 임금 앞에 상달하여 정표(旌表)의 명이 있었으나 시행되지 못하고 임진왜란이 일어났다.

부솔(副率) 김헌(金獻)의 처 양씨(楊氏)는 남편이 병으로 죽으니 양씨는 따라 죽기를 맹세하였다. 처음에는 독초를 먹었으나 죽지 않자 다음에는 칼로 스스로 죽으려고 하였으나 지키는 사람에게 구하는 바가 되었다. 그러나 장례 전 밤에 주위의 눈을 피해 목을 매어 죽었다.

임진왜란 때 절개를 지키기 위해 죽은 경우로는 참봉 김도(金燾)의 처 하씨(河氏), 부장 충원(忠元)의 딸 배씨(裵氏), 사인(士人) 김현(金絢)의 처 윤씨, 권병달(權並達)의 처 김씨, 사인 황위(黃偉)의 처 전씨, 사인 정영국(鄭榮國)의 처 한씨, 정병 최순형(崔順亨)의 처 전씨(錢氏), 이응남(李應南)의 처 한씨, 사인 전체신(全體信)의 첩 정씨 등을 들 수 있다.

참봉 김도는 임진왜란 때 아내와 서로 약속하기를 만약 적을 만나면 구차하게 살지말자 하였다. 하루는 적이 와 도가 스스로 절벽에서 떨어져 죽자 하씨도 따라 죽었다.

부장 충원의 딸 배씨는 19세에 임진왜란을 당하여 강의 언덕 절벽위에 몸을 숨기고 있었다. 하루는 적을 만나 붙들려 앞세워져 가는데 배씨는 큰 소리로 적을 꾸짖다가 드디어 강 중간으로 떨어져 죽으니 그 웅덩이를 열녀연(烈女淵)이라 불렀다.

정병 최순형의 처 전씨는 남편상에 성의 공경을 다하여 장사 지내고 아침 저녁으로 제사를 지냄을 처음 장사 지내는 것과 같이 하였다. 임진왜란이 일어나자 신주를 품고 산계곡에 피해서도 제사를 지냄을 계속하였다. 하루는 적이 와서 항거하다가 죽었다.

그 밖에 효부에 관한 사례가 하나 있어 주목된다.

양녀(良女) 노흔(盧炘)의 처는 집에 불이 나 90세가 넘은 시아버지가 움직이기 어려워 나오지 못하자 방에 뛰어 들어가 시아버지를 안고 함께 죽었다.

이상에서 열녀의 사례를 정리해보면 임진왜란 때 왜적으로부터 정조를 지키기 위하여 죽음을 택한 경우가 가장 많았다. 그만큼 임란 때 여성의 피해가 상당히 컸음을 알 수 있다. 또한 남편 사후 재혼하지 않고 종신토록 수절하거나 남편을 따라 죽는 경우도 적지 않았음을 볼 수 있다.

(대구청유회보 [제63호] 2003년 11월호)

선산지역의 열녀
경북편

『일선지(一善志)』열녀조에는 29명의 사례가 수록되어 있다. 열녀의 사례 유형을 살펴보면 남편 사후 주위의 강권에도 불구하고 재가(再嫁)하지 않고 종신토록 수절한 경우, 남편을 따라 죽은 경우, 임진왜란 때 왜적을 만나 정조(貞操)를 지키기 위해 자결하거나 피살된 경우, 남편에게 버림받고 연못에서 자살한 경우 등이 있다. 여기에서는 왜적으로부터 정조를 지키기 위하여 죽음을 택한 경우가 다수를 이루고 있다.

먼저 고려시대의 열녀로 한씨(韓氏)와 약가(藥哥)의 사례가 나와있다. 한씨는 김효충의 처이며 연봉리에 거주하였다. 남편이 전염병으로 죽으니 관을 어루만지며 주야로 애통해 하였다. 전염병이 옮길 것을 두려워하여 가족이 이웃 집으로 피신하고 가까운 친척도 근처에 오지 않으므로 홀로 빈소를 지키며 슬퍼함이 예를 넘었다. 상을 마치자 아버지는 자식 없이 일찍 과부가 된 것을 가엾게 여기고 개가시키고자 하였으나 한씨는 단발하고 자진(自盡)하고자 하니 아버지는 그만두었다. 이에 정려를 내렸다.

약가(藥哥)는 군졸(軍卒) 조을생(趙乙生)의 처이다. 남편이 왜구에게 잡혀갔는데 약가는 그의 생사를 알지 못하였으나 고기와 훈채를 먹지 않았으며 또한 옷을 벗지않고 잤다. 부모가 그의 뜻을 빼앗고자 하였으나 죽기를 맹세하고 듣지 않았다. 8년만에 남편이 살아 돌아와 부부가 되어 처음과 같이 살았다. 약가는 야은(冶隱) 길재(吉再)와 같은 시대에 한 고을에서 거주하였다. 어릴 때 야은 선생에게 "책 속에 무슨 말이 있습니까"라고 하니 약가는 그것을 외우고 잊지 않았다. 장천서(蔣天瑞)의 시에 "바다 밖의 소식 끊기니, 규중에서 보내는 세월 길기도 하여라. 8년을 깨끗이 지킨 뜻, 열녀비를 봉산 남쪽에 세웠네"라고 하였다.

임진년, 정유년의 난에 정조를 지키다가 비참하게 죽은 부녀자의 기록이 열녀 사례의 대부분을 차지하고 있다. 즉 27명 사례 가운데 19명의 사례가 그것이다.

이때의 열녀는 대부분 피살되거나 자살한 경우이다. 이는 선산 지역이 임진왜란으로 피해가 컸던 지역의 하나로 특히 여성들의 피해가 얼마나 컸으며 이 여성들의 유교 윤리 인식 정도가 어느 정도인지를 보여주는 것이다.

임진왜란을 만나 정조를 지키다가 자결하거나 피살된 사례를 들면 사인(士人) 최격(崔格)의 처 강씨(姜氏), 교생(校生) 도성유(都聖兪)의 처 김씨, 무인(武人) 송진성(宋軫星)의 처 이씨, 현감 정방준(鄭邦俊)의 처 변씨(卞氏), 학생 김무석(金武錫)의 처 김씨, 사인(士人) 김격(金格)의 처 김씨, 사인(士人) 최잠(崔潛)의 처 박씨(효자 영미(英美)의 후손) 사인(士人) 노경건(盧景健)의 처 송씨, 참봉(參奉) 김도(金燾)의 처 하씨(河氏), 사인(士人) 강유남(康有男)의 처 장씨(張氏), 사인(士人) 최형(崔衡)의 처 김씨(金氏), 사인(士人) 김석지(金錫祉)의 처 강씨(康氏), 이지경(李持敬)의 처 허씨(許氏), 김우(金宇)의 처 강씨(康氏), 교생(校生) 김대원(金大源)의 처 김씨, 김희준(金希俊)의 처 최씨, 곽잠(郭潛)의 처 임씨(林氏), 사비(寺婢) 구질지(仇叱之), 길운득(吉云得)의 처 김소사(金召史) 등의 사례가 그것이다.

이 가운데 몇 가지 예를 들면 다음과 같다. 교생 도성유의 처 김씨는 젊어서부터 예를 익혔다. 지성으로 시부모를 봉양하니 이웃이 모두 현부(賢婦)라고 칭찬하였다고 한다. 임진왜란 때 산중으로 피난을 하였는데 적이 산을 수색하여 마침내 남편이 피살되었다. 김씨는 같이 죽을 것을 결심하고 한

모금의 물도 마시지 않으니 시어머니가 그 뜻을 알고 김씨의 행동을 일일이 지켰다. 장례를 마치고 김씨가 물을 청하므로 시어머니가 물을 길러 가지고 급히 오니 이미 나무에 목을 매어 죽어 있었다. 조정에서 정려를 명하였다.

무인(武人) 송진성(宋軫星)의 처 이씨는 임진왜란에 남편이 종군에 응모되어간 후 이씨는 시어머니를 업고 북산에 숨어 수건으로 얼굴을 가리니 적이 그 얼굴을 보고자 하였다. 이씨는 두팔로 굳게 큰 나무를 안고 항거하므로 적이 두팔을 끊었으나 굴하지 않고 적을 크게 꾸짖다가 피살되었다. 조정에서는 정려를 명하였다.

사인(士人) 김격(金格)의 처 김씨는 집안 일을 처리하는데 예가 있고 제사를 지성으로 받드니 "철부(哲婦)"라 하였다. 임진왜란에 노자바위 아래에 숨었는데 그 곳에 깊은 못이 있으니 이곳이 곧 나의 죽을 곳이라 말하였다. 6월에 적이 갑자기 쳐들어오자 모두 달아났으나 김씨는 절벽에서 뛰어내려 자살하였다.

참봉 김도의 처 하씨는 부도(婦道)가 있었고 남편은 지조가 있었다. 임진왜란에 부부가 산중으로 피신하던 중 서로 약속하기를, "만약 적을 만나면 욕을 볼 것이니 구차하게 사는 것보다 높은 절벽에서 투신하리라" 하였다. 마침 적을 만나 남편이 절벽에서 떨어지고자 하니 하씨가 만류하며 "공은 일단 중지하소서 내가 먼저 죽으리라"하고 절벽에서 몸을 던져 자살하니 남편이 또한 뒤를 따랐다.

김우의 처 강씨는 임진왜란에 부부가 함께 단성에서 피신하던 중 남편이 전염병으로 죽으니 강씨가 손수 염과 장례를 마친 후 물도 먹지 않고 통곡하다가 드디어 목을 매어 자결하였다. 그의 말대로 함께 묻어주었다. 마을 사람들이 가엾게 여겼다.

원흥사(元興寺) 사비(寺婢) 구질지(仇叱之)는 일찍이 남편이 죽자 3년복을 마쳤으나 흰옷을 입고 소식(素食)하니 마을 사람들이 모두 그의 어진 행동과 재주를 탐내어 정조를 빼앗고자 하였다. 이에 머리를 깎고 헌옷을 입으며 얼굴도 씻지않고 항상 큰 칼을 가지고 있으니 누구도 감히 가까이 하지 못하였다고 한다. 임진왜란을 만나 적에게 포로가 되어 욕을 당할 위기에서 끝까지 불응하고 적을 꾸짖다가 피살되었다.

이지경(李持敬)의 처 허씨(許氏)는 임진왜란에 시어머니와 함께 산중으로 피난하였으나 포로가 되었다. 죽을 곳을 찾지 못하여 허씨가 적을 속여 말하기를 "내 집이 멀지 않으니 같이 가면 보화를 얻을 수 있다."하니 적이 기꺼이 따르는지라 드디어 시어머니와 함께 하산하는 도중에 깊은 못으로 와서 시어머니께 이르기를 "이제 죽을 곳을 얻었습니다."하니 시어머니도 "나도 또한 죽으리라" 하였다. 드디어 허씨는 시어머니를 업고 물에 빠져 죽었다. 며칠 후에 허씨의 시체는 시어머니를 업고 물 위에 떴으니 주인(州人)이 이상하게 여겼다.

요컨대 왜적은 때와 장소를 가리지 않고 부녀자를 겁탈하고자 하였다. 왜적의 만행에 대하여 죽기를 결심한 대부분의 여성들은 강, 연못, 절벽, 언덕, 바위 등 붙잡힌 장소에서 뛰어내려 자살 또는 스스로 목을 매어 자결하거나 항거하며 적을 꾸짖다가 결국 비참하게 피살되었다. 이와 같이 임진왜란 중에 정절을 지키다가 죽은 부녀자가 많은 것은 조선 중기에 유교적 열녀관이 철저했기 때문이다.

남편 사후 재가하지 않고 수절한 경우는 사인 김향(金向)의 처 황씨, 사노(私奴) 근종(斤從)의 처 소사(召史), 배작산(裵鵲山)의 처 소사(召史)의 사례를 들 수 있다. 이들은 개가하지 않고 수절하기 위해 머리카락을 자르고 흰옷을 계속 입었다. 즉 황씨는 여러 해 동안 가난하였으나 남편을 예로서 섬겼다. 그러나 남편이 일찍 죽으니 황씨는 돈을 빌려서라도 제사를 폐하지 않았다. 흰옷을 입고 머리를 단발하여 울음으로 여러 날을 보내니 마을 사람들이 "피발부인(被髮婦人)"이라고 하였으며, 향리(鄕里)에서 정렬(貞烈)을 조정에 알려 정려를 명하였으나 임진왜란으로 인하여 시행하지 못하였다.

사노(私奴) 근종(斤從)의 처 소사는 남편이 일찍 죽으니 치상장제(治喪葬祭)에 예를 잃지 않았다. 또한 아름답고 어질었으므로 사람들이 다투어 혼인하고자 하므로 소사는 단발하고 흰옷 입고 죽기를 맹세하며 종신토록 절개를 지켰다.

신곡의 양녀인 배작산(裴鵲山)의 처 소사는 17세에 남편을 잃었는데 사람들이 다투어 혼인하고자 하였다. 그러나 죽기를 맹세하고 몸가짐을 단정히 하며 종신토록 지내니 마을 사람들이 모두 존경하였다. 진사 이영남(李榮男)의 만사(挽詞)에 "약가(藥哥) 천년 후의 신곡(新谷)에 이 사람이 있다." 고 하였다.

남편을 따라 죽은 경우로는 조씨(趙氏), 박씨(朴氏), 한씨(韓氏) 등을 들수 있다. 이들은 남편이 병사하자 독약을 마시거나 단식(斷食)하여 남편을 뒤따라 죽었다.

조씨는 효자 박진식(朴震熄)의 증손인 항령(恒齡)의 처이다. 어려서부터 효순하였다. 시집을 갔는데 남편이 역질(疫疾)에 걸려 치료할 수 없는데 이르렀다. 조씨는 남편이 일어나지 못할 것을 알고 같이 죽기로 맹세하고 몰래 독약을 사서 항상 가슴에 품고 있었다. 남편이 죽은 지 며칠이 지나자 스스로 입을 비단 옷을 만들어 남편을 따라 죽을 계획을 세웠다. 남편이 죽자 옆 사람이 조씨의 죽을 뜻을 깨닫고 지키기를 열심히 하였는데 밤중에 조씨는 골방에 들어가 비상을 술에 태워 마셨다. 마침내 함께 장례를 치루었다. 이에 정려되었다.

업유(業儒) 박원택(朴元澤)의 처 박씨는 남편이 천연두에 걸려 일어나지 못하였다. 그러나 박씨는 어린 부인으로 행동거지가 떳떳함을 잃지 않았으며 울음도 절도를 넘지 않았다. 남편의 뒤를 따르고자 하였으나 태중이었으므로 분만한 후 7일 만에 음식을 끊고 자결하였다. 이에 정려를 내렸다.

사인(士人) 심중택(沈仲澤)의 처 한씨는 남편이 처가집에 가서 병에 걸려 죽자 독약을 마시고 남편의 뒤를 따라 자결하였다. 즉 한씨가 시집으로 돌아왔을 때 곧장 죽으려고 했는데 태중인 것 같아 후사를 잇고자 가만히 참고 기다렸으며 얼마 후 증험이 없음을 알고 남편 사후 28여 일 만에 자결하였다. 이에 정려가 주어졌다.

　남편에게 버림받고 연못에서 자살한 경우로 향랑의 사례를 들 수 있다. 향랑은 상형곡(上荊谷)의 양가녀(良家女)이다. 어려서부터 정숙하고 효순하였다. 계모가 심하게 구박하였으나 향랑은 항상 그 뜻에 순종하였다. 그 후 시집을 갔는데 남편이 불량하여 원수 같았다. 향랑은 계모에게 사랑을 받지 못하고 또 남편에게도 버림을 받았다. 숙부와 시아버지는 이를 가엾게 여기고 다른 곳으로 개가하기를 권하였으나 향랑은 굳게 거절하였다. 시집 곁에 의탁하기를 애원하였으나 시아버지는 그것조차 허락하지 않아 향랑은 돌아갈 곳이 없어 드디어 죽기로 결심하였다. 지주비(砥柱碑) 밑에 이르러 나무하는 소녀를 만났다. 머리를 풀어 헤치고 옷을 주며 말하기를 "이것을 가지고 나의 부모님께 전해드려 내 죽음을 증명해주고 내가 죽거든 나의 시체를 연못 속에서 찾으라"하고 이어서 소녀에게 산유화(山有花) 한 곡을 가르쳐 주었다. 이때 나이 20세였다. 노래 가사에서 말하기를 "하늘이 높고 땅 넓어 하늘 땅 비록 크나 이 몸 하나 둘 곳 없네. 차라리 강물에 몸을 던져 고기 배 속에 묻히련다"하였다. 숙종 29년에 선산 부사 조구상(趙龜祥)이 전을 지었다. 이에 정려를 내렸다.

　이상에서 열녀 사례를 통해 열행을 정리하면, 아내의 가장 중요한 도덕적 의무는 정조를 지키는 것이었으며, 정조를 지키기 위해 자진하는 것이 아내의 도리였다. 또한 재가하지 않기 위해 단발하거나 흰옷을 계속 입기도 하고 또는 칼을 항상 차거나 용모를 깨끗이 하지 않았다. 특히 왜적으로부터 정조를 지키기 위하여 죽음을 택한 경우가 압도적으로 많았다. 그리고 남편이 죽은 경우 재가하지 않고 수절하는 경우와 남편을 따라 죽은 사례가 적지 않았다. 남편이 병사하자 독약을 마시거나 단식을 하거나 목을 매어 죽은 사례가 보였다. 그 가운데 태중인 경우는 아이를 출산한 후 따라 죽었다. 요컨대 어떠한 경우에도 여자는 정조를 지킬 것을 강조하는 것이었다.

(대구청유회보 [제66호] 2004년 2월호/ [제67호] 2004년 3월호)

안동지역의 열녀
경북편

《영가지永嘉誌》규행조(閨行條)와 열녀조에 10명의 열녀사례가 나와있다. 열녀행적을 유형별로 보면 남편이 죽자 굶어서 따라 죽은 경우, 남편이 죽자 3년간 여묘한 경우, 현부(賢婦), 효부의 경우, 임진왜란 때 정절을 지키고자 자결한 경우, 남편이 호랑이에게 붙잡혀 가자 생명을 무릅쓰고 구한 경우 등이 있다.

먼저 남편이 죽자 굶어서 따라 죽은 경우로 증판서(贈判書) 진(璡)의 딸이며 완산 유성(柳城)의 처인 문소(聞韶) 김씨, 이강(李櫃)의 처 김씨 등을 들 수 있다.

류성(柳城)의 처 문소 김씨는 25세에 남편을 잃자 곧 머리카락을 스스로 끊어 버리고 한톨의 쌀도 넘기지 않았다. 밤낮으로 읍혈하였다. 언서(諺書)로 손수 〈가례상제의(家禮喪祭儀)〉를 번역하여 한결같이 그 절차에 따랐고 앉으나 누우나 상례의 차례에서 떠나지 않았다. 항상 삼승포(三升布)와 일 겹의로 간신히 그 몸을 가렸고 귀보리 섞어 끓인 죽으로 겨우 목숨을 지탱해 갔다. 장산(葬山)이 본가로부터 10리나 멀리 있었지만 달마다 삭망이 되면 왕래하며 전(奠)을 올리고 살폈다. 예대로 베버선을 묘옆에 묻어서 평시를 상징했다. 상을 다 마치고 나서도 음식중에 맛있는 것이 있어도 입에 넣지 아니하고 상심이 쌓이어 병이 되었으며 형세가 다시는 일어나지 못할 지경이 되었다. 아버지가 고기를 먹도록 타일렀으나 먹지않고 죽었다. 거듭 방백에게 알렸으나 방백이 임금에게 알리지 않았는데 나중에 임금이 그 소식을 듣고서 정려가 내려졌다.

이강의 처 김씨는 남편이 말에서 떨어져 길에서 죽자 가슴을 치고 뛰며 통곡하였다. 시신을 껴안고 3일밤을 지냈다. 시신을 입관하고 나서 한달이 지나도록 밥을 먹지 않다가 50일만에 죽어 합장하였다. 일이 조정에 알려져 정려(旌閭)가 내려졌다.

현부의 경우로 대사간 우굉(宇宏)의 딸 문소 김씨를 들수 있다. 문소 김씨는 태어나면서 아름다운 자질을 지니고 있었다. 총명하고 지혜로왔으며 단정하고 수려하였다. 〈내훈〉, 〈열녀전〉 등의 책을 읽기를 좋아하였다. 대의에도 통효해서 부모가 기이하게 여겼다. 18세에 대사헌 유경심(柳景深)의 아들 성구(成龜)에게 시집갔다. 홀로 된 시어머니를 받들어 섬겼고 족당들을 잘 대접했으니 모두들 마땅한 사람을 얻었다고 했고 사람들은 '현부(賢婦)'라고 칭송했다. 성구가 병으로 일찍 죽자 김씨는 밤낮으로 울부짖었으며 음료를 입에 넣지 않아 여러번 실신하기에 이르렀다. 지아비의 영구가 성주로부터 本府로 돌아올 때 배로 낙동강을 건너게 되었다. 강물이 거세져서 중류에서 노를 잃어버렸다. 김씨가 곧 영구를 껴안고 함께 빠져 죽을 결심을 하였다. 마침 순풍이 불어와 머물게 해서 건널 수가 있었다. 사람들이 모두 탄복하면서 지극한 정성에 감동한 결과라고 생각했다. 喪을 지키는 예를 다했으며 곡을 함에 소리가 끊어지지 않았다. 비록 극한의 날씨일지라도 포의(布衣) 하나만을 걸쳤다. 미음을 넘기지 못하였고 상심으로 여위어 뼈만이 보였다. 〈가례상제의家禮喪祭儀〉를 언문으로 번역하여 창벽위에 걸어 놓았다. 조석으로 궤연에 진설할 제수를 반드시 몸소 살폈고 제기를 씻고 음식을 마련함에 정결을 극도로 힘썼다. 제사를 지낼 때는 반드시 최질(衰絰)을 하였고 부축해 일어나 제사 일을 받듦에 터럭 하나라도 禮에 어김이 있을까 걱정을 했다. 이를 들은 사람들은 눈물을 흘리지 않는 이가 없었다. 이듬해 5월 병세가 위급해지자 족당사람들을 불러 그들과 작별하고 기쁜 모습으로 세상을 떠나갔다.

효부의 사례로 순천 김씨를 들수 있다. 순천 김씨는 수한(粹澣)의 딸이다. 18세에 안처인(安處仁)에게 시집갔다. 처인(處仁)은 정민공(貞愍公) 당(塘)의 종질이다. 정민공이 송사연(宋祀連)에게 무고를 당해 신사년(辛巳年)에 죽었다. 무고에 처인과 그의 아버지, 형이 연루되어 모두 죄를 입었다. 김씨가 그들의 죽음을 알고서 바로 땅에 엎어져 일어나지 못했다. 한 모금의 물도 입에 들어가지 않아 여러번 실신하였다가 간신히 소생하였다. 머리를 빗질하지 않은 지가 10여년이었다. 시어머니를 지극히 효성스럽게 섬기었고 봉양하기를 30여년에 그 정성과 공경을 지극히 하였다. 시어머니가 돌아가시자 소과(蔬菓)를 먹지 않고서 상을 마쳤다. 매양 기일(忌日)이 되면 반드시 목욕하고 친히 제사지냈다. 나이 일흔이 넘도록 조금도 게을리 한적이 없었다. 부모님이 앉았던 곳만 보아도 반드시 흐느껴 울었다. 그 당시 사람들이 '영녀(令女)와 효부의 행실을 갖추었다'고 생각했다.

남편이 죽자 3년 여묘살이한 경우로는 안동 권씨를 들수 있다. 안동 권씨는 학생 난수(蘭秀)의 딸이다. 12세 때 김응상(金應商)에게 시집갔다. 13세에 지아비를 잃자 바로 머리카락을 끊어버리고 여막에 살면서 3년상을 마쳤다. 그 뒤에 머리카락이 조금 자라나면 반드시 잘랐다. 최복(衰服)이 헤지면 고쳐서 지었다. 조석과 삭망으로 제물을 차리고 곡하기를 3년동안 하루같이 하였다. 늙을수록 더욱 독실히 하였다.

임진왜란 때 정절을 지키기 위해 죽은 경우로 창원 황씨, 춘천 신씨, 풍기 진씨(秦氏), 강소사(康召史) 등을 들 수 있다. 창원 황씨는 학생 요(瑤)의 딸이며 진종서(秦宗緖)의 처이다. 시집간지 3년만에 임진왜란을 만났는데 종서가 포로가 되자 오욕이 장차 자기에게 미치리라 여기고 스스로 깊은 연못에 몸을 던져 죽었다. 춘천 신씨는 학생 구정(九鼎)의 딸이며 의성의 선비 김치중(金致中)의 처이다. 임진왜란이 일어나자 의성의 산골짜기 바위 굴속으로 피신하였다. 적병이 가까이 이르자 치중이 굴복하지 않고 스스로 절벽에서 떨어져 죽었다. 신씨도 그를 따라 떨어져 죽었다. 이 일을 조정에서 듣고 표창하였다.

풍기 진씨는 학생 효선(孝先)의 딸이며 부사 숭조(崇祖)의 후예이다. 임진왜란에 처자로서 어머니를 따라 산골짝으로 피신하였다가 적에게 포로가 되었다. 적진에 들어갔는데 한밤중에 탈출하여 집으로 도망쳐 돌아갔다. 언문 편지로 어머니에게 붙여서 가로되, "나는 비록 더럽혀지지 않았으나 누가 제게 더럽혀지지 않았다고 말하겠습니까?"하고 드디어 목을 매어 죽었다.

강소사는 첨지 희철(希哲)의 얼녀(孼女)이다. 사람됨이 명민하고 정숙했다. 자못 문자를 이해하여 군수 권두문(權斗文)의 첩이 되었다. 임진왜란에 두문이 평창군수로 나갔다가 적병에 함몰되었다. 난리를 피하여 암혈(巖穴) 속으로 들어갔는데 적병이 핍박하자 강씨가 적에게 몸을 더럽히지 않겠다고 맹세하고 스스로 높은 절벽에서 뛰어내려 죽었다.

호랑이에게 잡혀가는 남편을 위험을 무릅쓰고 구한 경우로 유천계(兪天桂)의 처 김씨를 들 수 있다. 태종 1년(1401)에 천계가 수자리를 서게 되어 길일(吉日)을 골라 바깥채에 묵었다. 김씨가 방으로 들어가 양식을 싸는데 호랑이가 지아비를 움켜쥐고 달아났다. 김씨가 나무활을 가지고 큰 소리로 외치며 앞으로 나아가 왼손으로는 지아비를 잡고 오른손으로는 호랑이를 때렸다. 거의 60보쯤 가자 호랑이가 움켜쥔 것을 놓고서 가버렸다. 김씨가 그를 업고 집으로 돌아오니 날이 밝자 지아비가 소생하였다. 그날 밤에 호랑이가 또 와서 당돌하게도 크게 울부짖었다. 김씨가 또 문을 열고 지팡이를 어깨에 메고 호랑이에게 말하기를 "너 또한 신령스러운 동물이거늘 어찌해서 이리도 심하게 구느냐?"하니 호랑이가 집 옆에 있던 배나무를 물어

유성(柳城)의 처 열녀 의성 김씨의 정려각. 청계 김진의 딸이면서 학봉 김성일의 누이이다.
(인조 13년(1635)에 건립. 출처: 국가유산청)

뜯고서 가버렸다. 그 나무는 나중에 말라 죽었다. 일이 조정에 알려져 정려
(旌閭)가 내려졌다.

성주지역의 열녀
경북편

『신증동국여지승람』성주목 열녀조에는 4명의 열녀 사례가 실려있다. 『여지도서』에는 13명, 『경상도 읍지』에는 25명의 열녀 사례가 수록되어 있다. 『성산지』에는 열녀 77명이나 실려있다. 이들의 열행을 유형별로 나누어 보면, 남편 사후 목매어 죽은 경우, 남편 사후 굶어죽은 경우, 남편 사후 독주 또는 독약을 마시고 죽은 경우, 남편 사후 종신 수절한 경우, 남편이 호랑이 한테 물려가자 생명을 걸고 구하거나 시신을 빼앗아 돌아온 경우, 남편이 병들었을 때 단지, 할고, 상분, 연종한 경우, 전쟁 때 절개를 지키기 위해 자결하거나 살해된 경우 등이 있다. 여기에서 남편 사후 목매어 죽은 경우가 가장 많은 비중을 차지하고 있다. 그 다음이 전쟁 때 절개를 지키려다 죽은 경우이다. 이들의 열행을 살펴보면 다음과 같다.

정씨는 진주인으로 사인(士人) 환(桓)의 딸이며 박수원(朴壽遠)의 처이다. 시집간 지 얼마 안 되어 남편이 병으로 죽자 주야로 슬퍼하며 자살하고자 하였다. 3년 후 두 아들마저 병으로 모두 요절하자 몰래 침실에 들어가 스스로 독주를 마시고 죽었다. 정려하고 복호하였다.

막덕(莫德)은 천녀(賤女)이다. 어려서 경성인(京城人)에게 시집을 가서 신혼후 이별하여 다시 보지 못하였는데, 남편이 서울에서 죽자 매우 슬퍼하였다. 또한 강폭한 자를 염려하여 밤에 반드시 패도(佩刀)를 가지고 잤다. 목사 노경린(盧慶麟)이 친히 그 묘에 제사하였다. 처사(處士) 홍계현(洪繼玄)의 이웃이다.

곽씨는 포산인(苞山人)으로 인수(麟壽)의 딸이며 사인 이홍휴(李鴻休)의 처이다. 남편이 죽자 장사하는 날에 빈소에 가만히 들어가 허리띠로 목매어 죽었다. 이에 정려하였다.

사인 박시평(朴始平)의 처 박씨는 남편이 죽은 후 미음을 전폐한지 7일만에 자진(自盡)하였다. 이에 정려하였다.

이씨는 철성(鐵城) 이견(李堅)의 처이다. 결혼한지 얼마 안 되어 남편이 중병으로 죽자 먹지 않고 8일 만에 죽었다. 이에 정려하였다.

도랑(都娘)은 남편 박상남(朴尙男)이 호랑이에게 물려가자 도랑은 남편의 발을 붙잡고 호랑이를 따라 산에 올라가 남편 시신을 빼앗아 돌아왔다. 이에 정려하였다.

허씨는 분성인(盆城人)으로 사인 윤(倫)의 딸이며 사인 이도증(李道曾)의 처이다. 남편이 죽자 3년 후에 자진(自盡)하였다. 이에 정려하였다.

조씨(曹氏)는 김문정공(金文貞公) 우옹(宇顒)의 후손인 종택(宗澤)의 처이다. 남편의 병에 혹자가 시신의 변(汁, 물이름)이 양약(良藥)이라 하였다. 조씨는 그것을 얻을 수 없다고 여기고, 살아있는 사람의 피를 오히려 대신할 수 있다고 생각하여 자신의 다리를 찔러 피를 내어 남편에게 속여서 마시게 하니 남편의 병이 조금 나았다. 또 다리 살을 베어 공양을 하였다. 드디어 남편의 병이 나았고, 조씨의 다리 또한 회복되었다. 정조 때 정려하였다.

김씨는 학생 도성유(都聖兪)의 처이다. 임란에 순절하여 정려하였다.

노씨는 광주인(光州人)으로 경일(慶一)의 딸이며 사인 이안세(李安世)의 처이다. 문장에 능하여 여사풍(女士風)이 있었다. 7세에 아버지의 종기를 빨아 치료하였다. 남편 병에 구료(救療)하기를 정성으로 했으나 죽자 친정으로 돌아가 허리띠로 목을 매어 자살하였다. 의대(衣帶) 사이에 시아버지께 올리는 절명사(絶命詞)가 있었다. 영조 48년(1772)에 정려(旌閭) 급복(給復)하였다.

박씨는 집의(執義, 정3품) 이석구(李碩九)의 아들인 민성(敏省)의 처이다. 남편 병에 4년 동안 옷을 벗지 않고 몸소 약을 달여 올리기를 하루같이 하였다. 남편이 죽자 그 다음날 따라 죽었다. 정조 7년(1783)에 정려하였다.

송씨는 은진인으로 사인 이극명(李克明)의 처이다. 남편이 병에 걸리자 3년 동안 옷을 벗지 않고 몸소 약으로 구환하기를 한결같이 하고 하늘에 기도하여 자기 몸으로 대신하기를 청하였다. 단지수혈(斷指輸血)하였으나 죽자 같은 날에 따라 죽었다. 정조 때 정려하였다.

박씨(朴氏)는 나주 사인 조상벽(趙相璧)의 처이다. 남편의 병이 심해지자 밤낮으로 하늘에 기도하여 차도가 있었다. 모두 지극한 정성에 감동한 바라고 칭찬하였다. 남편이 죽자 남편 시신 곁에서 목매어 죽었다. 이에 정려하였다.

하씨는 진주 사인 조정필(趙廷弼)의 처이다. 일찍 남편이 죽자 장사 마친 후 약을 먹고 자진하였다. 이에 정려하였다.

곽씨는 권관(權管, 종9품) 이심옥(李心玉)의 처이며 곽헌의 딸이다. 임진왜란에 적이 해치고자 하니 사절(死節)하였다. 이에 정려하였다.

정씨는 학생 정잠(鄭埁)의 딸이며 선비 박이응(朴以凝)의 처이다. 시집간 지 3년만에 남편이 죽었다. 주야로 애통해하며 젖먹이 아이 양육에 힘썼으나 아이 마저 죽자 곧바로 남편의 신주 아래로 가서 스스로 목매어 죽었다 이에 정려하였다.

서원(書員) 김계하(金戒河)의 처 문덕(文德)은 남편이 물에 빠져 죽자 곡읍을 끊지 않고 3년 상을 마쳤다. 부모가 개가시키려하자 곧 머리를 깎고 시부모의 집으로 가서 15년이 넘도록 마늘, 파, 술, 고기를 먹지 않았다. 일찍이 사람들과 더불어 웃고 이야기하지 않았다. 이에 정려하였다.

참판 박팽년의 증손녀이며 참봉 이종택의 처인 박씨는 임진왜란이 일어나자 배다른 여동생 후영과 함께 대구 하산강가에 숨었다. 어느날 왜적에게 들키자 박씨는 여동생 후영의 손을 잡고 강물에 몸을 던져 스스로 목숨을 끊었다. 이에 정려하였다.

대사헌(종2품) 홍문의 6세손이며 만호(종4품) 송발(宋潑)의 처인 이씨는 18세에 임진왜란을 만나 적을 꾸짖고 굴하지 않았다. 적이 활을 가지고 겁탈하려 했으나 마침내 굴하지 않고 죽었다. 이에 정려하였다.

(대구청유회보 [제116호] 2008년 4월호)

경산, 하양지역의 열녀
경북편

『신증동국여지승람』권27 경산현 열녀조에는 열녀사례가 보이지 않는다. 반면에 『여지도서』와 『경상도읍지』 경산현 열녀조에는 모두 열녀 2명씩의 사례가 수록되어 있다. 『경산시지』에는 4명, 『삼강록』에는 1명의 열녀 사례가 보이고 있다. 이들 열녀 행적을 살펴보면 다음과 같다.

사비(私婢) 덕지(德之)는 20세에 남편상을 당하였다. 항상 패도(佩刀)로써 강폭한 자를 막아 수절하였다. 이에 선조조에 정려하였다.

사비 수옥(守玉)은 젊어서 과부가 되었는데 시종 수절함에 죽음을 무릅쓰고 도끼로 손가락을 잘랐으나 하루만에 소생하였다. 현종조에 정려하였다.

박덕윤(朴德潤)의 처 양씨(梁氏)는 18세에 시집와 3년만에 남편을 여의고 슬하에 자식도 없이 혼자 살았다. 가난한 가운데에서도 시어머니를 지극한 효성으로 섬겼다. 시어머니가 개고기를 먹고싶다고 하면 호랑이가 살찐 개를 물어다 주었고, 꿩고기가 먹고싶다고 하면 매가 꿩을 물어다 주었다고 할 만큼 양씨의 효성은 하늘이 알아줄 정도였다. 양씨의 친정아버지는 딸이 고생하는 것을 보고 개가할 것을 권했다. 그런데 양씨는 사량지(思良池)에 몸을 던져 죽었다. 이러한 사실이 조정에 알려져 나라에서는 정려(旌閭)를 내리고 공세와 부역을 면제시켜주었다. 그리고 헌종 12년(1846) 용성면 곡신동에 남원 양씨를 위한 효열각이 세워졌다.

박도성(朴道城)의 처 이씨는 시어머니의 병환중에 단(壇)을 쌓아 칠성(七

星)에 기도하였고, 부군이 병으로 위독해지자 단지주혈(斷指注血)하여 7일간 연명시켰다. 이 일로 현령 이원학(李源學)으로부터 표창을 받았다.

박규호(朴圭鎬)의 처 김씨는 결혼한 지 6개월만에 남편을 여의고 22세로 청상과부가 되었다. 남편을 뒤따라 자결하려 하였으나 시부모의 만류로 생각을 바꾸게 되었다. 시아버지가 이질에 걸려 병세가 위중해지자 밤마다 목욕재계하여 시아버지의 병을 낫게 해 달라고 매일같이 한달동안이나 하늘에 빌었다. 그리고 시탕을 지성으로 하여 병세에 차도가 있었다. 시어머니 전씨가 위독하게 되자 모두들 어찌할 바를 모르고 있었는데, 김씨가 단지주혈(斷指注血)하여 며칠동안 연명케하였다. 이와같은 사실을 안 자인의 유림들은 9년동안 성주(城主)인 자인현감에게 6회의 소장과 암행어사에게 1회의 소장, 경상감사에게 4회의 소장, 모두 11회의 소장을 올려 정려(旌閭) 포상을 청하였다. 자인현감 오홍묵이 복호(復戶)를 내렸다. 그 후 정려는 받지못했다.

송재수(宋在壽)의 처 김해김씨는 절효공 극일(克一)의 후손 선규(善奎)의 딸이다. 19세 때인 고종 24년(1887)에 결혼하여 홀시어머니를 지성으로 모셨다. 24세 때 남편이 중병을 앓게되자 목욕재계하고 하늘에 대신 죽을 것을 빌었다. 병세가 더욱 위독해지자 단지하여 연명케하였다. 남편이 죽은 후에는 손수 땔나무를 하고 바느질 삯승로 어려운 생활을 꾸리며 시어머니를 지극한 정성으로 모셨다.

이상요(李相堯)의 처 달성 서씨는 서병린(徐病麟)의 딸이다. 남편이 병으로 위독해지자 단지하여 연명케하였다. 이 일로 마을에서 표창하였다.

배성학(裵聖學)의 처 신씨(申氏)는 16세 때 결혼하였는데, 남편이 악질이 있어 있는 힘을 다하여 치료하였다. 그러나 6년만에 남편이 마침내 죽었다. 곡하고 가슴을 치며 혼절하여 죽기로 맹세하였다. 시어머니 김씨가 울면서 달래어서 차마 죽지 못하고 음식을 극진히 올리기를 수십년이나 하였다. 시어머니가 심한 종기를 앓자 입으로 빨아 낫게 하였다.

하양현의 열녀 사례를 들면 조소사(趙召史)를 들 수 있다.

조소사는 상한(常漢) 최태상(崔泰尙)의 처이다. 영조 21년(1745) 어느 여름날 최태상이 바로 불어난 금호강의 급류에 휘말려들고 말았다. 함께 가던 조씨는 업고 있던 어린애를 내려놓고 남편을 구하기 위해 물속으로 뛰어들었다. 얼마 후 이상하게도 이들 두 시신이 50리 하류인 대구 검단(檢丹) 나루에서 서로 꼭 껴안은 채 물 위로 떠올랐다. 조씨가 죽음으로써 그 남편을 뒤따랐으며, 그녀가 남편을 위하는 마음이 얼마나 끔찍하였는가를 알 수 있었다. 남편을 섬기는 갸륵한 열행에 감동을 받아 현감 남원명(南遠明)이 감사에게 알려 최씨 본가의 부역을 면제케 해주었다. 그러나 정려(旌閭)는 내려지지 않았다. 이에 하양읍민들이 뜻을 모아 1975년 6월 그 행적비를 하양공원에 세웠다.

이상에서 경산, 하양지역의 열녀 행적을 정리해 보면, 젊어서 남편 사후 수절하며 시부모를 잘 봉양한 경우, 남편이 병에 걸려 위독해지자 단지한 경우, 남편 사후 수절하면서 시어머니를 봉양하는데, 친정아버지가 개가권유를 하자 연못에 빠져 자결한 경우, 남편을 구하려다 함께 익사한 경우 등이 있다. 여기에서 남편이 위독해지자 단지하여 연명케한 사례가 가장 많이 보이며, 임진왜란 때의 열녀 사례가 전혀 보이지 않아 주목된다. 신분이 밝혀진 열녀의 신분으로는 사비(私婢) 2명, 유학(幼學)의 처 1명이 보인다. 포상 내용으로는 정려, 복호가 보인다.

(대구청유회보 [제108호] 2007년 7월호)

칠곡지역의 열녀

경북편

　『여지도서』와 『경상도읍지』에는 각각 5명과 7명의 열녀가 보이고 있다. 『칠곡군지漆谷郡誌』에는 9명의 열녀사례가 나와있다. 이들 열녀들의 행적을 소개하면 다음과 같다.

　배씨는 삼사좌윤(종3품)을 역임한 충선(仲善)의 딸로 태어나 15세가 넘어 낭장 이동교(李東郊)에게 시집갔다. 우왕 6년(1380) 8월 왜적이 칠곡 지방까지 침구하였을 때 이동교는 왜적을 막으러 합포의 군막에 가 있었다. 왜적이 들이닥치자 배씨는 젖먹이 아기를 안고 달아나 낙동강에 이르렀다. 창황중에 아기를 강뚝 뒤에 놓아두고 강물로 뛰어들었다. 적병들이 강변에서 활을 겨누고 내게로 오면 가히 죽음을 면할 것이라 하였다. 배씨는 꾸짖어 말하기를 "나는 서생(書生)의 딸이라, 열녀는 두 지아비를 섬기지 아니하는 법. 어찌 몸을 더럽히겠느냐" 하였다. 적은 아기를 먼저 쏘고 다시 활을 당겨 위협하였으나 끝내 나가지 않아 결국 배씨는 화살을 맞고 죽었다. 뒤에 체복사(體覆使) 조준(趙浚)이 이 일을 조정에 알려 정려(旌閭)하였다.

　성산 이씨는 첨정(종4품) 송발(宋潑)의 아내이다. 송발은 고려조 간의대부총부의랑(諫議大夫摠部議郎) 야성군(冶城君) 맹영(孟英)의 14세손으로 벼슬은 첨정(僉正)에 이르렀다. 송발은 임진왜란 때 관직에 있어 오지 못하고 이씨만 다른 식구들과 지천면(枝川面) 연화리(蓮花里)로 피난오게 되었다. 이곳에 왜군이 들어와 부인을 겁탈하려 하자 못(沙羅池)에 투신해 죽음

나의 여성사 읽기

으로써 정절을 지켰다. 이 사실이 알려져 정려하였다.

곽씨는 도사(都事) 이심옥(李心玉, 1552-1616)의 아내이다. 임진왜란이 일어나자 남편 이심옥은 망우당 곽재우와 함께 창의하여 적을 막았으며, 후에 권관(權管, 종9품의 무관)이 되었다. 임란 때 부인 곽씨는 산으로 피신하였는데 뒤쫓아 온 왜군이 겁탈하려 하자 끝까지 항거하였다. 왜군은 어깨와 팔을 치고 허리와 배를 마구 찌른 후 가버렸다. 가족들이 상처를 치료하였으나 며칠 후 순절하였다. 당시 의령의 곽재기(郭再祺)에게 출가한 딸 이씨가 친정에 와 있었는데 어머님의 참혹한 죽음을 보고 딸 또한 왜군에게 더럽힘을 당하지 않기 위해 바위에서 투신 목숨을 끊었다. 이 사실에 조정에 알려져 정표(旌表)하였다. 모녀의 열행을 함께 기리는 뜻으로 쌍렬비(雙烈碑)라 이름하고 비문은 광주인 응교(應敎) 이도장(李道長)이 지었다. 이 쌍렬비는 이심옥의 부인 현풍 곽씨와 딸 이씨의 열행을 정표하기 위하여 인조 20년(1642)에 세워졌다.

조씨(趙氏)는 증지평(贈持平) 이일노(李逸老)의 처이다. 병자호란 때 강화도로 피난갔다가 남편을 따라 순절하여 시숙 일영(逸英)부부와 함께 '일문사절(一門四節)'로 정려(旌閭)되었다. 사절(四節)은 충신 이일영(李逸英), 이일노(李逸老)형제와 두 사람의 부인인 고령 박씨와 풍양 조씨를 말한다.

효부 김씨는 박정호(朴定浩)의 처이다. 가난하여 밤낮으로 삯바느질과 길쌈을 하면서도 극진히 시부모님과 남편을 섬겼다. 동학난과 청일전쟁으로 어지러운 세상에 먹을 것이 없어도 시부모님만은 정성을 다해 봉양하였다. 시아버지가 병이 났을 때 지성으로 간병하였다. 김씨의 지극한 효행에 감동한 주민들이 김씨 사후 1932년에 효부비를 세웠다.

아주(鵝洲) 신씨(申氏)는 사인(士人) 신조복(申朝復)의 딸로 영천인 이익수(李益修)에게 출가하였다. 그는 항상 부도(婦道)를 닦고 시부모님을 지성으로 봉양하던 중 남편이 중환으로 눕게 되었다. 정성을 다하여 병구완을 하고 밤이면 하늘에 기도하였으나 남편은 끝내 운명하였다. 부인은 애통함을 감추고 시부모 앞에서는 평소와 같이 처신한 후 이 날 밤 스스로 목을 매어 남편을 따라 죽었다. 품속에 두통의 유서가 있었는데 한통은 친정 부모에게 불효한 것을 빌고 또 하나는 시부모님께 가통을 이을 후손에 대한 소망을 빌었다. 1841년(헌종 7년)에 정려(旌閭)가 내렸다.

류씨(柳氏)는 23세 때 인동인(仁同人) 장천경(張天經)에게 출가하였다. 1740년(영조 16년) 4월 집에 화재가 나서 사당에 까지 불이 붙자 여종과 함께 신주를 구해내고 부인은 불속에서 타죽었다. 이때 여종 매향(梅香)도 부인 곁을 떠나지 않고 같이 죽었다. 부인은 효행으로 여종은 충절로 정려가 내려졌다.

경주 이씨는 이종구(李鍾龜)의 딸로서 나주인 임치규(林治圭)에게 출가하였다. 부인은 시부모를 정성으로 봉양하고 남편에게도 부도를 다하였다. 시아버지가 병환 중이던 어느 날 참외가 먹고 싶다고 하였다. 그 때는 음력 8월 하순경이라 참외를 구하기 힘들었으나 효부 이씨는 지례(知禮)에서 40리가 넘는 김천(金泉)까지 소를 몰고 가 어렵게 참외 한 바리를 구해와서 매일 한 개씩 드렸다. 한 겨울에 물고기를 원하면 두꺼운 얼음을 깨고 물고기를 잡아드리는 등 시아버지가 원하는 것은 무엇이든 정성을 다했다. 시아버지가 돌아가신 후 3년간 빈소를 모시면서 묘가 30리 밖에 있었으나 매일 성묘하고 조석으로 상식과 제사를 지냈다. 당시 금릉 군수도 이씨의 효행을 듣고 표창하였다. 1928년 성균관에서 효부 표창이 내려졌다.

(대구청유회보 [제129호] 2009년 5월호)

의성지역의 열녀
경북편

『경상도읍지』의성현 열녀조를 보면 의성지역에는 10명의 열녀가 수록되어있다. 그 사례를 보면 정대년(丁大年)의 처 김소사(金召史)는 남편이 일찍 죽자 상을 지키기를 3년하고 또 3년을 더하였다. 이에 정려(旌閭)되었다.

사인(士人) 정태을(鄭太乙)의 처 박씨는 임진왜란에 두 딸을 데리고 산중에 피신하였다. 그런데 갑자기 적을 만나 적이 더럽히고자 하니 박씨는 죽음으로 항거하였다. 두 딸도 칼에 찔려 함께 죽었다. 광해군 4년에 정려되었다. 『동국신속삼강행실도』와 『여지도서』에도 보인다.

의사(義士) 김치중(金致中)의 처 신씨는 임진왜란에 남편이 창의순절하자 신씨는 절벽에서 떨어져 죽었다. 이에 정려되었다. 『동국신속삼강행실도』와 『여지도서』에도 보인다.

김치강(金致剛)의 처 권씨는 임진왜란에 갑자기 적을 만나 권씨는 면하지 못할 것을 알고 스스로 바위밑에 떨어졌으나 다시 살아났다. 광해군 4년에 정려되었다. 『동국신속삼강행실도』와 『여지도서』에도 보인다.

유야거(柳野居)의 처 김씨는 남편이 일찍 죽자 친정아버지는 개가시키고자 하였다. 그러나 김씨는 종신수절하였다.

효자 박윤주(朴胤胄)의 처 이씨는 부덕이 있었으며, 남편이 죽자 굶어죽었다. 이에 정려되었다.

이겸(李謙)의 처 신씨(申氏)는 남편이 병사하자 졸곡후 드디어 자진하였다. 이에 정려되었다.

신유악(申維岳)의 처 김씨는 남편이 죽자 굶어 죽었다. 이에 정려되었다.

사인(士人) 박몽상(朴夢祥)의 처 이씨는 남편상에 슬픔이 예를 넘어 30년을 하루같이 수절하였다. 여종이 일찍 과부가 되었으나 교화되어 또한 종신토록 수절하였다. 이에 정려되었다.

우소사(禹召史)의 이름은 말질진(末叱進)으로 김덕립(金德立)의 처이다. 덕립이 적에게 죽임을 당하자 자결코자 했으나 가족에 의해 죽지를 못했다. 복(服)이 끝났음에도 최복(衰服)을 벗지 않았으며 삭망(朔望)때 마다 문득 호곡(號哭)하기를 처음과 같이 하였다. 강폭한 자가 있어 뜻을 뺏고자 함을 그녀가 듣고 기뻐하며 말하기를, "남편이 죽고 원수를 찾지 못하였는데, 지금 나를 범하고자 하는 자가 바로 이 사람이구나" 하며 관청에 고하였다. 이로부터 감히 간(奸)하고자 하는 자가 없었다. 긴 칼 하나를 갈아서 항상 몸곁에 두었다. 늙고 병든 아버지를 걱정하여 친정으로 돌아와 봉양하였다. 그러나 시부모와 남편의 생신과 기일(忌日), 그리고 속절(俗節)에는 몸소 제수(祭需)를 갖추어서 백리를 멀다하지 않고 가서 제사를 드렸다. 이영발(李永發)이란 자가 있었는데 본래 강폭하여 겁탈하고자 하니, 그녀가 칼을 꺼내 스스로를 찔렀으나 죽지를 못하고 다시 소생하였다. 영발은 그 의(義)를 두려워하여 드디어 그만 두었다. 포상내용은 보이지 않는다.

영천지역의 열녀
경북편

『신증동국여지승람』영천군 열녀조에는 1명의 열녀사례가 수록되어 있는데 반하여 『여지도서』에는 12명의 열녀사례가 나오고 있다. 그리고 『경상도읍지』에는 7명의 열녀사례가 보인다. 이들의 열행을 살펴보면 다음과 같다.

이씨는 권성필(權成弼)의 처이다. 연산조에 남편이 죽임을 당하자 이씨는 관비(官婢)로 있으면서 자기 남편이 죄없이 죽었다 하여 일찍이 자결하려 하는 것을 그 어머니가 말렸었다. 다른 사람이 그녀를 겁탈하려하니 이씨는 항상 조그만 칼을 차고 자기 몸을 방비해서 마침내 범하지 못했다. 중종 2년(1507)에 정문(旌門)을 세웠다.

유씨(柳氏)는 최경제(崔經濟)의 처이다. 부도(婦道)가 있었다. 시부모를 성경을 다해 섬겼으며 남편을 섬기는 것 또한 같았다. 이웃사람들과 친족이 모두 칭찬하였다. 정유난에 공산(公山)에 숨었다가 적을 만났으나 얼굴색이 변하지 않고 품속에서 칼을 꺼내 스스로 목을 찔러 죽었다. 적이 기이하게 여기며 물러났다. 광해군 1년(1609)에 정려(旌閭)하였다.

김씨는 김극례(金克禮)의 딸이다. 시집가지 않았으며 임진난을 만나 적에게 붙잡혀 말에 올라타 가게 되었는데 스스로 목을 찔러 죽었다. 이에 정려하였다.

정씨는 의흥 사인 홍성영(洪成瀛)의 처이다. 군(郡)의 서북 습리(習里)에 우거하였다. 남편이 병사하자 정씨는 물 한모금도 입에 넣지 않고 곡하며 애통해하기를 9일 동안이나 하였다. 마침내 스스로 목을 매어 죽었다. 숙종 2년(1676)에 정려하였다.

김씨는 진사 김건준(金建準)의 딸이다. 본군 사인(士人) 이세하(李世賀)의 처가 되어 시집에 이르지 않아서 남편이 천연두에 걸리자 목욕하고 하늘에 빌었다. 그러나 부음을 듣고 죽기를 기약했으나 다른 사람에게 구조되어 소생하였다. 며칠 지난 후 날로 파리해지고 몸이 말라 수척해졌다. 새벽에 곡하고 조석의 전(奠)을 반드시 몸소하였다. 장례를 치른 다음 날 시아버지께 본가로 돌아갈 것을 청하고 돌아가서 굶은 지 6일 만에 죽었다. 숙종 9년(1683)에 정문하였다.

정씨는 흥해 사인 정사익(鄭四益)의 딸이며 사인 이우상(李虞爽)의 처이다. 하루는 도적이 집에 들어와 장차 우상을 해치고자 하니 정씨가 몸으로 남편을 가리고 말하기를, "남편이 무슨 죄가 있는가. 차라리 나를 죽여라" 하며 남편을 덮고 스스로 칼을 맞고 죽었다. 이에 남편은 살아났다. 숙종 30년(1704)에 정려하였다.

박씨는 의성 사인 박태현(朴台鉉)의 딸이며 본군 사인 이수징(李洙徵)의 처이다. 시집간 지 3년만에 남편상을 만나 제전(祭奠)의 도구를 몸소 정성껏 행하였다. 낮에는 슬픔을 참고 통증을 참아 늙으신 시어머니를 위로하고 밤에는 몰래 가슴을 치고 피눈물을 흘렸으며 겨우 목숨을 유지했다. 상이 끝나는 날에 약을 먹고 스스로 죽었다. 영조 48년(1772)에 정문하였다.

손씨는 월성 사인 성도(星度)의 딸이며 본군 안영중(安榮重)의 처이다. 남편 시신 곁에서 스스로 목을 매어 죽었다. 이에 정려하였다.

이씨는 이계문(李啓文)의 처이다. 남편상을 당하자 성복 저녁에 약을 먹고 죽었다.

(대구청유회보[제112호] 2007년 12월호)

함안지역의 열녀
경남편

    열녀의 행실은 『함주지咸州志』 규행조(閨行條)에 6건과 견행조(見行條)에 17건이 나와 있다. 열녀의 사례유형을 살펴보면 젊어서 남편이 죽은 후 3년복 또는 6년복, 9년복을 입고 재가하지 않고 수절한 경우, 남편이 병사한 후 불식종사(不食從死)한 경우, 자손의 훈육을 훌륭히 한 경우 등이 있다.

    규행조에 나와있는 사례 내용을 보면 다음과 같다. 인천 이씨는 고 충순위(故忠順衛) 강운의 처이며 효자 교(郊)의 딸이다. 24세에 남편을 잃었는데 치상(治喪)과 봉제(奉祭)가 지성에서 나왔다. 3년 동안 머리를 감지 않고 빗지 않았으며 종신토록 향기나는 고기를 먹지 않았다. 삭망제사 때 애통함이 초상 때와 같았다. 부모가 불쌍히 여겨 맛있는 음식을 권하여도 울면서 따르지 않았다. 중종조에 정려(旌閭)하였다.

    영인(令人) 정씨(鄭氏)는 고 우후(故虞候) 이무(李珷)의 처이며 부사 정전(鄭詮)의 딸이다. 시어머니 봉양이 진실로 돈독하며 집안에 규범이 있었다. 아들 경성(景成)이 일찍이 봉양을 위해 벼슬길에 나가는데 영인(令人)이 말하기를, "인생에는 스스로 정해진 운명이 있다. 어찌 분수밖에 망령된 뜻을 두겠는가. 네가 벼슬하면 자식의 고생 걱정으로 어머니를 잃게 될 것이고, 물러나 쉬면 자식도 편안하고 어머니도 편안할 것이니 관직이 무슨 소용있나" 하니 경성이 드디어 벼슬하지 않았다. 무릇 자손을 훈계함이 이와 같았다. 이 경우 아들이 노모봉양을 위해 벼슬을 그만둔 사례가 되겠다.

숙인(淑人) 이씨는 현감 박류(朴榴)의 처이며 대사헌 인형(仁亨)의 딸이다. 14세 때 박씨에게 시집가 시부모님을 잘 모셨다. 시부모님이 돌아가시자 상제(喪祭)를 잘 받들었으며 과부가 된 남편의 누이를 애경하여 종신토록 같이 살면서 남에게 간언(間言)이 없었다. 집안이 화목하였다. 하리 검암에 살았다.

진보 이씨는 청해군(靑海君) 우의 딸이며 전의현감(全義縣監) 오언의(吳彦毅)의 처이다. 성품이 정숙하고 규범이 있었다. 사리를 깨달음이 선비들과 다름이 없었다. 부부사이에 경대함이 손님과 같았다. 자손을 가르치기를 예로서 하였고 비복(婢僕)을 거느리는데 법이 있었다. 평소에 말과 행함이 신중하였고 화내는 기색이 없었다. 부덕(婦德)의 순수함이 향당에 으뜸이었다.

광주(廣州) 반씨(潘氏)는 고 충순위(故忠順衛) 이익(李瀷)의 처이며 효자 석철(石徹)의 증손이다. 남편의 병이 오래 머물었으나 시약하는데 정성을 다하였다. 그러나 남편이 죽자 물과 미음을 입에 대지 않은지 10여 일이 되었으며 조석으로 몸소 전(奠)을 올리고 슬퍼함이 예를 넘었다. 같이 묻히기를 원하였는데 이때 나이 33세였다. 드디어 남편 묘에 합장되었다.

전주 류씨(柳氏)는 고 생원(故生員) 이희필(李喜弼)의 처이며 점필재 김종직(1431~1492)의 외증손녀이다. 남편이 죽자 장제(葬祭)에 정성을 지극히 하였다. 복을 마친 후에도 오히려 검은 옷을 입고 띠를 매었으며 조석 상식하기를 3년을 하루같이 하였다.

견행조에 나와있는 열녀 내용을 보면 다음과 같다.

박소사는 밀양 양가녀인데 의령현감 조수억(趙壽億)의 첩이 되었다. 첩이 된지 얼마 안되어 의령현감의 상(喪)을 만났다. 슬퍼하여 살고 싶은 마음이 없었다. 복을 마치자 부모님을 보살피기 위해 돌아갔으나 부모가 뜻을 빼앗고자함을 알고 즉시 시댁으로 돌아갔다. 그리고 다시는 친정에 왕래하지 않았다. 의령공의 정실부인을 섬기기를 정성을 다하였으며, 부인 마저 후손없이 돌아가셨다. 그리하여 뒤를 이을 아들이 없고 다만 여러 첩의 자식만 남아 있었다. 소사는 그들을 자기가 낳은 자식과 같이 길렀다. 종족을 지성으로 대접하여 사람들이 허물하는 말이 없었다. 예조에 보고하여 복호(復戶)하였다. 여기에서 첩의 신분으로 수절하였을 뿐만 아니라 자기가 낳지 않은 남편의 자식들을 정성껏 돌보고 종족을 지성으로 대접함으로써 복호되었음은 매우 주목된다.

칠금(七今)은 사비(私婢)이며 사노(私奴) 동양(動良)의 처이다. 일찍이 남편을 잃었는데 다른 사람들이 그 뜻을 빼앗고자 하였으나 죽기를 맹세하고 따르지 않았다. 정처없이 동서에서 숙식하는 것을 보고 반드시 천하게 여기고 침을 뱉었다. 그러나 종신토록 수절하였다. 우암리에 살았다.

순월(順月)은 고 춘곡(故春谷) 역리(驛吏) 박희정(朴希貞)의 처이며 삼가(三嘉)의 역녀(驛女)이다. 19세에 시집을 가 34세에 남편을 잃고 슬퍼함이 지극하여 9년을 복상하였다. 절기가 변할 때마다 망부를 위해 새옷을 지어 헌제한 후에는 태워버렸다. 부모형제가 일찍 과부된 것을 슬퍼하여 뜻을 빼앗고자 하니 불러도 가지 않고 늙을 때까지 수절하였다. 이웃에서 가상히 여기고 탄식하지 않음이 없었다. 여기에서 남편을 위해 3년복상이 아니라 9년을 복상했다는 사실은 매우 주목된다.

고 정병(故正兵) 이막정(李莫丁)의 처이며 수군 윤무(允武)의 딸인 김소사, 수군 조정(趙貞)의 처 박소사, 수군 김자은동(金自隱同)의 처 정소사(丁召史), 수군 정어정(鄭於丁)의 처 최소사 등은 모두 20여세에 과부가 되어 3년간 복상하고 부모형제가 그 뜻을 빼앗고자 하였으나 응하지 않고 수절하였다.

서소사(徐召史)는 수군 조필(曹必)의 처인데, 20여세에 남편을 잃고 강보에 싸인 아이를 데리고 살았다. 강폭한 자에게 몸이 더럽혀질까 두려워하여 항상 은장도를 품고 자신을 지키기 위해 머리카락을 자르고 남자아이처럼 하고 있었다. 집이 가난하여 비록 죽을 먹고 살면서도 반드시 먼저 제사 지낸 후에 먹었다.

우비(禹非)는 사비(私婢)이다. 주인의 서자 조부남(趙副男)이 우비를 보고서 좋아하였으나 우비는 굳게 거절하여 말하기를, "나의 어머니에게 승낙 받지 않으면 응할 수 없다." 하니 부남이 어머니에게 고하여 허락을 얻은 연후에 따랐다. 딸 하나를 얻었는데 얼마되지 않아 부남이 죽었다. 슬퍼하여 3년상을 마쳤다. 어머니가 그 뜻을 빼앗고자 하니 온화한 말로 답하여 말하기를, "여식이 조금 자란 후에 어머니의 가르침을 따르겠습니다." 하니 어머니가 강제로 할 수 없었다. 어머니가 돌아가시자 그 형제들이 개가할 것을 권하자 우비가 말하기를, "어머니가 이미 내 뜻을 빼앗지 못하였는데 너희들이 무슨 말을 하는가." 하며 남편의 신주 곁을 떠나지 않고 자신의 몸을 지키기를 매우 엄하였다. 모두가 경복하였다. 산팔리 원북동에 살았다.

이소사는 갑사 김준(金濬)의 처이며 이희(李僖)의 서누이동생이다. 25세에 남편이 동래(東萊)에서 죽자 집 북쪽 언덕에 반장(返葬)하였다. 친히 전물을 만들고 지성으로 상을 마쳤다. 제사의 예절이 사대부집과 다름이 없이 부지런하였다. 그 언니가 삼가(三嘉)에 있었는데 의탁할 곳이 없었다. 언니를 위하여 한울타리 안에 집을 지어주었고 기한(飢寒)을 같이 하니 우애의 정이 천성에서 나왔다.

소사는 사노 귀산(貴山)의 처인데 남편이 죽자 복을 6년 입었으며 조석전을 지성으로 행하였다. 수군 황어이진(黃於伊眞)의 처 김소사도 남편을 잃고 6년복을 입었다. 김소사, 남소사는 고 수군(故水軍) 이맹장(李孟長)의 두 아내인데 남편이 죽자 함께 3년복을 입고 또 3년을 더하였다.

단성(丹城) 이장룡(李長龍)의 처 이소사는 25세에 남편이 죽었으며 딸이 하나 있었다. 7년 동안 상복을 입었으며 남편의 형 운룡(雲龍)이 그 재산을 탐내어 개가를 시키고자 꾀하였다. 어린 딸에게도 온갖 박대를 다했다. 이 소사가 그 기미를 살피고 칼을 품고 스스로를 지켰다. 운룡은 분하게 여겨 구타 침학함이 이르지 않는 바가 없어 편안히 지낼 수가 없었다. 친정으로 돌아와 그의 오빠 이개에게 의탁하여 호소하니, 이개가 말하기를, "네가 남 편집에서 잘못이 없는데 운룡이 너에게 대접함이 이와 같으니 관에 고하여 무겁게 다스리면 다시 남편 집에서 편안히 지낼 수 있을 것이다." 하니 이 소사가 말하기를 "내가 남편을 위하여 수절하였는데, 남편의 형을 참소하 는 일은 나로서 차마 할 수 없는 일이다." 하니 이개는 드디어 그만두었다. 운룡이 그 남편의 전답을 독차지하였으나 말없이 안도리 지두촌에 살았다.

사비이며 사노 조필(趙弼)의 처 필대(必代)는 20세에 남편이 죽자 수절하 였다.

사비(寺婢)이며 사노(寺奴) 추련(秋連)의 처 실덕(實德)은 40세에 남편이 죽자 수절하며 시부모를 효로서 섬겼다.

송소사는 정병 이홍(李弘)의 처인데 25세에 남편이 죽었다. 시아버지는 개가시켜 쫓아내고자 하였으며 송곳 꽂을만한 땅도 주지 않았다. 그래서 송 소사가 스스로 땅을 팔아 남편 장사지내고 3년복을 입었으며 지성으로 제 사지냈다. 나쁜 무리들이 있어 여러번 강제로 욕보이고자 했으나 송사를 제 기하여 마침내 뜻을 빼앗지 못했다. 지금 70세이고 한쪽 눈이 병으로 실명 하였으며 가난하고 의지할 곳이 없다고 한다.

(대구청유회보 [제72호] 2004년 10월호/[제73호] 2004년 11월호)

단성지역의 열녀
경남편

　『단성지丹城誌』에 보이는 열녀로는 강씨(姜氏), 이씨(나유문羅有文의 처), 주씨(周氏), 이씨(정성鄭姓의 처), 양씨(梁氏)의 두딸 등이 있다.

　강씨는 권택(權澤)의 처이며 효자 권강(權洚)의 형수이다. 정유재란 때 절개를 지키려다 칼에 찔려 죽음으로써 정문(旌門)되었다.

　이씨는 효자 나유문의 처이다. 연산조의 단상법(短喪法)이 엄할 때 시어머니상을 당하였는데, 남편이 홀로 예로서 집상(執喪)하다가 병이 들어 죽으면서 남긴 유언에 따라 비가 오나 눈이 오나 3년간 무덤에 제사를 폐하지 않았다. 그리하여 정려(旌閭)되었다.

　주씨는 강은(姜隱)의 처이고 주복신(周復信)의 딸이다. 절개를 지켜 정려되었다.

　이씨는 정성(鄭姓)의 처이다. 19세에 시집가서 아들 하나 낳고 과부가 되었다. 얼마 안되어 그 아들도 죽었다. 친정아버지가 가엾게 여겨 개가시키고자 하였으나 이씨는 이를 부끄럽게 여겨 밤을 틈타 연못에 몸을 던졌다. 향인이 물소리를 듣고 달려가 구했다. 이 일이 조정에 알려져 그 절의를 가상히 여겨 방백(方伯)에게 명하여 정표(旌表)하고 술을 내렸다.

　효자 양사리(梁士利)의 두 딸이 모두 정유재란에 절개를 지키려다 칼에 찔려 죽었다. 이때 장녀가 20세, 차녀가 17세였다.

　『단성지』 이외의 자료에 나오는 단성지역의 열녀 사례를 보면, 『신증동국여지승람新增東國輿地勝覽』권31, 단성현 열녀조에는 소사, 이씨, 연이(燕伊)가 보이고 있고, 『여지도서輿地圖書』 경상도 단성현 열녀조와 『경상도읍지』 단성현 열녀조에는 윤세무(尹世茂)의 처 이씨와 현감 곽준의 딸 곽씨를 들 수 있다.

『신증동국여지승람』 권31, 단성현 열녀조에 보면, 소사는 16세 때 그 남편이 나무하다가 호랑이에게 해를 당했다. 소사는 매우 슬퍼하여 뼈가 드러날 지경으로 수척하였다. 부모가 그의 뜻을 꺾으려 할까 두려워하여 항상 맹세하기를, "나에게 딴 뜻이 있으면 무슨 면목으로 시부모님을 볼 것이며 땅 밑에서 죽은 사람을 볼 것인가." 하였다. 하루는 그의 부모가 과연 딴 곳에 시집보내려고 하였다. 소사(召史)는 미리 알고 목매어 죽었다. 이 일이 알려져서 정려되었다.

밤에 남편이 문 밖에서 신을 삼고, 연이(燕伊)는 문 안에서 삼을 매만지고 있었는데, 호랑이가 남편을 물어가자 연이는 왼손으로 호랑이 꼬리를 잡고 오른손으로 호랑이를 때렸다. 그리하여 호랑이가 소리를 지르면서 달아나서 남편이 살아났다.

윤세무의 처 이씨는 화적(火賊)을 만나자 칼날을 무릅쓰고 몸으로 남편을 덮어 대신 칼에 찔려 죽었다. 이에 정려하였다.

현감 곽준(郭䞭)의 딸 곽씨는 임진왜란에 아버지가 황석산성에서 순절하였으며 남편 유학(幼學) 유문호(柳文虎) 또한 적에게 죽었다. 곽씨가 말하기를, "아버지가 죽고 남편이 죽었으니 내 어찌 살겠는가." 하고 드디어 자결하였다. 이에 정려하였다.

요컨대 단성 지역의 열녀 사례를 정리해 보면, 정유재란 때 절개를 지키려다 죽은 경우, 남편이 호랑이 또는 화적 등으로부터 위기에 처했을 때 생명을 무릅쓰고 구하거나 대신 죽은 경우, 일찍 과부가 되어 부모가 개가시키고자 하였으나 종신 수절한 경우, 남편이 호랑이에게 해를 당하자 수절하기 위해 목매어 죽은 경우, 남편 대신 3년상을 치룬 경우 등이 있음을 알 수 있다. 여기에서 정유재란 때 발생한 열녀가 가장 많음으로써 단성지역의 전쟁 피해를 엿볼 수 있다. 그리고 일찍 과부가 되었을 때 친정부모가 개가시키고자 하였으나 한결같이 거절하고 종신 수절하거나 수절하기 위해 자결하였다. 또한 이 당시에는 호랑이에게 화를 당하는 기사가 자주 보임으로써 호랑이의 피해가 컸음을 짐작할 수 있다.

(대구청유회보 [제88호] 2006년 1월호)

함양지역의 열녀
경남편

　『천령지』열부조에는 10명의 열녀 사례가 수록되어 있다. 『신증동국여지
승람』에는 2명의 열녀가 보일 뿐이다. 열녀의 사례유형을 살펴보면 남편 사
후 수절하고자 목매어 자결한 경우, 남편 사후 죽마시고 고기를 먹지 않은
경우, 비첩(婢妾)으로 수절한 경우, 정유난에 적을 만나 굴하지 않고 자결하
거나 해를 입은 경우 등이 있다.

　고려시대의 열녀로 역승(驛丞) 정인(鄭寅)의 처 송씨를 들 수 있다. 고려
홍무연간에 왜구에게 잡혔는데 정조를 지키려다 죽음을 당하였다. 이에 정
려하였다.

　이양(李陽)의 처 김씨(수군 김원金源의 딸)는 자식없이 남편이 일찍 죽자
사직 여자근(呂自勤)이 아내로 삼고자 한대 김씨는 남편 무덤에 달려가서
풀속에서 3일 밤을 잤다. 후에 박응룡(朴應龍)이라는 자가 또한 아내로 삼
고자 함에 김씨는 응하지 않고 목매어 죽었다. 성종 3년(1472)에 수령으로
하여금 그 무덤에 제사지내고 정문을 세웠다.

　박승원(朴承元)의 처 이씨는 이후백(李後白)의 누이이다. 남편이 죽자 물
한모금도 마시지 않고 3년간 죽만 먹었다. 고기 먹지 않은 지는 15,6년이 되
었다. 사우(祠宇)를 세우고 고운 빛깔의 담장을 하였다. 그리고 묘앞에 석물
을 두었다. 무릇 상제에 한번도 예의에 합당하지 않음이 없었다. 이로써 향
론이 여러 차례 조정에 알려졌다

함양 열녀 밀양박씨(학생 임술증의 처)
정려비, 1797년(정조 21)에 건립
(출처: 저자 촬영)

비첩의 신분으로 종신토록 수절한 사례가 주목된다.

연지(燕之)는 판서 송천희(宋千喜)의 비첩(婢妾)이다. 송판서가 연로하여 연지에게 침석을 모시도록 했다. 이때 연지는 매우 어려 일찍이 가까이 하지 못하리라 의심하였는데 공이 죽은 후 연지는 수절하고 시집을 가지 않았다. 매년 기일을 만나면 제사를 행하고 예를 다하고 늙을 때까지 송상의 마을에서 살았다.

노씨는 노조(盧祚, 사평 구(昫)의 손자)의 딸이며 유경준(柳景濬)의 처이다. 남편 죽은 후 5년간 소식(素食)하고 읍혈(泣血)하여 이것이 병이 되어 마침내 일어나지 못하였다.

정유난에 적을 만나 스스로 목을 찔러 죽거나 적을 꾸짖고 굴하지 않다가 해를 입은 경우가 많다. 예를 들면 임경춘(林慶春)의 처 반씨(효자 반전潘腆의 후손), 노사온(盧士溫)의 딸이며 박봉(朴菶)의 처인 노씨(盧氏), 남원 진사 처인(處仁)의 딸이며 봉사(奉事) 우확(禹鑊)의 처 방씨(房氏) 사인 박홍(朴泓)의 딸 처녀 박씨, 교관(敎官) 경운(慶雲)의 딸 처녀 정씨 등이다. 이들 가운데 방씨, 처녀 박씨, 처녀 정씨는 광해조에 정려되었다.

요컨대 함양지역의 열녀 사례는 정유재란때 정절을 지키다 죽은 예가 가장 많았다. 그리고 남편 사후 수절하고자 목매어 자결하거나 소식(素食)하여 병사한 경우도 있었다.

포상내용으로는 정려(旌閭)가 있는데 열녀 10명중 5명이 정려되었다.

(대구청유회보 [제193호] 2006년 4월호)

밀양지역의 열녀
경남편

『밀양지(密陽志)』에는 12명의 열녀 사례가 나와있다. 『밀주구지(密州舊誌)』와 『경상도읍지』에 각각 17명, 18명의 사례가 수록되어있다.

밀양지역의 열녀 사례를 살펴보면 다음과 같다.

손씨는 윤하(胤河)의 딸이다. 16세에 초계(草溪) 사람 안근(安近)에게 시집을 갔는데 며칠 안되어 남편이 죽자 울면서 3년 동안 예절을 갖추어 손수 전(奠)을 올렸다. 服을 마치자 할아버지와 어머니가 가엾이 여겨 수절하려는 뜻을 빼앗으려 하였으나 손씨가 죽음으로 굳이 거절하였다. 할아버지가 노하여 핍박하자, 손씨가 몰래 뜰 안의 대나무 숲에 가서 스스로 목을 매었는데, 그 형이 마침 보고서 풀어주었다. 손씨가 곧 시가로 돌아가서 살았는데 아침 저녁으로 먼저 남편에게 제사지내고 나서야 먹었다. 32세에 죽었다.

난비(卵非)는 정병 김순강(金順江)의 아내이다. 뒤에 버림을 받아 부모가 개가시키려 하자 난비가 울면서 말하기를 "한 몸으로 두 남편을 섬기는 일은 죽더라도 감히 하지 못하겠습니다." 하고 곧 스스로 목매어 죽었다. 이 일이 조정에 알려져 중종 18년(1523)에 정려(旌閭)하였다.

정씨(鄭氏)는 양인의 딸이다. 나이 15세에 결혼하였으나 얼마 안되어 남편이 병으로 죽자 부모가 그 어린 나이가 가련하여 그 뜻을 뺏으려 하였으나 정씨는 죽음으로써 맹세하였다. 아버지가 사위를 맞이들자 정씨는 몰래 침방에 들어가 목매어 자결하였다. 일이 조정에 알려져 정려가 내려졌다.

장씨(張氏)는 창녕인으로 전한(典翰) 중성(仲誠)의 딸이며 통덕랑 손기후(孫起後)의 아내이다. 임진왜란 때 월영대(月影臺)에서 적을 만나자 절벽 아래로 투신하여 죽었다. 이에 정려하였다.

민씨(閔氏)는 처녀로 사인 응녕(應寧)의 딸이다. 나이 19세에 임진왜란을 만나 아버지가 말하기를 "너의 나이가 장성하였으나 아직 시집가지 않았는데 어떻게 이를 처신할 것인가." 하니 답하여 말하기를 여자 몸으로 스스로 처신하겠으니 부모님은 피난을 잘 하시라고 하였다. 얼마 후 적이 경내에 들어왔다는 것을 듣고 스스로 목을 매어 죽었다.

민씨는 사인 박희량(朴希良)의 아내이다. 임진왜란 때 두 부녀(婦女)와 함께 산에 올라가 바위굴에서 적을 피했다. 적이 절벽을 타고 오자 민씨는 면할 수 없음을 알고 절벽 아래로 몸을 던져 죽었다.

이씨는 사인 경옥(慶沃)의 딸이자 교수 노개방(盧盖邦)의 아내이다. 남편이 죽은 후 교수(敎授)의 홍패(紅牌)를 안고 엄광산(嚴光山)에서 적을 피했다. 적이 이를 범하고자 함에 이씨는 절벽 아래로 몸을 던져 죽었다.

성씨는 처녀로 사인 간(偘)의 3녀이다. 임진왜란 때 두 형과 집 북쪽 산에서 적을 피했다. 이른바 남산이다. 적이 그녀를 범하고자 함에 민씨는 굳게 저항하며 따르지 않고 또 돌을 던짐에 적이 그녀를 마구 찔러 죽였다.

조씨(趙氏)는 손시일(孫諟一)의 아내이다. 1598년(선조 31)에 남편과 함께 비슬산에서 적을 피했는데, 적이 조씨를 범하고자 함에 조씨가 굳게 거절하고 목을 매어 자결하였다.

안씨는 사인 남순길(南順吉)의 아내이다. 임진왜란 때 산에서 적을 피했으나 적이 사로잡아 가고자 함에 안씨는 나무를 안고 따르지 않았다. 적이 오른쪽 팔을 끊었으나 안씨는 왼손으로 더욱 안고 움직이지 않자 적이 마구 찔러 죽였다.

박소사는 향리 박경명(朴敬明)의 아내이다. 임진왜란 때 부사 박언호(朴彦灝)의 어머니 이소사와 함께 용두산 바위 틈에서 적을 피했는데, 적이 갑자기 이르자 두 딸과 함께 절벽 아래 깊은 못에 몸을 던져 죽었다.

이소사는 향리 박학수(朴鶴壽)의 아내이다. 임진왜란 때 박소사와 함께 적을 피했으나, 적이 갑자기 이르자 박소사와 함께 못에 몸을 던져 죽었다.

서씨(徐氏)는 사인 이명신(李明信)의 아내이다. 남편이 병들자 목욕하고 하늘에 빌었는데 해가 지나도 게을리하지 않았다. 남편이 죽자 물과 장(漿)도 입에 넣지 않으므로 사람들이 먹기를 권했으나 시부모도 없고 자식도 없으니 오래 살아서 무슨 이익이 있겠는가 하였다. 장례 기일이 다가오자 장구(葬具)를 조처해 놓고 목을 매어 자결하여 함께 묻혔다.

이씨는 이명억(李明億)의 아내이다. 시집가서 얼마 안되어 남편이 중병에 걸려 미음도 넘기지 못했다. 병 간호로 잠을 자지 못했으나 해를 지나도 하루같이 하였다. 남편이 죽자 목을 찔러 자결하여 동혈에 묻혔다.

윤자화(尹自花)는 정병 정칠발(丁七發)의 아내이다. 일찍 남편을 여의고 시어머니를 효성으로 섬겼다. 부모가 일찍 과부가 되고 자식이 없는 것을 가련하게 여겨 개가시키고자 하였으나 끝내 듣지 않았다. 하루는 남편의 동생인 칠선(七善)이 틈을 타서 말하기를, "형수의 방적(紡績)을 사람들이 모두 아름답다고 부러워하는데 불의(不義)의 일이 있으면 장차 어떠하시겠습니까" 하였다. 자화가 듣고 크게 통곡하며 말하기를 "내가 이 손이 있어 이 말을 듣는 것이니 차라리 이 손을 끊어서 내 마음을 맹세하겠다" 하고, 곧 도끼로 그 오른손 네 손가락을 끊어 남편 무덤에 묻었다. 그 일이 조정에 알려져 정려(旌閭)가 내려졌다.

강아지(姜阿只)는 조만창(曺萬昌)의 아내이다. 성품이 의열(義烈)을 행했는데 남편이 죽자 강폭자가 이를 더럽히고자 함에 손을 끊어 스스로 맹세했다. 그 일이 알려져 급복(給復)하였다.

박씨는 사인 이석린(李錫鱗)의 처이며 생진(生進) 윤덕(潤德)의 딸이다. 남편이 죽자 순절하였다. 순조 12년(1812)에 정려하였다.

양씨(梁氏)는 이정식(李挺熄)의 처이다. 남편이 종성부(鍾城府)로 유배를 갔는데 양씨가 따라갔다. 남편이 유배지에서 죽자 시신을 거두어 3년이 지난 후 유골을 수습하여 3천리 밖으로 짊어지고 와서 선영에 반장(返葬)하였다. 이에 정려하였다.

요컨대 밀양지역의 열녀 사례를 정리해 보면 임진왜란 때 발생한 열녀가 전체 열녀수의 절반을 차지함으로써 임란시 밀양지역 여성들의 수난을 엿볼 수 있다.

(대구청유회보 [제109호] 2007년 9월호)

진주지역의 열녀
경남편

　진주 지역 열녀의 행적은 임진왜란으로 인하여 수절하다 목숨을 잃은 절부의 사례가 가장 많다. 대부분이 피살되거나 자살한 예이다. 여기에서 진주지역이 임진왜란때 여성의 피해가 매우 컸음을 알 수 있다. 그 밖에 남편이 죽은 후 재가하지 않고 수절하며 제사를 정성껏 받들고 시부모를 잘 공양한 경우, 남편의 병을 치료하기 위해 단지(斷指)를 행한 경우, 외간남자로부터 정조를 지키기 위해 죽은 경우 등이 있다.

　정씨는 승선(承宣) 조지서(趙之瑞)의 처이며 정몽주(鄭夢周)의 증손이다. 연산군 11년(1505)에 조지서가 해를 만나 죽고 재물과 집이 적몰되고 못을 파니 정씨는 그 곁에 여막을 짓고 남편이 남긴 옷을 걸어놓고 제사를 올리면서 3년을 마쳤다. 중종 2년(1507)에 정려(旌閭)하였다.

　절부 안씨는 선무랑(宣務郞) 남연소(南延召)의 처이며, 명종조에 정려되었다. 정언 이로(李魯)가 찬한 묘지를 보면 그 구체적 열행은 나와있지 않고 다만 명종 13년(1558)에 명종이 조서(詔書)를 내리기를 안씨의 열행이 빛나므로 절부에 봉하고 정려하라는 내용과 안씨 가계가 자세히 기록되어 있다. 즉 절부 안씨는 순흥대성(順興大姓)으로 통훈대부부평도호부사(通訓大夫富平都護府使) 장(璋)의 딸이고, 행통훈대부성균사예(行通訓大夫成均司藝) 돈후(敦厚)의 손녀이며, 증가정대부호조참판 행가선대부검교한성부윤(贈嘉靖大夫戶曹參判 行嘉善大夫檢校漢城府尹) 경(璟)의 증손이고 공자 묘정에 종사(從祀)하는 문성공(文成公) 향(珦)의 10세손이다.

효부 김씨는 점필재 종직(宗直)의 딸이며 생원 이핵(李翮)의 처로 정문은 가좌촌(加佐村)에 있다. 그 구체적 사례내용은 보이지 않는다.

중으로 부터 정조를 지키기 위해 항거하다가 죽은 사례가 있어 주목된다. 즉 사비 막지(莫之)는 산골짜기에 있는 밭을 매고 있는데 어떤 중이 더럽히고자 하므로 죽음으로 항거하였다. 낫을 당겨 목을 걸고 겁을 주며 따르지 않다가 마침내 죽음을 당하였다.

첩의 신분으로 수절한 사례가 있다. 사비 도덕(道德)은 주부(主簿) 강대익(姜大益)의 첩으로 나이 15세에 강공을 섬기다가 계사년에 성이 함락될 때 강주부(姜主簿)가 죽으니 몸소 유해를 거두어 선영 곁에 묻고 애통해하며 정절을 돈독히 지켰다.

현감 정희건(鄭希騫)의 첩 성소사 는 희건이 벼슬을 따라 경성으로 가서 글을 보내어 인연을 끊었다. 문중의 친족들이 그의 나이 젊음을 가련히 여겨 다른 사람을 따르기를 권했으나 죽기를 맹세하고 달리하지 않다가 그 몸을 마쳤다.

남편의 병을 치료하기 위해 단지(斷指)하는 사례가 많은데 열녀 정씨(유학幼學 윤봉尹鋒의 처), 보인(保人) 김축(金軸)의 처 강소사의 열행 등이 그것이다.

젊어서 남편이 죽은 후 개가하지 않고 수절하며 제사를 정성껏 받들며 시부모를 잘 공양한 사례도 보인다. 예컨대 황수장(黃壽長)의 첩 사비 봉학(鳳鶴)은 20세에 남편상을 당하여 상복을 벗지않고 애통해하여 몸을 상하였다. 그 아버지가 그의 나이 젊음을 가엾게 여겨 개가시키고자 하였으나 죽기를 맹세하고 다른데로 가지 않았다.

사노 개동(介同)의 처 사비 춘환(春環)은 남편이 죽었을 때 30살이었다. 그 뜻을 뺏고자 하는 사람들이 많았으나 정조를 군게 지켜 지금 60여세에 이르렀다.

사인(士人) 하륜(河淪)의 처 효부 강씨는 일찍이 남편을 잃고 슬피 울고 평생동안 머리에 기름을 바르지 않았다. 집이 가난하여 품팔이를 하였으나 제사에는 음식을 풍성하게 하였다. 시어머니를 정성으로 섬기다가 마침내 돌아가시자 염습과 의복을 모두 풍성하고 두텁게 하였는데 스스로 짓지 않은 것이 없었다.

역리(驛吏) 강룡(姜龍)의 처 제소사(諸召史)는 일찍이 남편상을 당하여 3년상을 치르면서 힘을 다하였고 옷을 모두 고쳐 상복으로 만들었으며 아침저녁으로 제물을 올리고 3년을 한결같이 술과 고기를 먹지 않았다. 말이 그 남편에게 미치면 슬피 울고 오열하였다.

한편 진주지역은 왜란으로 피해가 가장 컸던 지역의 하나로 특히 여성들의 수난이 이루 형언할 수 없이 컸던 것 같다. 임진년(선조 25년, 1592), 계사년(선조 26년, 1593), 정유년(선조 30년, 1597)의 난에 정절을 지키다 비참하게 죽은 부녀자의 기록이 열녀의 대부분을 차지하고 있다. 이때의 열녀는 대부분 피살되거나 자살한 예이다.

수문장(守門將) 정천계(鄭天啓)의 처 절부 이씨는 임진난에 적을 만나 핍박을 당하고 말에 태우려 하였으나 따르지 않다가 마침내 죽었다. 그 딸이 곁에 있다가 못에 빠져 죽으니 나이 16세이다. 적이 건져서 시신 곁에 두고 갔다. 이에 정려하였다.

처자 한씨는 정조가 있어 평소에 말하기를 '여자로서 불행히 변을 만난다면 죽을 따름이다.' 하더니 임진난 때 적을 만나 굴하지 않고 정절을 지키다가 죽었다. 이에 선조 때 정려하였다.

효열부 강씨는 임진난 때 그 어머니와 더불어 산중으로 숨었으나 어머니가 먼저 적에게 사로잡혔다. 강씨가 몸으로 어머니를 가렸으나 적이 어머니를 죽이고 강씨를 더럽히고자 하였다. 강씨는 죽기를 맹세하고 꾸짖으니 적이 양팔을 잘랐으나 더욱 꾸짖으니 적이 그녀를 베었다.

계사년(선조 26년, 1593)에 적에게 정절을 지켜 항거하다가 죽은 절부의 사례가 가장 많다.

처자 강씨는 몽정(夢禎)의 딸인데 계사의 난때 부모와 함께 산중으로 피하였으나 적이 갑자기 이르러 부모와 형제를 죽이고 그를 더럽히고자 하였다. 강씨가 불속으로 뛰어들어 스스로 불에 타 죽으니 나이 17세였다.

효자 이경훈(李敬訓)의 처 절부 성씨는 계사년에 산중으로 난을 피하였으나 적이 산을 뒤져 남편 경훈을 죽였다. 성씨가 장차 적진으로 향하고자 물가에 이르러 말하기를 "이미 하늘을 잃었으니 이 물을 건너 어디에 가겠는가" 하고 드디어 물에 빠져 죽었다. 이에 정려하였다.

김선명(金善鳴)의 처 정소사는 계사년에 적을 만나 핍박하고자 하였으나 항거하고 따르지 않았다. 여러 적이 붙들어 결박하여 그를 소등에 태웠다. 험한 곳에 이르러 몸을 기울여 길바닥에 떨어지니 결박한 것이 끊어졌으나 떨어져 죽었다.

서얼 이유해(李惟諧)의 처 하소사는 자색이 빼어났다. 계사의 난때 집현산(集賢山)에서 적을 만나 그를 협박하여 말을 태우고 물을 건넜다. 물 가운데에서 업고 있던 아이와 함께 물에 떨어져 죽으니 이미 건넜던 적이 어쩌지 못함을 알고 이르기를 '미색을 잃었도다' 하였다. 함께 빠져 죽은 딸의 나이 9세였다.

승사랑(承仕郎) 정승업(鄭承業)의 처 최씨는 계사의 난때 항상 스스로 칼을 차고 있으면서 만약 불행한 일을 당하면 죽을 것이라 생각했다. 마침내 적을 만나 꾸짖다가 절개를 지켜 죽었다. 이에 정려하였다.

정유재란에 적을 만나 정절을 지키다가 죽은 경우로 절부 하씨(봉사 정희립의 처), 절부 이씨(정계원의 처), 절부 류씨(유학 정대순鄭大淳의 처), 절부 정씨(김대용金大鎔의 처), 변소사(보인保人 채학蔡鶴의 처), 절부 최소사(수군 귀석貴石의 딸), 황씨(정응발의 처), 절부 장씨(유학 허의남의 처) 등이 그들이다.

봉사(奉事) 정희립(鄭希立)의 처 하씨는 정유재란에 적이 와서 핍박하자 벼랑에 떨어져 죽었다. 이에 정려하였다.

정계원(鄭繼元)의 처 절부 이씨는 산중에서 적이 더럽히고자 하므로 분연히 꾸짖고 따르지 않다가 해를 당하였다. 이씨가 당초 피난때에 그 남편에게 이르기를 '적을 만나면 나는 반드시 죽을것이다.'하였으니 사절(死節)의 뜻을 평소에 정했던 것이다. 이에 정려하였다.

절부 최소사는 20세가 되도록 시집을 가지 못하다가 정유의 난을 피하여 우산(牛山)에 숨었다. 적이 와서 핍박하고자 하므로 소리를 질러 크게 꾸짖자 적이 갑자기 달아났다. 산아래에 이르러 다시 핍박하고자 하나 꾸짖고 따르지 않다가 죽음을 당하였다. 포상 내용은 보이지 않는다.

정응발(鄭應發)의 처 황씨는 정유의 난 때 응발이 왜적을 만나 서로 붙들고 구르면서 싸우다가 힘이 다하여 거의 죽게 되었다. 황씨가 숲에서 나와 돌을 안고 돌진하여 적의 머리를 부수어 죽음을 면하였다.

유학(幼學) 허의남(許義男)의 처 절부 장씨(張氏)는 정유재란에 적이 핍박하고자 하였으나 얼굴을 가리고 땅에 엎드려 꺾이지 않고 꾸짖으니 적이 칼로서 찔러 죽였다.

요컨대 진주지역의 열녀 사례는 평상시의 열행보다 전쟁시에 정절을 지키다 죽은 예가 많다. 임진왜란 기간 중에서도 임진년보다 계사년(1593), 정유년(1597)때 사례가 더 많았다.

(대구청유회보 [제80호] 2005년 4월호/[제81호] 2005년 5월호)

동래지역의 열녀
경남편

　장소사(張召史)는 남편이 병사하자 같은 날에 목을 매어 죽었다. 현종 11 년(1670)에 정려(旌閭)하였다.

　전소사(田召史)는 읍리(邑吏) 최의준(崔義俊)의 어머니이다. 남편이 죽자 기절하여 먹지 않고 이에 죽음에 이르렀다. 정려(旌閭)하였다.

　함소사(咸召史)는 최의준(崔義俊)의 처이다. 남편이 죽자 슬퍼하여 죽도 먹지 않고 10여일만에 굶어죽었다. 이에 정려(旌閭)하였다. 한 집안의 정렬(貞烈)로 칭찬하였다.

　서씨(徐氏)는 판관(判官) 황보업(皇甫業)의 처이다. 남편이 죽자 밤낮으로 호읍(號泣)하였다. 장례 후 곧 약을 먹고 자살하였다. 이에 정려(旌閭)하였다.

　김씨(金氏)는 학생(學生) 김효문(金孝文)의 처이다. 어렸을 때부터 효행이 있어 향당(鄉黨)에 칭찬이 많았다. 남편이 전염병으로 죽자 여러번 소리내어 슬퍼하였다. 어린 자녀들을 시아버지께 보내고 곧 목매어 죽었다. 영조 16년(1740)에 정려(旌閭)하였다.

　김소사(金召史)는 읍리(邑吏) 허몽대(許夢大)의 처이다. 남편이 병사하자 그날 약을 먹고 죽었다. 정조 8년(1784)에 급복(給復)하였다.

　이씨(李氏)는 학생(學生) 전응상(田應祥)의 처이다. 남편의 병에 여러 해 동안 모시고 탕(湯)을 올림에 게을리하지 않았다. 그러나 남편이 죽자 곧 약을 먹었다. 그러나 옆 사람에게 발각되어 구한 바 되었다. 그날 저녁에 또 남편의 시신 곁에서 목을 매달았으나 가래 막힌 소리가 자연히 문밖에까지 들려 밖에 있던 사람들이 급히 들어가 풀어 내렸다. 이에 다시 몰래 염포(斂布) 자르는 칼을 가지고 마당으로 가 스스로 목을 두 번 찔렀으나 집안사람들이 급히 구하여 목숨을 연장하였으나 결국은 목구멍을 찔러 죽었다. 정조 8년(1784)에 정려(旌閭)하였다.

정씨(鄭氏)는 사인(士人) 박인백(朴仁伯)의 처이다. 남편이 병사하자 슬퍼함이 예를 넘었다. 시어머니를 지성으로 섬겼다. 남편 장사함에 미쳐 시어머니께 고하기를, "집은 가난하고 흉년이 들어 늙으신 시어머니와 어린아이 때문에 구차하게 8개월의 목숨을 연장하였습니다. 지금은 가을이고 젖먹이 아이는 밥을 먹으니 차라리 이때 같이 묻혀야겠습니다"하고 약을 먹고 죽었다. 정조 13년(1789)에 정려(旌閭)하였다.

이씨(李氏)는 부민(府民) 박춘흥(朴春興)의 처이다. 길에서 강폭한 사람을 만나 찔려 죽었다. 이에 정려(旌閭)하였다.

(대구청유회보 [제103호] 2007년 2월호)

합천지역의 열녀
경남편

　참봉 정창서(鄭昌緖)의 처 김씨는 정유재란에 왜적에게 항거하다가 우물에 투신 자결하였다. 1600년(선조 33)에 정려하였다.

　양녀(良女) 돌덕(乭德)은 불이 나자 남편을 안고 불꽃속에서 같이 타죽었다. 이에 정려하였다.

　사인(士人) 주익창(周益昌)의 처 이씨는 계사년에 남편이 왜적의 칼에 죽으니 이씨가 동서 김씨와 함께 물에 빠져 죽었다. 이에 정려하였다.

　주필창(周必昌)의 처 김씨는 계사난에 남편의 형 익창이 먼저 왜적에게 죽으니 김씨가 이씨(남편의 형 익창의 처)와 함께 물에 빠져 죽었다. 이에 정려하였다.

　강양군(江陽君) 이요(李瑤)의 후손인 양백(陽白)의 처 정씨는 영조 4년(1728) 무신난(戊申亂)에 적이 남편을 협박하여 데리고 가려고 하니, 몸을 뛰쳐 남편을 적으로부터 빼앗고 절개를 지켰다. 이에 급복하였다. 영조 22년(1746)에 남편이 죽자 식음을 끊고 따라 죽었다.

　사인(士人) 윤화국(尹華國)의 처 황씨는 남편이 죽자 8일 동안 단식(斷食)하고 죽었다. 1797년(정조 21)에 정려하였다.

　사인(士人) 이달준(李達俊)의 처 안씨는 처녀일 때 모친의 등창을 빨아 낫게 하여 효녀라 하고 시집가서 남편이 병든지 4년에 밤낮으로 하늘에 빌기를 자기 몸을 대신하기를 원하였다. 남편이 임종하는 날에 약을 먹고 따라 죽었다. 1789년(정조 13)에 정려하였다.

사인(士人) 강우경(姜遇慶)의 처 이씨는 신행전에 남편이 병으로 죽자 부고를 받고 달려가 애곡하며 장사의 제구를 살펴보고 성복(成服)을 지난 다음날 무덤 앞에 앉아 조용히 죽었다. 이에 정려하였다.

문주욱(文周郁)의 처 이씨는 남편을 여의고 혈속이 없으니 곧 죽기를 맹세하면서 "산들 또한 무엇하리오"하고 초상에 세 번이나 목매었으나 집안 사람이 구했다. 그러나 소상때 제문을 지어 祭를 지내고 독약을 마시고 자결했다. 이에 급복하였다.

이인(李認)의 처 이씨는 정유재란에 적을 피해 산중에 들어갔는데, 적이 이씨를 구박하므로 소리를 높여 꾸짖고 돌을 던져 적에 항거하며 끝까지 절개를 지키다가 못에 투신하여 죽었다. 이에 정려하였다.

박효원(朴孝源)의 처 민씨는 혼인하고 시집가기 전에 남편이 병들어 죽자 부인이 3년을 소식하고 머리도 감지 않고 옷도 씻어 입지 않았으며 3년상을 마치고는 보름 동안 먹지 않고 죽었다. 시어머니 이씨와 같이 정려를 명했다.

수군(水軍) 임춘산(林春山)의 처 소사(召史)는 남편이 물에 빠져 죽자 소사(召史)가 시체를 찾다가 못찾으니 언덕에 올라 호곡하다가 물에 빠져 죽었다. 이에 정려하였다.

정규민(鄭奎民)의 처 이씨는 시집온 지 몇 달 안되어 남편이 병이 있어 부인이 친히 약기구를 잡고 백방으로 구호했으나 죽었다. 부인이 염습과 치상 절차를 정성을 다하여 유감이 없게 하고 성복을 지낸 후에 밤을 타서 깊은 못에 빠져 죽었다. 1850년(철종 1)에 정문을 명했다.

(대구청유회보 [제133호] 2009년 9월호)

고령지역의 열녀
경남편

　김소사(金召史)는 보인(保人) 이영룡(李永龍)의 아내이다. 임진왜란 때 부부가 함께 산속으로 피난했는데, 남편이 왜적과 마주쳐 죽임을 당하자 칼날을 피하지 않고 함께 죽임을 당했다. 광해군 1년(1609)에 이 일이 나라에 알려져 마을에 정문을 세워 표창했다.

　허소사(許召史)는 나이 29세에 남편의 상을 당하였다. 밤낮으로 빈소를 지키며 지극한 정성으로 제사를 모시고, 9년 동안 상을 치렀다. 선조 9년(1576)에 이 일이 나라에 알려져, 그녀가 살던 마을에 정문을 세워 표창했다.

　한씨(韓氏)는 선비 배준양(裵俊良)의 아내이다. 임진왜란 때 부부가 함께 왜적에게 사로잡혔는데, 왜적을 꾀어 남편을 탈출시켰다. 남편이 깊숙이 숨자, 살갗이 벗겨지면서도 굳은 절개로 맞서다 조금도 두려움 없이 죽음을 맞이하였다. 선조 30년(1597)에 이 일이 나라에 알려져, 그녀가 살던 마을에 정문을 세워 표창했다.

　박소사(朴召史)는 곽무성(郭茂成)의 아내이다. 남편이 병에 걸려 목숨이 끊어지려 하자, 스스로 제 손가락을 잘라 그 피를 입에 넣어서 남편이 3년 동안 더 살도록 하였다. 이 일이 나라에 알려져, 그녀가 살던 마을에 정문을 세워 표창했다.

　이씨(李氏)는 선비 배두의 아내이며, 옥산 이기춘(李起春)의 조카딸이다. 집안에 불이 나자 제 몸을 돌보지 않고 불길을 무릅쓰고 뛰어들었다. 왼쪽 겨드랑이로 시부모의 신주를 붙들고, 오른쪽 겨드랑이로는 남편의 신주를 붙든 채 타오르는 불길 속에 서 있다가 살갗이 모조리 검게 타 버렸으나 신주는 화를 면하였다. 인조 11년 (1633)에 이 일이 알려져, 그녀가 살던 마을에 정문을 세워 표창했다.

배씨(裵氏)는 선비 이재복(李載福)의 아내이며, 승지 배정휘(裵正徽)의 손녀이다. 남편이 일찍 세상을 떠나자, 초상 때부터 졸곡 때까지 옷을 갈아입지 않고 누운 자리를 떠나지 않았다. 머리에 빗질과 세수를 하지도 않으며 입 안에 음식을 넣지도 않았다. 사람을 마주하여도 말을 하지 않았으며, 3년 동안 일찍이 하늘의 태양을 본 적이 없다. 실낱같은 목숨을 가까스로 이어가다 3년상을 마친 뒤, 친정집으로 돌아가 친정 부모를 뵙고 조용히 스스로 죽음을 맞이하였다. 신유년에 이 일이 나라에 알려져, 그녀가 살던 마을에 정문을 세워 표창했다.

박씨(朴氏)는 곽조의(郭祖儀)의 아내이다. 시집간 지 얼마 안 되어 남편이 전염병에 걸려 세상을 떠났다. 임신 3개월의 박씨는 아이를 낳을 때까지 기다렸다가, 딸아이를 낳자 음식을 끊고 스스로 죽음을 맞이하였다. 영조 13년 (1737)에 이 일이 나라에 알려져, 그녀가 살던 마을에 정문을 세워 표창했다.

김씨(金氏)는 조범환(曺範煥)의 아내이다. 21세에 남편이 죽자 손수 무덤 옆에 여막을 짓고 신주를 모시며 길쌈을 하여 묘에 석물을 모두 갖추고 죽을 때까지 여묘하니 향리의 모든 사람들이 칭찬하였다.

박씨(朴氏)는 최흠(崔欽)의 아내이다. 19세에 결혼해서 20일 만에 남편이 병사하자 식음을 전폐하다가 남편 상제가 모두 끝난 후 남편의 허리띠로 목매어 자결했다.

오씨(吳氏)는 조규승(曺奎承)의 아내이다. 시아버지가 오랫동안 병석에 있을 때 인육이 효험있다는 말을 듣고 자기 허벅지 살을 베어 드렸더니 병이 나았다. 이 사실을 암행어사 이동연과 예관 김정집이 알고 찬탄하여 호세를 면제해 주었다.

이씨(李氏)는 곽회수의 아내이다. 결혼 초부터 병석에 누워계신 시아버지의 병간호에 정성을 다했다. 임진왜란이 일어나자 진력부위(振力副尉)로 있는 남편은 한성에 있었는데, 이 사실을 안 왜적이 약장수를 가장하여 국가기밀을 탐지하자 크게 꾸짖었다. 왜적이 부인의 손목을 잡고 욕보이려하자 식칼로 자기 손목을 절단하고 목을 찔러 자결하여 정절을 보였다. 그 후 열녀각이 세워졌다.

임씨(林氏)는 조상벽(趙相璧)의 아내이다. 지성으로 시부모를 섬겼고, 남편이 병들어 임종이 가까워지자 단지(斷指) 수혈하여 잠깐 깨어나기는 했으나 끝내 죽게되자, 죽는 날 곧 목매어 자결하였다. 이 사실이 알려져 예조로부터 표창되었다.

조씨(曺氏)는 남명 조식의 누이로 정사현(鄭師賢)의 아내이다. 남편이 죽은 후 철에 맞추어 옷을 지어 무덤 앞에 드렸다가 태우기를 3년하였다. 이렇게 3년상을 마치고 아들을 모아놓고 말하기를 내가 돌아가신 네 아버지의 뒤를 따르고자 하였으나 너희들이 다 자라지 않아서 지금까지 목숨을 이어왔다. 이제 집안일을 너희에게 맡기게 되었으니 여한이 없다고 하고서는 마침내 목숨을 끊었다. 명종조에 이 사실이 알려져 정열부인 정표가 내려지고 정려를 세웠다.

하씨(河氏)는 조정필(趙廷弼)의 아내이다. 남편의 상을 당하여 3년간 곡하기를 초상 때와 같이 했다. 시아버지상을 당해서도 남편상을 당했을 때와 한결같았다. 3년상을 치르는 제삿날에 독약을 마시고 목숨을 끊었다.

조씨(趙氏)는 선비 박사전(朴思全)의 아내이다. 온순한 품성으로 부녀자로서의 행실을 갖추었다. 병든 시어머니를 마치 하루처럼 30년 동안 섬겼다. 세상 사람들이 그녀의 지극한 효성을 칭찬하였다. 이 일이 나라에 알려져, 경종 때 그 집의 부역과 조세를 면제해 주는 포상조치를 내려주었다.

(대구청유회보 [제136호] 2009년 12월호)

창녕지역의 열녀
경남편

『신증동국여지승람』권27 창녕현 열녀조에는 2명의 열녀 사례가 실려있다. 『여지도서』와 『경상도읍지』에는 각각 16명과 19명의 열녀사례가 수록되어 있다. 이들의 열행을 소개하면 다음과 같다.

곽재흠(郭再欽)의 아내 강씨(姜氏)는 임진왜란 때 항상 작은 칼을 몸에 차고 다녔다. 남편과 함께 숲 속에 숨었는데 왜적들이 강씨를 붙잡아 데려가려고 하자, 강씨가 칼을 빼 스스로 목을 찔렀다. 왜적들이 감동하여 부부를 내버려 두고 떠나갔다. 이 일이 나라에 알려져 그녀가 살던 마을에 정문을 세워 표창했다.

성돈(成墩)의 아내 배씨(裵氏)는 임진왜란 때 남편이 병들어 죽자, 예를 다하여 장례를 치르고 더욱 공경히 제사를 올렸다. 여생을 마칠 때까지 머리에 기름칠을 하지 않았으며 화려한 비단 옷을 몸에 걸치지 않았다. 슬피 울부짖으며 세월이 흘러도 죽은 남편을 기리는 마음이 더욱 독실하였다. 이 일이 나라에 알려져 그녀가 살던 마을에 정문을 세워 표창했다.

백유정(白惟精)의 아내 주씨(周氏)는 임진왜란 때 왜적에게 사로잡혔는데 절개를 더럽히지 않기 위해 반항하다가 마침내 왜적에 의해 해를 당하였다. 이 일이 나라에 알려져 그녀가 살던 마을에 정문을 세워 표창했다.

성원춘(成遠春)의 아내 윤씨(尹氏)는 임진왜란 때 왜적에게 결박당하자 깊은 연못에 몸을 던져 스스로 목숨을 끊었다. 이 일이 나라에 알려져 그녀가 살던 마을에 정문을 세워 표창했다.

김씨(金氏)는 남편이 몹쓸 병에 걸려 거의 숨이 넘어가려고 하는데 어떤 사람이 말하기를, "산 사람의 피를 먹으면 나을 수 있다."고 했다. 김씨는 스스로 작은 칼을 가지고 자신의 피를 받아서 남편에게 복용하게 하니, 남편의 병이 곧 나았다. 김씨 자신은 결국 죽음에 이르렀다. 이 일이 나라에 알려져 그녀가 살던 마을에 정문을 세워 표창했다.

김월(金越)의 아내 신씨(辛氏)는 임진왜란 때 왜적에게 붙잡혔는데, 왜적이 그녀를 욕보이려고 하자 물에 몸을 던져 스스로 목숨을 끊었다. 이 일이 나라에 알려져 그녀가 살던 마을에 정문을 세워 표창했다.

조덕성(曺德成)의 아내 장씨(張氏)는 임진왜란 때 왜적이 다그치자, 마윤천(馬輪川)에 몸을 던져 스스로 목숨을 끊었다. 이 일이 나라에 알려져 그녀가 살던 마을에 정문을 세워 표창했다.

배몽서(裵夢瑞)의 아내 전씨(田氏)는 임진왜란 때 느닷없이 왜적과 마주치게 되자, 스스로 목숨을 끊으려고 했으나 방법이 없었다. 조용히 순종하는 것처럼 보여 왜적이 다그치지 않자 작은 칼을 구해 갑자기 목을 찔러 스스로 목숨을 끊었다. 이 일이 나라에 알려져 그녀가 살던 마을에 정문을 세워 표창했다.

성안례(成安禮)의 아내 박씨(朴氏)는 임진왜란 때 남편이 왜적과 마주쳐 장차 해를 당하려고 하자, 박씨가 아이를 업고 용감하게 왜적에게 달려갔다가 남편과 함께 목숨을 잃었다. 이 일이 나라에 알려져 그녀가 살던 마을에 정문을 세워 표창했다.

김현(金鉉)의 아내 이씨(李氏)는 임진왜란 때 왜적이 남편을 죽이려고 하니, 자신의 몸으로 남편을 감싸 안았다가 남편과 함께 목숨을 잃었다. 이 일이 나라에 알려져 그녀가 살던 마을에 정문을 세워 표창했다.

육군 김승화(金承化)의 아내 양녀 이소사(李召史)는 남편이 물에 빠져 죽자, 뒤쫓아 물에 몸을 던져 남편의 시신을 껴안고서 목숨을 잃었다. 이 일이 나라에 알려져 그녀가 살던 마을에 정문을 세워 표창했다.

성완(成琬)의 아내 오씨(吳氏)는 현종 때 남편이 문둥병에 걸려서 남편과 집을 나가 산골짜기에 움막을 짓고 정성을 다해 간호하였다. 어느 날 밤에 도적이 곧바로 남편을 죽이고 오씨를 빼앗아 데려가려고 했다. 오씨가 속여 말하기를, "내 남편을 죽이지 않는다면 내 마땅히 순순히 따르겠으나, 그렇지 않다면 반드시 남편과 함께 죽겠다."하니, 도적이 그 말을 믿고 과연 남편을 죽이지 않았다. 말에 올라타고서 함께 길을 나서 20여 걸음에 이르자, 오씨가 말 위에서 몰래 목을 졸라 스스로 목숨을 끊어 말에서 떨어졌다. 도적이 내버려 두고 떠나가니, 남편은 그에 힘입어 화를 면할 수 있었다. 이 일이 나라에 알려져 그녀가 살던 마을에 정문을 세워 표창했다.

학생(學生) 노대하(盧大河)의 아내 김씨(金氏)는 어렸을 때 어머니가 병에 걸리자, 손가락을 잘라 그 피를 드리니 어머니가 다시 살아났다. 시집을 갔는데 남편이 병에 걸려 일찍 세상을 떠나자, 초상과 빈소의 설치 및 염습을 한결같이 예법에 따라 행하였다. 장례 날짜가 이미 정해지자 남편과 한 무덤에 묻히고 싶어서, 남편에게 올리는 글을 갖추어 몰래 상자 속에 넣어 장사를 지내고 빈소 안에서 끈으로 목을 매달아 스스로 목숨을 끊었다. 이 일이 나라에 알려져 그녀가 살던 마을에 정문을 세워 표창했다.

양인(良人) 김계운(金戒云)의 아내 양녀 박소사(朴召史)는 땔나무를 해서 한 배를 타고 돌아오다가, 물살에 휩쓸려 배가 뒤집어져서 부부가 함께 물에 빠졌다. 밖으로 나와보니 남편은 물에 빠져 밖으로 나오지 못한 상태였다. 가슴을 두드리고 하늘을 소리쳐 부르며 곧바로 물속에 몸을 던져 남편의 시신을 껴안고서 목숨을 잃었다. 이일이 나라에 알려져 그녀가 살던 마을에 정문을 세워 표창했다.

(대구청유회보 [제140호] 2010년 4월호/ [제141호] 2010년 5월호)

김해지역의 열녀
경남편

『신증동국여지승람』권32 김해도호부 열녀조에는 3명의 열녀 사례가 실려있다. 반면에 『여지도서』와 『경상도읍지』에는 각각 13명과 16명의 열녀 사례가 수록되어 있다. 이들의 열행을 소개하면 다음과 같다.

고을의 아전 허후동(許厚同)의 처 성이(性伊)는 20세 때 남편을 여의었다. 아침저녁으로 올리는 제사상을 정결하게 갖추려고 솥과 제기를 별도로 두고 사용하였다. 초하루와 보름이면 그 철에 알맞은 옷을 짓고 그 철에 나는 물품을 갖추어서 제사를 올렸으며 제사를 마친 다음에는 불태웠다. 항상 강폭한 자에게 욕을 당할까 염려하여 칼과 끈을 허리에 차고 스스로 맹세하기를, "칼로 자결하지 못하면 끈으로 목을 매겠다." 하였다. 피눈물을 흘리며 3년상을 마쳤는데, 일찍이 남과 얼굴을 대한 적이 없었다. 이 일이 나라에 알려져 정려하였다.

양인 김종(金宗)의 처 돈지(頓之)는 남편이 세상을 떠나자 일찍이 동네 사람과 대화를 나눈 적이 없었다. 3년상을 마치고서도 오히려 상복을 계속 입으니 친정어머니가 빼앗아서 불태우려고 했으나 듣지 않았다. 이에 정려하였다.

현금(賢今)은 율생(律生) 배문생(裵文生)의 처이다. 남편이 다른 여자를 좋아하여 아내인 현금을 버렸다. 현금은 항상 술과 음식을 갖추어서 시부모를 봉양하였다. 친정아버지가 다시 시집보내려고 하니 현금이 옷을 갈아입고 방에 들어가 스스로 목을 매달아 목숨을 끊었다. 이에 정려하였다.

학생 배임(裵袵)의 처 배씨(裵氏)는 남편이 병에 걸리자 몸소 상분(嘗糞)

나의 여성사 읽기

하여 그 병의 상태를 자세히 살폈다. 남편이 세상을 떠나자 우물 속으로 몸을 던져 죽을 지경에 이르렀는데, 이웃 사람이 밖으로 건져내어 목숨을 구해 주었다. 3년상을 마친 뒤에는 사시사철에 맞는 의복을 만들어 남편의 제삿날 때마다 불태웠다. 이 일이 나라에 알려져 정려하였다.

손씨(孫氏)는 학생 손응비(孫應斐)의 시집 안 간 딸이다. 임진왜란이 일어나자 나무에 구멍을 뚫고 그 속에 숨었는데 왜적이 행방을 찾아 욕보이려고 하자 치마끈으로 목을 매달아 스스로 목숨을 끊었다. 이 일이 나라에 알려져 정려하였다.

이씨(李氏)는 학생 주익창(周益昌)의 처이다. 임진왜란 때 지리산(智異山)으로 피난을 갔는데, 갑자기 왜적과 마주쳤다. 빠져나갈 길이 없다는 사실을 알고서 천 길 깊이의 연못 속에 스스로 몸을 던져 목숨을 끊었다. 이 일이 나라에 알려져 정려하였다.

김씨(金氏)는 본관이 聞韶(문소, 義城(의성)의 옛 이름)인 김익고(金益固)의 딸이며 학생 이진인(李振仁)의 처이다. 임진왜란 때 사방에 왜적이 가득하여 남편과 함께 산중으로 피난했다. 산을 수색하던 왜적들이 윽박질렀지만 죽음으로 맞서며 따르지 않았다. 왜적이 칼로 온몸을 마구 찔러 피를 줄줄 흘리면서도 끝내 절개를 굽히지 않았다. 왜적들이 마침내 김씨와 남편 이씨를 살해하였다. 이 일이 나라에 알려져 정려하였다.

문조이(文召史)는 양인(良人) 배상운(裵尙運)의 처이다. 배상운이 냇가에서 멱을 감다가 물에 빠져 죽자 문조이도 목을 매달아 스스로 목숨을 끊었다. 이 일이 나라에 알려져 정려하였다.

성조이(成召史)는 양인 배신기(裵信起)의 처이다. 나이 28세 때 남편이 중병에 걸리자 지극한 정성으로 병간호를 하였다. 남편이 세상을 떠나자 빈소를 차리고 염을 하며 장사와 지내는 절차에 정성을 다하지 않음이 없었다. 상을 마치고서는 목을 매달아 스스로 목숨을 끊었다. 병진년에 이 일이 나라에 알려져 정려하였다.

최씨(崔氏)는 임진왜란 때의 의병장이며 공신인 절도사(節度使) 최강(崔綱)의 증손녀이며 선비 노성필(盧成弼)의 처이다. 남편이 천연두에 걸리자 최씨가 지극한 정성으로 병간호를 하였다. 목욕 재계를 하고서 남편 대신 자신이 아프게 해 달라고 하늘에 빌었다. 결국 남편의 목숨을 구하지 못하게 되자 통곡을 하며 말하기를, "인간 세상에서 부부의 연을 맺었으니 지하 세계에서도 서로 따르며 사이좋게 지내는 것을 본디 원했던 바이다." 하고 이어 세상을 떠나서 남편과 한 무덤에 묻혔다. 당시 그녀의 나이는 27세였다. 이 일이 나라에 알려져 정려하였다.

강씨(姜氏)는 학생 강시철(姜時哲)의 딸이며 선비 신준(愼俊)의 처이다. 일찍이 과부가 되어 가난하게 살았다. 이웃에 사는 억세고 사나운 사내가 그녀를 욕보이려는 뜻을 품고 있었는데, 의지할 곳이 없다는 사실을 똑똑히 깨달은 강씨는 원망하고 분개하며 목을 매달아 스스로 목숨을 끊었다. 그 당시 암행어사가 나라에 아뢰어 정려하였다.

이씨(李氏)는 학생 이배신(李培新)의 딸이며 선비 송세장(宋世章)의 처이다. 나이 23세 때 남편을 여의었는데, 뱃속에 아이를 가지고 있었으나 죽은 태아를 낳았다. 남편의 장례 날을 헤아려 9일을 남겨 두었을 때 독약을 마시고 스스로 목숨을 끊었으니, 대개 남편과 한 무덤에 묻히려는 뜻이었다. 이 일이 나라에 알려져 정려하였다.

이씨(李氏)는 한량(閑良) 장치영(張致榮)의 처이다. 나이 28세 때 남편이 세상을 떠나고 단지 아들 하나가 있었는데 그 아들마저 또 일찍 세상을 떠나고야 말았다. 이씨가 흐느껴 울며 말하기를, "남편이 죽고 자식마저 일찍 세상을 떠났으니 내 어찌 살고픈 마음이 생기겠는가." 하고, 독약을 마셔 스스로 목숨을 끊었다. 이 일이 나라에 알려져 그녀가 살던 마을에 정문을 세워 표창했다.

(대구청유회보 [제146호] 2010년 10월호/[제147호] 2010년 11월호)

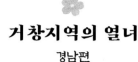

거창지역의 열녀

경남편

『신증동국여지승람』권31 거창군 열녀조에는 1명의 열녀 사례가 실려있다. 반면에 『여지도서』와 『경상도읍지』에는 각각 3명과 6명의 열녀사례가 수록되어 있다. 이들의 열행을 소개하면 다음과 같다.

최씨(崔氏)는 낭장(郎將) 김순(金洵)의 아내이다. 1380년(고려 우왕 6) 7월에 왜구가 거창 고을에 침입하여 최씨를 붙잡아서 욕보이려고 했다. 최씨는 굳게 맞서며 따르지 않다가 그들에게 살해당하였다. 그녀가 살던 마을에 정문을 세워 '절개 굳은 부인의 마을[節婦之里]'이라고 표창하였다.

정씨(鄭氏)는 이경일(李景一)의 아내이다. 1598년(선조 31)의 왜란 때 왜적에게 붙잡혀 몸을 더럽히게 될까 두려워서 차고 있던 작은 칼로 스스로 목숨을 끊어 버리니 화가 난 왜적들이 사지를 마구 토막 내버렸다. 이 일이 나라에 알려져 그녀가 살던 마을에 정문을 세워 표창했다.

허씨(許氏)는 이석관(李碩權)의 아내이다. 남편이 전염병에 걸려 목숨이 위태로워지자 목욕재계하고 자신이 대신 아프게 해 달라고 하늘에 빌었으나 끝내 남편의 목숨을 구하지는 못하였다. 물 한 모금 입에 넣지 않다가 남편의 장례 날짜가 되자 목을 매달아 스스로 목숨을 끊음으로써 남편과 한 무덤에 묻혔다. 1737년(영조 13)에 이 일이 나라에 알려져 그녀가 살던 마을에 정문을 세워 표창했다.

이씨는 변동현(卞東賢)의 아내이다. 남편이 세상을 떠난 후 90일 3세된 아이를 꺼안고서 유모(乳母)에게 부탁하기를 '이 아이가 비록 어머니가 없더라도 잘 길러달라'하고는 방에 들어가 약을 먹고 죽었다. 이 일이 알려져 경오년에 정려(旌閭)하였다.

민씨(閔氏)는 신최명(慎最命)의 아내이다. 호랑이가 남편을 물고 가자, 남편의 허리를 꺼안고 깊은 골짜기까지 들어가서 손으로 호랑이를 쳐서 시신을 빼앗아 돌아왔다. 그 후 가족들에게 말하기를 '박복(薄福)하여 남은 목숨 홀로 살아 무엇하리오' 말을 마치자 곧 세상을 떠났다. 이 일이 알려져 정려하였다.

이씨는 정응신(鄭應辰)의 아내이다. 임진왜란에 왜적이 몸을 더럽히고자 함에 드디어 패도(佩刀)를 뽑아 자결하였다. 이 일이 알려져 정려하였다.

참고문헌

『조선왕조실록』,『경국대전』,『승정원일기』,『신증동국여지승람』,『여지도서』,『경상도읍지(奎.666)』,『동국신속삼강행실도』,『오륜행실도』,『함주지(咸州志)』,『영가지(永嘉誌)』,『일선지(一善誌)』,『상산지(商山誌)』,『동경잡기(東京雜記)』,『진양지(晉陽志)』,『천령지(天嶺誌)』,『동래부지』,『성산지(星山誌)』,『성산군읍지』,『오산지(鰲山志)』,『청도군지』,『역주 오산지』(청도문화원, 2003),『단성지(丹城誌)』,『운창지(雲牕志)』,『단성군읍지』(奎.10881),『대구읍지』,『밀양지』,『밀주지(密州志)』,『밀주구지(密州舊志)』,『밀주읍지』,『밀양부읍지』,『밀양군읍지』,『창녕군읍지』,『창녕군지』,『경산현읍지』,『경산군읍지』,『경산시지』,『만성대동보(萬姓大同譜)』,『국조문과방목』,『증보문헌비고』,『연려실기술』,『거창군사』,『조선각도읍지』,『강도지(江都誌)』,『삼강록』(奎.9923, 의정부편),『삼강록속』(奎.3069, 의정부편),『국역 삼강록』,『칠곡군지』,『합천인물고』(합천문화원, 2006),『고령군읍지』,『현풍곽씨솔례 십이정려사적(玄風郭氏率禮 十二旌閭事蹟)』,『석대천씨오대육효고문서(石臺千氏五代六孝古文書)』,『어초와양세삼강록(漁樵窩兩世三綱錄)』등

제 3 장
근대 여성들의
국채보상운동 참여

국채보상운동에
참여한 부인

1. 시작하며

2017년 10월 30일 국채보상운동 기록물이 유네스코 세계기록유산에 등재되었다. 국채보상운동은 세계역사상 유례가 없는 경제적 주권수호운동으로, 그 가치와 정신을 해외에서도 인정받고 있다. 무엇보다도 이 당시 인구의 절반을 차지하는 여성의 역할이 매우 컸다.

여성의 사회참여가 극도로 제한받고 있던 구한말임에도 불구하고 여성들은 "국난 앞에 어찌 남녀 차별이 있겠느냐"하며 나라의 빚을 갚고자 자발적으로 비녀와 가락지 등을 모으거나 반찬값을 절약하여 참여하였다. 남성들은 단연, 단주로 의연 모금을 한 것에 비하여 여성들은 패물, 현금, 삭발, 바느질, 빨래, 절미, 감찬 등 여성의 입장에서 할 수 있는 것을 실천하였다. 여성들의 국채보상운동 참여는 대구를 시작으로 서울과 경기, 부산, 진남포 등 전국 각지에서 일어났다. 국채보상기성회가 발기한 이틀 후인 1907년 2월 23일 대구 남일동 패물폐지부인회를 결성하고 전국 부녀자들에게 보내는 취지문에서 여성참여를 호소하였다. 이 취지는 국내 전 여성들의 즉각적인 호응을 일으켜 서울에서 2월 28일 부인감찬회를 비롯하여 서울 대안동 국채보상부인회, 평안남도 삼화항 패물폐지부인회, 부산 좌천리 감선의연

부인회 등 전국 각지에서 취지를 같이하는 28개 여성단체와 19개 준여성단체가 조직되어 의연금을 모금하였다.

당시 간행된 『대한매일신보』, 『황성신문』, 『만세보』, 『제국신문』 등 민족언론기관들은 각 지방의 모금상황 및 취지서 등을 보도할 뿐만 아니라 의연자 명단 및 납부금액, 사연을 싣는 등의 캠페인을 벌임으로써 국채보상운동은 전국적으로 들불처럼 번져 나갔다. 국채보상운동이 점차 확산되자 정부의 고관이나 부유층보다 오히려 일반 서민층이나 불우한 사람들이 앞다투어 참여하였다.

본고에서는 먼저 국채보상운동에 참여한 부인들의 의연 사례를 살펴보고, 아울러 여성 국채보상운동단체인 대구 남일동 패물폐지부인회, 서울 대안동 국채보상부인회, 평안남도 삼화항 패물폐지부인회의 활동에 대해서 상세히 살펴보고자 한다.

2. 국채보상운동에 참여한 부인들의 의연 사례

여성들 자신이 국민의 권리와 의무를 내세우면서 국가의 위기를 구하기 위해 독자적으로 참여하고 여성 조직을 가지고 활동한 것은 국채보상운동이 처음이다. 여성들은 스스로를 국민의 일원으로 인식했고 애국심을 가지고 의연에 동참하기 시작했다.

부인들은 나라 빚 갚는 일에 자발적으로 또는 각종 단체를 만들어 참여함으로써 국채보상운동을 거국적 국민운동으로 이끄는데 중요한 역할을 하였다. 부인들의 자발적인 참여는 어린이들과 학동들의 참여뿐만 아니라 온 집안 가족들이 참여하는 계기가 되었다.

국채보상운동에 참여한 여성의 계층과 직업은 신분고하, 빈부를 막론하고 다양하였다. 양반 및 유지부인, 전직 관료 부인, 과부, 첩, 노인, 가정주부, 기생, 열녀, 술집 여인, 침공, 시장 상인 부인, 농민 부인, 여학도, 기독교 여성, 비구니, 무녀, 남의 집 고용살이하는 여성 등이 각기 여러 가지 방법으로 운동에 참여하였다. 『대한매일신보』, 『황성신문』, 『만세보』, 『제국신문』 등의 서울 4대 신문 언론에서는 국채보상운동을 적극적으로 보도하였고 국채보상운동은 전국으로 확산되었다.

여성들의 의연은 성과 이름의 본명이 보도된 경우도 있지만 대부분은 어디 사는 누군가의 모친, 부인, 소실, 여식, 손녀, 증손녀, 자부, 손부, 질부, 숙모, 형수, 제수 등의 이름으로 보도되었다.

여성들의 의연금 출연방법은 다양했다. 우선 집을 팔아서 의연하는 사례도 있어 주목된다. 고(故) 판서(判書) 김영목(金永穆)씨 부인이 국채보상한다는 말을 듣고 자신의 집을 팔아서 1,000냥을 의연하고 자신은 다시 작은 집을 사서 거주한다니, 이 부인의 의로운 뜻을 칭송하지 않는 이가 없었다고 한다. 또한 부녀자들은 옷을 만들고 면과 비단을 팔아서 의연금을 마련하거나 빨래 품삯, 바느질 등의 노동을 통해 얻은 비용을 의연하기도 하였다. 한편 패물이나 재산이 없는 가난한 여인들은 쌀을 아껴서 의연하거나 자신의 머리카락까지 삭발하여 의연에 참여하는 모습을 보였다. 의연 방법을 유형별로 나누어 살펴보면 다음과 같다.

1) 패물과 현금 의연

상대적으로 형편이 괜찮은 여성의 경우 은비녀, 은가락지, 은장도 등을 의연하거나 패물을 팔아 마련한 돈을 의연하였다.

일례로 다섯 할머니의 은비녀 납부가 있었다. 서울 남서 서빙고에 사는 다섯 할머니는 국채보상금을 모은다는 이야기를 듣고 충의의 마음이 발동하여 각자 소지하고 있던 은비녀를 거두어 기성회로 보내었다.

부산진 좌일리에 거주하는 김학운(金學韻)의 모친은 올해 나이 팔순을 넘

集팔아서 의연
ⓒ『대한매일신보』1907년 3월 27일 3면

賣舍捐金　故判書金永穆氏
夫人이今番國債報償호다는說
을聞호고自己家舍를放賣호야
一千兩을義연호고自己는다시
小家舍를買得居接혼다니該夫
人의血誠出義를莫不贊誦호더
라

다섯 할머니의 은비녀 의연
ⓒ『대한매일신보』1907년 3월 14일 3면

●五婆義捐　南署西氷庫居五
老女人이國債募集호다는說을
聞호고忠義之心이感發호야五
人이各其所持銀簪을收合호야
則成會로送傳호얏다더라

겼는데 이번 국채보상에 대한 이야기를 듣고 지팡이를 짚으며 본 지사로 와서 신화 2환을 의연하며 이르기를, "나 역시 국민이라. 이것으로 왕의 은혜에 보답하려 한다" 하니 사람들이 마음으로 감복하였다.

서울 상사동(相思洞)에 이씨부인(과부)은 부녀자라는 좁은 소견으로도 국가를 위한 생각에 다름이 결코 있을 수 없다고 하여 머리에 꽂고 있던 은비녀를 팔아 얻은 구화 4원을 본사에 보내옴에 이를 제국신문사로 보낸 일이 있으니, 비록 평범한 부인에게도 충의가 넘쳐나니 한국의 앞날에 큰 희망이 있을 것이라 하였다

그 어머니에 그 딸이 있었다. 전 비서승 송인회씨의 부인 박씨가 신문에서 나라가 없으면 백성도 없다는 글을 보고 즉시 의연금을 원일부인회 사무소로 전해왔는데, 그 때 박씨의 12세 되는 딸이 6전 5푼 중의 은가락지를 내놓으면서 "국기사상에 남녀노소가 없다" 하며 의연금을 내고 갔다. 어린 여자아이의 애국성심이 더욱 희한하다고 칭송이 자자하였다.

부녀가 의연한 경우도 있었다. 평양부에 살고있는 한경찬(韓景贊)씨의 양녀 정기(正綺)가 국채보상을 위하여 은가락지 1쌍과 은비녀 하나를 의연

하였고, 그녀의 부친 한경찬씨는 10원을 같은 날 출연하였다.

의연금을 거듭 낸 과부도 있었다. 서울 북서 원동에 사는 과부 황씨가 나이 94세인데, 국채보상운동 소식을 듣고 신화 1원을 기성회에 보낸 후 이것만으로는 부족하다 느껴 26일에 또 1환을 보내었으니 그 부인의 애국사상은 참으로 남자들도 본받을만 하였다고 한다. 평안남도 안주군의 박나손(朴羅孫)씨의 모친은 과부로 지내며 가세가 빈한함에도 불구하고 엽전 300냥을 출연하였다.

경주군 국채보상부인회 총무 이진사 부실(첩) 문국향(文菊香)씨가 그 회의 총대로서 수합한 금액을 본사에 보내고, 보조금 5환을 기부하였으니, 이회의 여러 부인들의 열성적으로 애국하심을 가히 사람들을 감탄케 하여 전국 동포가 본받을만 하였다.

창원 서상동에 거주하는 과부 정씨가 일찍이 남편을 사별하고 당초부터 자녀없이 근근히 살아왔는데, 국채보상에 대하여 감탄을 하며 눈물을 흘리며 이르기를, "내가 비록 여자이지만 백여 년을 양육을 받아 온 존재로서 은가락지 1쌍을 의연소로 보내니 만분의 일이라도 보태라" 하였다.

대구 남산 국채보상부인회 회장 서주원(徐周元)씨는 대한협회 대구지회 활동을 하던 이면주씨의 부인으로 마을마다 두루 돌며 집집마다 설득하였는데, 그곳 부인들의 애국 정성이 감동적으로 일어나 각각 그 패물을 다투어 의연금으로 내었고, 부회장 구연승씨의 부인도 적극 동참한다고 하였다. 서주원은 국채보상운동에 이어 대구애국부인회 회장을 맡는 등 여성조직활동, 교육운동, 청년운동 등 다방면에 관심을 가지고 활동을 했다.

함평군 의관 김창태(金昌泰)씨의 처 박씨가 남편의 억울함을 풀기 위해 아들 상규 형제와 함께 상경하여 법사(法司)에 읍소하여 다행히 오명을 풀고 국채보상에 대한 소문을 듣고 먼길 여비 중 12원을 세 모자가 각각 출연하였다.

선산군 망장면에 거주하는 전 정언(正言) 강시갑(康始甲)씨의 부인 강씨(姜氏)가 그 군의 국채회로 은비녀, 은가락지 각 1건과 엽전 10냥을 의연하였으니, 지역 내에서 부인의 의연금 납부는 강씨가 처음이라 하였다.

평양에 거주하는 故 양진사(楊進士)의 부인 이씨는 연로하여 이미 머리가 하얗게 세었음에도 불구하고 항상 "국가의 의무를 부담하는 일에는 남녀의 구분이 없다"고 하더니, 이번 국채보상의 이야기를 듣고 지화 50원을 의연금으로 내었고, 부인들에게 간절히 권면하여 은반지, 금비녀로 의연금을 보태는 자들이 끊임없이 이어졌다고 한다.

가난한 과부 예수교 교도가 의연금을 낸 경우도 있다. 황해도 철산읍의 예수교 교도 정반석(鄭磐石)은 송곳 꽂을 땅도 없고 다만 딸 하나만 데리고 10원짜리 셋방에 거주하는 가난한 과부임에도 불구하고 국채보상을 위해 의연금 현금 1원을 그 읍에서 발기한 국채보상연조모집소에 납부하였다.

곗돈을 타서 출연하기도 했다. 서울 다동에 사는 김창일씨의 부인 정씨가 국채보상의 일에 대하여 계를 넣어 탄 돈 신화 20원을 출의하였고, 그 집에 우거하는 안씨부인(과부)과 홍씨 부인(과부)이 각각 60전씩 내어 기성회에 기부하였다.

관료부인도 의연모금에 동참하였다. 종2품 원세성씨의 부인 남궁씨가 국채보상의 일을 위해 신화 30전을 마련하여 농포동 지사에 납부하였으며, 전 찬정 김사준씨의 모친 이씨가 국채보상의 일을 위하여 대관가에서 의연금을 내는 것이 없음을 개탄하면서 기채(起債:나라에서 발행한 공채)를 전당 잡혀서 신화 2원을 기성회로 보내었다.

평양에 거주하는 임기반(林基磐)씨는 지극히 가난한 선비인데, 이번 국채보상회를 조직할 때 대세를 일장연설한 후에 개탄하며 이르기를, "나는 식구가 일곱이라 각각 1원씩 출연하여 이천만 동포 중 한 사람으로서의 의무를 감당하노라"하고 귀가하여 부인에게 그 경위를 이야기하자 부인 최신실(崔信實)씨가 정색하며 이르기를, "국가에 대한 생각과 하늘이 준 자유는 사람이라면 모두에게 있는 것이라, 이러한 의무는 나도 마땅히 행하여야 할 것이라."하고 시집올 때 가져온 상자에서 은장도 1개를 바로 꺼내어 의연하였다.

참장(參將) 신태휴(申泰休)씨가 정조(正租) 1백석, 자신과 부인이 사용하던 은수저 각 1점씩, 은제 다기 1개 및 은 스푼 1개를 국채보상기성회로 보내었으니, 자신들이 일상적으로 사용하던 기물을 출연하여 보탬은 족히 인심을 고동치게 하며 일반인들이 물질을 아까워하는 마음들을 부끄럽게 할 만하였다.

평양에 사는 과부 임소사(林召史)가 그곳 국채보상회 앞으로 일금 3원을 의연하고 부친 서신에, "비록 아녀자의 몸이지만 국민인 것은 한가지인지라 물방울이나 티끌과 같이 아주 적은 정성으로 3원의 돈을 삼가 올리오니 물리치지 않으시기를 엎드려 바랍니다"라고 하였다.

남의 집에서 먹고 자고 집안일을 도와주는 부인도 의연하였다. 서울 이동(履洞)에 사는 전 참봉 박수봉(朴秀鳳)씨 집에서 먹고 자며 집안 일을 도와주는 일을 하는 곽씨 부인은 신화 50전을 모아 기성회로 보내었다.

충청북도 음성군 금목면 무극리에 사는 일반 신사(紳士)들이 국채보상금 모집에 대하여 의연한 금액이 한화 179원 40전이고, 은비녀 1개가 추가되었으며, 또 부인 20명이 출연한 용잠 1개, 은가락지 8개, 국화잠 1개 및 가락지 판돈 15원 20전이 본사에 들어와, 기성회수금소에 보내게 하였으니, 해당군의 남녀 사람들의 애국하는 한결같이 의로운 출연은 과연 세계상 드문일이라 하였다.

부인회를 설립하여 열심히 의연금을 모은 경우도 있다. 제주군에 사는 전위원 김수석씨의 부인 백씨와 그 군의 검사 최원순씨의 모친 배씨와 조래승의 모친 강씨와 김홍석의 모친 김씨 등 여러 부인이 국채보상부인의성회를 설립하고 열심히 수금하였으니, 강직명료한 취지와 굳고 강한 정성스런 마음이 남자보다 백번 낫다고 하였다. 창원항 이개동(李開東)의 모친인 부인 김씨, 옥순직(玉舜職)의 모친인 부인 김씨, 이종태(李鍾台)의 모친인 부인 김씨, 박대견(朴大見)의 모친인 부인 김씨 등 4인이 이번 국채보상에 대하여 먼저 발기를 제창하면서 부인회를 설립하고 마을마다 돌면서 만나는 사람들마다 설득하고 집집마다 찾아가 연설하여 몽매하고 우둔한 부녀라도 그 마음을 움직이게 하여 우선 모은 의연금 67원 70권을 보내었으니 그 애국의 열성을 사람들 모두가 찬송하였다. 진천군 광혜원(廣惠院)의 유지 부인들이 이번 국채보상에 대하여 발기하기를, 비록 부인이라도 이 사건에 침묵할 수 없다고 하며 국채보상회를 조직하고 의연금을 모집하였는데, 특히 은가락지나 은비녀를 힘닿는 대로 의연하는 부인들이 많이 있었다.

온 가족이 패물과 의연금을 내기도 하였다. 충청도 직산군 사람들이 국채보상에 대하여 앞다투어 의연을 하는데, 성환의 학소동에 거주하는 최두경씨는 가계가 넉넉하지 못하여 간신히 살아가고 있던 중에도 집을 내다 팔아 50환을 의연에 보태었고, 그 아들 어린 성학은 2환, 그 부인 서씨는 은가락지 2냥 5전 중 한 쌍, 그의 장모 이씨는 은비녀 1냥 2전 중 하나를 내었다고 한다. 전 주사(前主事) 한백우(韓百祐)씨의 온 집안 사람들이 국채보상금을 각출하였는데, 한씨의 모친이 1환, 한씨가 2환, 그의 부인이 1환, 큰 아들 봉택(鳳澤)의 내외가 각각 50전, 둘째 아들 구택(龜澤)과 셋째 아들 영택(靈澤)이 각자 50전을 내었다.

2) 삭발하거나 옷을 팔아 의연

패물이나 재산이 없는 가난한 여인들은 자신의 머리카락까지 삭발하여 국채보상운동에 참여하는 모습을 보였다.

충청남도 아산군에 사는 노동자 안봉삼(安鳳三)씨는 국채보상에 동참하려고 임금 중 80전을 모아 부인에게 맡겼다. 그런데 올해 나이 22세인 부인은 맡긴 돈보다 더 많은 2환을 건네주었다. 안봉삼씨는 지극히 가난한 우리 집 형편에 이런 돈이 어떻게 나온 것인지 의심과 분노를 이기지 못하고 주먹으로 부인을 구타하였다. 그러나 머리채를 잡고 보니, 머리카락을 모두 자르고 약간 남긴 머리카락으로 그 잘라낸 흔적을 가리고 검은 끈으로 머리카락을 움켜 비녀를 꽂은 상태였다. 부인은 말하기를 "당신과 내가 일반 다르지 않은 사람인데, 당신은 출연하는데 나는 낼 것이 없기에 부득이 머리카락을 잘라 월자 두 개를 만들어 이웃집에 팔아서 의연금에 보태려 하였다"하니, 이웃에서 이 부인의 충성 애국을 하려는 숭고한 뜻을 흠모 탄복하였다.

함경남도 영흥군에 사는 김원극(金源極)씨의 부인 엄씨는 자신의 머리카락을 잘라 팔아 본사로 1환을 보내었고, 황해도 해주 북문에 사는 과부 고씨의 19세된 딸도 머리카락을 판 60전을 단연동성회(斷烟同聲會)로 보내었다.

서울 하교동(河橋洞) 정규명씨의 부인 박씨가 의복을 전당 잡히고 40전을 갖고 와서 납부하였다. 제주군 건입리에 사는 신서봉(申瑞鳳)의 처 홍씨는 수년간 과부로 지내면서 형편이 넉넉하지 않음에도 불구하고 국채보상에 대한 이야기를 듣고서 감동하여 애국을 하려는 정성스런 마음이 일어나 자금이 없는 가운데서도 옷을 짓고 면과 비단을 팔아 번 돈 12원 중에 10원을 본리의 국채보상기성회로 보내고, 2원은 삼도리부인회사로 송부하였다.

3) 바느질로 번 돈이나 빨래 품삯으로 의연

열녀나 과부 등은 형편이 넉넉하지 않음에도 바느질이나 빨래 품삯을 모아 의연하였다. 열녀로서 의연금을 낸 사례로 함경남도 함흥군에 사는 김석인씨는 서점영업을 하였는데, 서점으로 2원 50전을, 창흥사(彰興社)로 3원을 내었다. 형수 최씨는 열녀로 알려져 있었는데, 판서 서정순(徐正淳)씨가

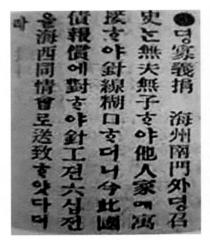

과부 정씨의 바느질로 번 돈 의연
ⓒ『대한매일신보』1907년 4월 27일 1면

과부 이씨의 빨래 품삯 의연
ⓒ『대한매일신보』1907년 4월 27일 1면

관찰사로 있을 때 그녀의 열녀 행적을 표창하여 기린 일이 있었다. 그녀는 바느질로 번 돈 10원을 소중한 일에 쓰기 위해 시동생에게 맡겨두었던 것을 국채보상이 막중한 의무라 하여 이에 의연금으로 내었고, 그 아들 세봉(世鳳)씨도 50전, 석인씨의 9세된 아들도 30전을 내었다.

황해도 해주읍 남문 밖에 거주하는 과부 이씨는 홀로 다섯 살 된 딸을 데리고 다른 사람 집에서 품을 팔며 생계를 이어가고 있었는데, 이번 국채보상을 위해 네 번의 빨래 품삯 60전을 받아 해서동정회(海西同情會)에 납부하였다.

서울 대안동에 사는 강소사(康召史)는 의탁할 곳도 집도 없어서 어느 관리의 집 내방에서 기숙하는 처지에 금번 국채보상에 대하여 품삯으로 번 돈 한화 4원을 의연금으로 내어 놓았다. 황해도 해주 남문 밖에 거주하는 과부 정씨는 남편도 자식도 없이 다른 사람 집에 의탁하여 바느질로 살아가고 있었는데, 이번 국채보상에 대하여 바느질하여 번 돈 60전을 해서동정회로 보내었다. 서울 묘동에 사는 과부 김씨는 나이 30의 혈혈단신 과부로 지내며 바느질로 생업을 꾸려가고 있었는데, 국채보상의 일을 위하여 자기가 가진 은가락지를 신화 2원으로 전당 잡혀서 농포동 본사 지사의 직원 정우택(鄭禹澤)씨에게 납부하였다. 서울 남서 초동 전직 교관(教官) 박광선(朴光善)씨 부인 조씨는 바느질 삯 25전을 보내어 왔고, 김치홍(金致弘)의 14세 된 딸이 바느질을 하여 모은 1원을 보냈다.

와병 중에도 의연금을 출연한 경우도 있다. 인천항 역현(曆峴)에 거주하는 전 교관(教官) 김종대(金鍾大)씨의 모친 허씨는 여러 달 동안 병으로 신음하고 있던 중에 국채보상의 일을 듣고 바늘을 판돈 1원을 출연(出捐)하였다.

경기도 양근 남종면 분원동에 사는 류소사(柳召史), 염소사(廉召史) 두 부인(과부)은 바느질해서 번 돈으로 근근이 생계를 꾸려가고 있는데도 그 가난함을 돌아보지 않고 앞장서서 의연금을 냄으로써 같은 마을 사람들이 다투어 서로 의연금을 모아 하루 밤 사이에 395원 55전을 얻었는데, 이로 인해 동임(洞任) 이종호(李鐘浩)씨와 이장(里長) 정은한(鄭殷漢), 우상각 2인을 총대(總代)로 파송하여 상기 금액을 기성회로 납부하였다.

부산항 수정리의 박춘필(朴春必)의 여동생은 무게 8전 중의 은비녀를, 시종 김씨의 부인 김씨도 무게 9전 25중의 은가락지를 본 지사에 보냈고, 함께 동참했던 전주여(田周汝)의 부인 오씨가 40전을 보내었다.

4) 시장에서 장사하거나 술을 팔아 번 돈을 의연

시장에서 장사하거나 술을 파는 여인들은 자신이 번 돈을 보태어 의연하였다. 평양에서 국채보상회를 조직할 때에 술집 여인 31인이 의연금 32원을 거두어 보냈는데, 모든 사람이 박수갈채를 보냈다. 서울 중서의 동곡에 사는 과부 서씨 부인이 술을 팔아 살아가던 중, 애국을 위한 성심이 지극하여 술을 판 돈 신화 30전을 대안동부인회로 공함을 통하여 보내었다. 함경남도 단천군의 부인 신씨는 과부로서 술을 팔아 업으로 삼고 있었는데도 10

환을 보태었다.

1907년 2월 21일 대구의 서문시장 안쪽 북후정에서 대구군민대회를 개최하였는데, 이때 시장에 나온 콩나물 파는 여인네, 술과 떡을 팔고 다니는 시골의 노파 등이 국채보상을 위해 모두 5~60전, 1~2원을 내며 다투어 모금에 참여하였다. 이에 선비들도 모퉁이에 앉아서 보기만 할 수 없어서 공론이 크게 일어나 특별히 의연금을 내었다. 경주군 강동면 김갑의 처는 떡 판 돈 10냥, 강서면 여복(女卜: 여자 점쟁이) 정씨는 점쳐서 번 돈 2원, 내동면 구황리 한성문의 처 이씨는 은가락지 1개를 마련하였다.

평안남도 삼화항 비석동의 예수교 신자들이 국채보상을 위하여 우선 부인들 차원에서 충성심이 격렬히 일어나 패물들을 내다 팔거나, 혹은 밥솥과 식기, 머리카락 등을 팔거나, 혹은 바느질이나 빨래 일을 품을 팔아 다투어 의연금을 내었는데 현금이 30여 원에 달하였다.

5) 절미, 감찬 등을 하여 의연

절미(節米)는 아침저녁으로 매 식구당 한 술씩 떠서 모은 것이었다. 적성회(積誠會)라는 명칭은 쌀 한 술씩 모을 때마다 국채 갚기를 생각하며 국권 회복하기를 축수하고 정성을 쌓자는 뜻으로 이루어진 것이라고 한다.

절미 감찬형 단체로는 인천 국미적성회(掬米積誠會), 부인감찬회, 부산항좌천리감선의연부인회 등이 있다. 인천에서 기독교 부인들이 중심이 되어 조직한 국미적성회의 경우는 활동방법, 추진내용, 실제적 효과 등이 확실하게 나타나는 가장 대표적이고 모범적인 여성단체였다.

이낙용(李洛用)씨의 부실(副室) 김일당(金一堂)과 최영년(崔永年)씨의 부실 김석자(金石子)와 이호백(李鎬百)씨의 부실 박회당(朴悔堂) 세 사람이 매일 조석반(朝夕飯)을 반으로 줄여 국채보상 의연금으로 내기 위해서 '부인감찬회(減餐會)'를 특별히 결성하였다. 부인 김일당, 김석자 두 사람은 의연금과 함께 부인들에게 참여를 권고하는 '부인감찬회' 경고문 500장과 영수증 3책을 황성신문사에 직접 전달했다. 경고문은 신문을배포할 때 1장씩 끼워 함께 전달하게 하였으며, 영수증은 의연금을 내는 부인에게만 발급하도록 하였다. 〈만세보〉, 〈황성신문〉에서는 부인들의 감찬이 남자들의 흡연을 단절하는 일보다 더 실천하기 어렵고 인내가 필요하다는 점에서 부인들의 애국심과 과단성을 높이 평가하였다.

제주 함덕촌에 거주하는 김자건(金子健)의 모친 한씨가 젊어서 과부가 되어 지내어 올해 나이 70세인데, 국채 보상에 대하여 감동하여 정성스런 마음이 일어나 지화 1원을 먼저 내고 가가호호에 설득하여 말하기를, "무릇 우리 부인들도 쌀을 아껴서 국채를 줄이는데 만분의 일이라도 보태자"라고 권고하였다. 일두(一蠹) 정여창(鄭汝昌, 1450~1504)의 후손이며 도사(都事, 종5품) 이현규(李鉉奎)의 어머니인 정씨 부인은 가문 내 부녀들을 모아 식량을 절약해 의연금을 내기도 하였다. 도사(都事) 이현규씨의 모친 하동 정씨는 연안이씨(延安李氏) 충강공(忠剛公) 이술원(李述源, 1677~1728)에게 시집 와서 본래부터 그 절조가 매우 높아 이웃 마을에서 모두 칭송하였다. 아들 넷이 모두 관직에 있어 나라의 은혜를 입었는데, 매일 아침 자손들에게 〈대한매일신보〉를 읽게하여 그 내용을 듣더니, 이번 국채보상의 일에 대하여 접하고 가문 내 부녀들을 모아 식량을 절약하여 의연금을 내도록 하여 내외 일족이 모두 하나로 협의하여 각각 의연금을 내어 보태었다 한다. 이 외에도 모자, 모녀, 부녀, 부부가 함께 의연하기도 하였다.

요컨대 부인들은 구한말 가부장제 사회에서 국난 앞에 남녀가 어찌 따로 있겠냐며 자발적으로 국채보상운동에 적극적으로 참여하였다. 의연에 참가한 여성들은 신분과 연령이 다양했으며, 특히 과부와 가난한 부인들이 적극적으로 참여했음을 알 수 있다. 전국적으로 여성 국채보상운동단체를 결성하여 참여하거나, 또는 개별적으로 자신의 은비녀, 은가락지 등 패물을 팔아 돈을 만들고, 머리카락을 팔거나 바느질하여 번 돈, 빨래 품삯 등을 동원하거나, 쌀을 절약하고 반찬 가짓수를 줄이며 활발히 참여하였다. 참고로 당시 질이 좋은 상급 쌀 한 말의 가격이 1원 15전, 한 달 담배값이 20전, 집 한채 값이 100원이었다고 한다.

3. 국채보상운동에 참여한 여성단체의 활동

여성들은 나라의 빚을 갚기 위해 각종 단체를 만들어 의연활동에 참여함으로써 국채보상운동에 중요한 역할을 하였다.

여성의 국채보상운동은 대구에서 처음으로 시작되었다. 대구 남일동 부인 7명이 패물폐지부인회를 조직한 것을 시작으로 서울 대안동국채보상부인회, 인천 국미적성회, 김포군 검단면 국채보상의무소, 안성군 국채보상부인회, 남양군 부인의성회, 충청도 진천군 국채보상부인회, 음성군 패물폐지부인회, 전라도 금산 봉황정부인회, 부산좌천리감선의연부인회, 평안남도 삼화항 패물폐지부인회, 안악군 국채보상탈환회 등 전국적으로 28개의 여성단체가 조직되었다. 여기서는 대구 남일동패물폐지부인회와 서울 대안동국채보상부인회 그리고 평안남도 삼화항패물폐지부인회의 활동에 대해서 살펴보기로 한다.

1) 대구 남일동 패물폐지부인회

부인들의 국채보상운동 역시 대구에서 시작되었다. 1907년 2월 21일 대구 단연회가 북후정에서 국채보상모금을 위한 군민대회를 개최했는데, 떡장사를 하는 노파들, 짚신 장사, 콩나물 장사, 술장사 등이 50~60전부터 1, 2원씩 의연금을 내기 시작했다. 이틀 후인 1907년 2월 23일(음 1월 11일) 대구 진골목에서 남일동 부인 7명은 국채를 갚기 위해 자신의 은가락지, 은장

대구 남일동 7부인회 국채보상 취지서
ⓒ『대한매일신보』1907년 3월 8일 3면

도, 은가지, 은연화(은담뱃대) 등 총 13냥 8돈의 은패물을 내어놓으면서 남일동패물폐지부인회를 조직하고 순한글 취지서 '경고 아 부인동포라'(삼가 우리 부인 동포에게 알리노라)를 발표하였다. 이 취지문은 그해 3월 8일자 『대한매일신보』에 실렸다. 취지문은 다음과 같다.

경고(警告) 아(我) 부인동포라

우리가 함께 여자의 몸으로 규문(閨門)에 있으면서 삼종지도(三從之道)로서 간섭할 일이 없지만, 나라 위하는 마음과 백성된 도리에 어찌 남녀가 다를 수 있겠습니까? 듣사하니 국채를 갚으려고 2천만 동포들이 석 달 동안 담배를 끊고 그 돈을 모은다고 하니, 사람으로 하여금 흥기하도록 하고 앞길이 아름다운 일입니다. 그렇지만 부인들은 의논하지 않는다고 하니, 대저 여자는 나라의 백성이 아니고 군주의 교화를 받은 사람도 아닙니까? 우리들은 여자의 처지로 몸에 지니고 있는 것이라고는 다만 패물뿐입니다. 태산이 작은 흙덩이를 사양치 않고 바다가 작은 물줄기를 사양치 않아서 작은 것으로 큰 것을 도와서 이룹니다. 그러므로 뜻있는 부인동포들은 많고 적음에 구애됨이 없이 진심으로 의연금을 내어서 국채를 완전히 보상한다면 천만다행이겠습니다.

정미년(1907) 정월 11일

발기인 대구 동상 남일동

정운갑 모 서씨 은가락지 한 벌 두 낭쭝

서병규 처 정씨 은장도 한 개 두 낭쭝

정운화 처 김씨 은가락지 한 벌 한 냥 두 돈쭝

서학균 처 정씨 은가락지 한 벌 두 냥 쭝

서석균 처 최씨 은가락지 한 벌 한 냥 오 돈쭝

서덕균 처 이씨 은가락지 한 벌 두냥 오 돈쭝

김수원 처 배씨 은가지 세 개 은연화 한 개 두냥 아홉 돈쭝

남일동 7명의 부인은 취지문을 통해 나라 위하는 마음과 백성된 도리는 남녀가 다르지 않다고 밝힘으로써 나라 빚을 갚는데 여자들도 동참하겠다는 선언을 한 것이다. 남일동패물폐지부인회의 취지문과 패물 의연은 당시 여성들에게 큰 호응을 불러일으켜 전국적으로 여성 국채보상운동단체들을 결성하게 되었다

대구 남일동 부인 7명이 조직한 남일동패물폐지부인회는 국채보상운동이 발의되자마자 여성들이 참여하여 조직한 최초의 의연금 모집단체이다. 그리고 첫 번째의 패물의연 단체로 중요한 의미를 갖는다. 대구 남일동 패물폐지부인회의 조직은 국채보상운동에 남자들이 여성을 논외로 하고있는 데에 격분해 전국 여성을 향해 분발하여 일어날 것을 촉구하는 격문에서 비롯된 것이다. 강한 국권회복의식과 남녀동권의식이 함께 하고 있었다. 이 여성단체를 시작으로 전국적으로 28개의 여성단체와 19개 준여성단체가 조직되었다

관련하여 2006년 2월에 국채보상운동기념공원 내 여성기념비 제막이 있었다. 높이 290cm, 가로 190cm의 쌍가락지 형상의 국채보상운동여성기념비가 세워졌다. 건립문에는 남일동 폐물폐지부인회의 〈경고 아 부인동포라〉라는

국채보상운동 여성기념비
(출처: 저자 촬영)

역사적인 격문과 전국 28개 여성국채보상운동단체의 이름이 돌에 새겨져 있다.

2015년에 대구여성가족재단(대표 정일선)에서는 국채보상운동의 첫 여성조직인 남일동패물폐지부인회의 7부인 이름 찾기 사업을 전개하여 그 이름을 찾는데 성공하였다. 정운갑의 어머니 서씨(서채봉), 서병규의 처 정씨(정경주), 정운화의 처 김씨(김달준), 서학균의 처 정씨(정말경), 서석균의 처 최씨(최실경), 서덕균의 처 이씨(이덕수), 김수원의 처 배씨가 그들이다. 여기서 서학균, 서석균, 서덕균은 서병규와 정경주 부부의 세 아들이라는 점이 확인되었다. 정경주(1866~1945)는 남일동 패물폐지부인회의 중심인물임을 짐작할 수 있다. 정운갑과 정운화는 정경주의 동생으로, 정운갑은 큰아버지인 정봉원의 양자로 입적되었다. 정경주의 세 명의 며느리 정말경, 최실경, 이덕수가 남일동 패물폐지부인회에 참가하였다. 정경주, 서채봉(1859~1936), 김달준(1877~1956), 정말경(1881~1932), 최실경(1888~1965), 이덕수(1889~1955) 이들은 나라가 위기에 처하자 국민으로서 남성과 동등하게 국채보상운동에 참여하였던 것이다.

최근까지 지역 내에서 여성 국채보상운동을 알리는 행사가 이루어지고 있다. 2021년 11월 17일에는 남일동 패물폐지부인회 7부인 중 한분이신 서병규의 처 정경주 여사의 외손녀 김영주 계명문화대학교 명예교수가 "외할

머니 정경주 여사에 대한 회고"라는 주제로 특강을 하였다. 2018년 11월 22
일 (사)국채보상운동기념사업회는 대구여성가족재단과 함께 대구여성가족
재단 대회의실에서 국채보상운동기록물 유네스코 세계기록유산 등재 1주
년 기념 여성 국채보상운동 세미나 "- 여성, 세상으로 나오다 -"를 개최하였
다. 먼저 남일동패물폐지부인회 후손에게 감사패를 전달하고 이후 기념공
연 연극 '경고 아 부인동포라'와 박용옥 전 성신여대 교수의 기조강연이 있
었다.

2) 서울 대안동 국채보상부인회

서울에서는 대안동국채보상부인회, 부인감찬회, 국채보상여자의성회,
경기도 지역에서는 인천 국미적성회, 김포 검단면 국채보상의무소, 안성군
국채보상부인회, 남양군 부인의성회 등이 조직되었다.

대안동국채보상부인회는 서울 북촌의 양반가 부인들이 대안동 故 판서
김규홍(金奎弘)의 집에 국채보상부인회 사무소(대안동 사무소 14통 4호)를
설치해서 1907년 3월 초에 발기, 조직했다. 발기인은 김규홍의 부인 신소당
(申蕭堂) 등 11인(이씨, 송씨, 김씨, 박씨, 계씨, 염씨, 한씨, 정씨, 신씨, 오씨,
윤씨 등)이며, 신소당이 핵심인물로 이 부인회를 이끌어나갔다. 신소당은
민족교육을 위해 사재를 털어 광동학교를 설립하고 교장직을 맡았으며 후
진교육에 헌신한 선각적인 여류교육자였다. 또 1906년에는 진명부인회를
조직해 여성계몽 교육에도 힘썼다. 국채보상연합회의소 의장 이준(李儁)의
부인 이일정(李一貞)도 회원으로 참여했다. 그리고 국채보상부인회에서는
독립운동가 이준을 초청해서 강연을 들었다.

국채보상부인회에서는 『대한매일신보』 3월 15일자에 '국채보상부인회
취지서'를 발표하였다. 취지서 전문을 보면 다음과 같다.

대저 국채로 인하여 나라가 태평하지 못한데, 아녀자도 나라의 은혜를 입었으니 나라를 사랑하는 마음이 없으면 백성의 도리가 아닙니다. 그러므로 여자들도 참여 하려고 마음과 힘을 모았습니다. 본회에서 의연금을 내는 부인에게는 본회의 회원으로 책자 기록에 올리고 성명과 금액을 신문에 공포하겠으니 전국 동포 부인들은 살펴주십시오.

광무(光武) 11년 정미(丁未, 1907) 정월(正月) 일

대안동 사무소 14통 4호

발기인

이씨, 송씨, 김씨, 박씨, 계씨, 염씨, 한씨, 정씨, 신씨, 오씨, 윤씨 등

국채보상부인회의 취지서를 통해 ①여성들도 신민의 일원으로 국가의 은혜를 입었으므로 나라가 위기에 처했을 때 여성들도 나라를 구해야 한다는 것, ②국채보상부인회에 의연금을 내는 부인은 신분고하를 막론하고 모두 국채보상부인회 회원으로 간주하여, 의연하는 여성들의 이름과 금액을 신문에 공지하겠다는 것, ③전국 부인들의 국채보상운동 참여를 촉구하였음을 알 수 있다.

이 부인회는 주로 현금을 중심으로 국채보상운동을 전개했다. 대안동 국채보상부인회에서 여러 부인이 의연금을 냈는데, 일례로 김태선씨는 구화 1원, 이종석씨는 구화 4원, 박용남씨는 신화 1원, 맹현 최소사(과부)는 신화 20전, 해주 의관 김기현씨 부인 고씨는 신화 2원, 송광선의 모친 팔십 노인이 신화 20전, 중다동 각감 안영석씨 부인 강씨는 신화 2원을 냈다. 1907년 3월에 창립한 뒤 그 해 11월까지 7회에 걸쳐 299명으로부터 현금 141원 10전, 은 4냥쭝을 모아 『대한매일신보』로 보내는 성과를 거두었다.

대안동국채보상부인회는 특히 지방조직의 호응을 크게 받았다. 진주에서는 퇴기 부용이 중심이 되어 조직된 '애국부인회'가 서울의 '대안동부인

회'와 연결되어 기생중심의 활발한 여성국채보상운동을 전개하였다. 신소당은 진주 기생 부용을 형이라고 칭하면서 진주에서 국채보상 애국부인회를 조직한 부용에게 사례서(감사편지)를 보냈다. 강화군 길상면 초지동에 사는 전 의관 민준식의 부인 장씨는 대안동부인회에 신화 12원을 의연금으로 보내자 부인회에서는 장씨의 성심을 칭송하고 강화에 부인회 설립을 촉구하는 공함을 보내기도 하였다. 경기도 영평군(오늘날 포천시) 지역 30여 명 여성들은 수합한 의연금을 국채보상부인회로 송금하기도 했다.

이처럼 신씨는 진주와 강화 등 지방의 국채보상부인회를 지부로 삼아 국채보상운동을 지방으로 확산시키려고 노력하였음을 알 수 있다.

3) 평안남도 삼화항 패물폐지부인회

평안남도 삼화항(오늘날 진남포)은 근대교육과 상업의 중심지였으며, 평안도지역에서 부인국채보상운동이 가장 조직적이고 의욕적으로 출발된 곳이었다.

삼화항패물폐지부인회는 삼화항에서 1907년 3월 14일에 김경시 부인 김씨, 정익홍 부인 김씨, 백우행 부인 이씨, 임봉취 어머니 고씨, 김봉판 어머니 차씨, 안석조 부인 김씨, 박제상의 부인, 김인욱 어머니 조씨 등이 발기, 조직했다. 이 부인회는 발기 당일부터 150냥의 의연금이 모여 큰 호응 속에서 출발했다. 『대한매일신보』 1907년 5월 29일자 광고에는 "안중근 자친 은지환 두쌍 녁량닷돈중은 아직 팔리지 못하였음. 은투호 2개, 은장도 1개, 은귀이개 2개, 은가지 3개, 은부전 2개 등 합은 십 종 녁 량 닷 돈 중 대금 20원"이라고 보도하였다.

'삼화항 패물폐지부인회' 취지서 내용을 요약해 보면 다음과 같다.

① 국채를 상환하는 데 있어서 남녀노소를 막론하고 국민이면 자주적인 독립국가를 이루는 것은 국민의 의무이며, 여성도 국민으로서 국채를 갚을

의무를 가지고 있다고 강조하였다.

② 2천만 중 1천만이 여성으로, 여성들이 가지고 있는 은 금 패물을 의연하면 3천만 원 정도가 되어 충분히 국채를 갚을 수가 있다고 하였다.

③ 패물의연을 금전으로 교환하여 1,000만 원으로 국채를 갚은 후 1,000만 원으로 은행을 설립하고 1,000만 원으로 학교를 설립하여 나라를 부강하게 할 수 있다고 보았다.

④ 금전으로 국채를 상환하면 화폐 부족의 문제가 생겨날 수 있음을 우려하여 은, 금 등의 패물로도 돕는 것이 좋다고 하였다.

⑤ 나라의 은혜가 끝이 없음을 인지하고, 패물은 본래 태어날 때 가져온 것도 아니며 강토에 있는 물건이니, 강토가 없으면 패물도 아무 소용이 없음을 강조하였다.

⑥ 한 푼 이자도 만들지 못하는 패물을 국채상환에 보탤 것을 언급하였다.

⑦ 패물폐지회에 적극 참여하고 국채상환을 하여 가정과 나라가 태평세월을 구가할 수 있도록 국채보상운동에 적극 동참할 것을 다시 한번 천명하고 있다.

따라서 '삼화항패물폐지부인회'의 큰 특징은 패물의연으로 국채청산은 물론이고, 은행과 학교를 설립하여 국가의 부강을 도모할 수 있다는 것이다. 특히 금전으로 국채를 상환하면 화폐부족의 문제가 생겨날 수 있음을 우려하고 있다.

'삼화항 패물폐지부인회' 취지서는 타 여성단체보다 그 내용이 구체적이고 방대할 뿐만 아니라 강력한 규칙도 제정하였다. 10개의 시행규칙 중에는 "본 회원은 이제부터 금은보석과 패물을 일체 사용하지 말 것, 본 회원이 금은보석과 패물을 차고 다니다가 발견되면 벌금 10원을 받아서 국채를 보상하고 내는 사람의 성명을 신문에 공포할 것"이라고 하여 패물 착용자에게 벌금을 과하는 강력한 시행규칙까지 정했다.

2023년도 국채보상운동 나눔과 책임 시민아카데미(2023.5.2.)
앞줄에서 두 번째가 필자

한편 안중근 의사도 관서지방을 중심으로 국채보상운동에 적극 동참하였다. 안중근 의사는 가족들에게 국채보상운동의 취지를 설명하였다. 그리고 가족의 지원과 참여가 있어야 국채보상운동이 성공할 수 있으며, 일제의 경제적 침략에서 벗어날 수 있다고 하였다. 이에 모친 조마리아 여사와 부인은 물론 두 제수까지도 주저하지 않고 은가락지와 은투호, 은장도 등의 패물을 흔쾌히 의연하였다. 조마리아 여사는 '삼화항패물폐지부인회'를 통하여 국채보상운동에 적극 참여하였음을 알 수 있다.

4. 나가며

부인의 국채보상운동 참여는 한국 근대 여성 운동사에 있어 중요한 역사적 의미를 보여준다. 1907년 국채보상운동에 참여한 부인들은 여자도 국가구성원이므로 국민된 의무로 참여한다는 확고한 남녀평등정신을 강조하였다. 즉 우리나라 남녀동등권 획득의 중요한 사건이라고 할 수 있으며, 나라사랑에는 남녀의 구별이 있을 수 없고 여성이 사회활동에 참여하는 계기가 되었다.

여성 또한 국민으로 구국에는 남녀 차별, 지방 차별, 신분 직업의 차별도 없다는 국민평등의식을 확고히 갖고 나라 빚을 갚고자 국채보상운동에 자발적이고 적극적으로 참여와 활동을 하였다. 국채보상운동에서의 남녀평등적인 여성의 사회 참여는 여성의 3·1만세운동 참여로 이어지는 한국근대여성운동사에 중요한 역사적 의미를 갖는 것이다.

대구에서의 남일동패물폐지부인회 결성을 시작으로 서울 대안동국채보상부인회와 부인감찬회. 부산항좌천리감선부인의연회. 평안남도 삼화항패물폐지부인회 등 전국적으로 28개 여성단체를 만들어 현금, 패물, 삭발, 바느질, 절미, 감찬 등으로 의연 활동에 적극적으로 참여하였다. 이와 같은 부인들의 활발한 참여는 온 집안 식구들이 참여하는 계기가 되었다.

(사)국채보상운동기념사업회 시민아카데미, 2023. 5. 2)

국채보상운동
의연 · 미담 이야기

　국채보상운동은 주지하다시피 일본에서 도입한 차관 1,300만 원을 갚기 위하여 1907년 2월 21일 대구에서 시작된 전국민적 애국모금운동이다. 곧 전국적으로 확산되어 남녀노소, 신분고하를 막론하여 다양한 계층이 금연, 금주, 패물, 현금, 반찬 줄이기 등을 통해 나라의 빚 갚기에 동참하였다. 대구에는 국채보상수합사무소, 서울에는 의연금 수전소 등 전국 방방곡곡에 국채보상회가 설립되고 의연금을 모금하는 국채보상의연금 수합소가 생겨났다.

　한편『대한매일신보』,『황성신문』,『만세보』,『제국신문』등 민족언론기관들은 각 지방의 모금상황 및 취지서 등을 보도할 뿐만 아니라 의연자 명단 및 납부금액, 사연을 싣는 등의 캠페인을 벌임으로써 국채보상운동은 전국적으로 들불처럼 번져 나갔다. 국채보상운동이 점차 확산되자 정부의 고관이나 부유층보다 오히려 일반 서민층이나 불우한 사람들이 앞다투어 참여하였다.

　더구나 정부가 아닌 민간에서 참여가 활발하였는데, 그 직업군도 다양했다. 지식인, 민족 자본가, 언론인, 전직 관료, 유생, 부인, 과부, 첩, 기생, 술집 여인, 침공, 교사, 학생, 종교인(천주교인, 개신교인, 승려, 비구니, 천도교인), 시장의 각종 영세상인, 군인, 농민, 노비, 백정, 무당, 인력거꾼, 나무꾼,

점쟁이,가족과 문중, 어린이 그리고 걸인, 죄수, 도둑까지 운동에 참여하였다. 심지어 국내에 있는 외국인과 일본인까지 힘을 보태었다. 이러한 국내의 국채보상운동은 해외에서도 적극적인 반향을 불러일으켜 일본 유학생들뿐만 아니라 미국 하와이, 샌프란시스코, 로스앤젤레스 등지의 교민들, 러시아의 블라디보스토크 등지의 교포들, 간도 동포들도 호응하였다.

특히 여성의 사회참여가 극도로 제한받고 있던 구한말임에도 불구하고 여성들은 나라의 빚을 갚고자 자발적으로 참여하였다. 여성의 국채보상운동 참여는 한국 근대 여성 운동사에 있어 중요한 역사적 의미를 갖는다. 여성의 참여계층도 양반 및 유지 부인, 일반 부인, 여성 개신교도, 과부, 부실(첩), 기생, 비구니, 술집 여인, 어린 여학생 등 다양하였다. 대구에서의 남일동패물폐지부인회 결성을 시작으로 전국적으로 28개 여성단체와 17개 준여성단체를 만들어 현금, 패물, 절미, 감찬 등으로 의연 활동에 적극적으로 참여하였다. 이와 같은 여성들의 활발한 참여는 어린아이들과 청소년들의 참여를 유발하였고, 온 집안 식구들이 참여하는 계기가 되었다.

이제 『천둥소리』에서 전국 팔도 다양한 계층의 수많은 국채보상운동 의연 미담을 소개하고자 하는데, 먼저 여성의 감동적이고 아름다운 의연 활동 이야기에 주목하고자 한다.

대표적으로 대구 남일동패물폐지부인회의 의연 사례가 있다. 1907년 2월 23일 대구 남일동의 부인 7명(정운갑의 어머니 서씨(서채봉), 서병규의 처 정씨(정경주), 정운화의 처 김씨(김달준), 서학균의 처 정씨(정말경), 서석균의 처 최씨(최실경), 서덕균의 처 리씨(이덕수), 김수원의 처 배씨)은 국채를 갚기 위해 은반지, 은장도, 은연화(은담뱃대) 등 총 13냥 8돈쭝의 패물을 의연금으로 내어놓으며 남일동패물폐지부인회를 조직하고 취지문 '경고 아 부인동포라(삼가 우리 부인 동포에게 알립니다)'를 발표하였다. 이 취지문을 통해 나라 위하는 마음과 백성된 도리는 남녀가 다르지 않다고 밝힘으로써 나라빚을 갚는데 여자들도 동참하겠다는 선언을 한 것이다. 남일동패물폐지부인회의 취지문과 패물 의연은 당시 여성들에게 큰 호응을 불러일으켜 전국적으로 여성국채보상운동단체들을 결성하게 되었다.

의연에 참여하는 여성의 계층과 직업 또한 다양하였다. 과부, 첩, 노인, 열녀, 술집 여인, 시장 상인, 여학도, 예수교 신자 등이 각기 여러 가지 방법으로 운동에 참여하였다. 의연하는 방법도 한 가지가 아니었는데, 은비녀나 은가락지 등 패물을 팔거나 집을 팔아서 의연하는 사례도 있었다. 고(故) 판서 김영목씨 부인이 이번에 국채보상한다는 말을 듣고 자신의 집을 팔아서 1,000냥을 의연하고 자신은 다시 작은 집을 사서 거주한다니, 이 부인의 의로운 뜻을 칭송하지 않는 이가 없었다고 한다.

그리고 부녀자들은 옷을 만들고 면과 비단을 팔아서 의연금을 마련하거나 빨래 품삯, 바느질 등의 노동을 통해 얻은 비용을 활용하여 의연하기도 하였다. 패물이나 재산이 없는 가난한 여인들은 쌀을 아껴서 의연하거나 자신의 머리카락까지 삭발하여 의연에 참여하는 모습을 보였다. 한 과부는 거듭하여 의연하는 경우도 있었다.

특히 기생의 사례가 흥미로운데, 일례로 대구 기생 앵무의 의연을 소개하고자 한다. 대구 경상감영의 이름난 관기 앵무(본명 염농산, 1860~1947)는 성주 용암면 출신으로 당시 집 한 채 값인 거금 100원을 선뜻 내놓아 세상을 놀라게 했다. 당시 질이 좋은 상급 쌀 한 말의 가격이 1원 15전, 한 달 담배값이 20전이었다고 한다. '여자로서 감히 남자보다 한 푼이라도 더 낼 수가 없으니 누구든지 몇천 원을 출연하면 죽기를 무릅쓰고 나도 따라 하겠소.'라고 말하여 남자들을 놀라게 하였다. 이를 지켜보던 서상돈, 김병순, 정재학 등이 얼굴을 붉히면서 더 많은 돈을 내기로 결의하게 되었다.

앵무의 담대한 의연행보는 전국에 알려지면서 많은 기생의 참여를 이끌어냈다. 대구 기생 14명이 단체로 의연금을 내었고, 진주, 평양, 서울, 부산,

의주, 강릉, 의령, 경주, 성주 등의 기생들도 의연금을 내어 이 운동에 동참하였다. 진주에서는 퇴기 부용이 진주애국부인회를 조직해 기생 국향 등 232명이 498원 15전을 냈으며, 서울에 거류하는 평양 기생 18명이 1인당 50전씩을 갹출하여 자신들의 패장 정봉주에게 부탁하여 기성회에 납부하였다. 평양 기생 최연홍은 나이 19세로 의탁할 곳이 없어 해주읍 남문 밖에 사는 의형제의 집에 몸을 우거하고 있었는데, 이번 국채보상에 대해 듣고 말하기를, "내가 비록 가난하지만 나라를 위한 의무는 일반이라"하고 머리에 꽂고 있던 은비녀 1매를 뽑아내어 해서동정회로 보내었다. 부산의 기생들은 단연동맹을 맺고 국채를 보상할 때까지 매월 의연금을 내기로 결의하였다. 강릉군에서는 퇴기 초옥, 경선, 신춘, 춘앵, 금선, 월선, 금향, 옥선 등 8명이 6환 50전을 모아 보냈는데, 함께 보낸 서신에 그 애국사상이 지면에 넘쳐나므로, '강릉의 여덟 선녀'라 지칭되었다. 경상남도 의령군의 퇴기 20여 명은 국채보상의무금 16원 30전을 수합하여 기성회로 올려보냈다 한다.

　가족이 함께 의연하는 사례도 많았다. 대표적으로 안중근 의사와 어머니 조마리아 여사의 일화를 들 수 있다. 안중근 의사는 국채보상기성회에 가입하여 평안도 관서 지방 지부장으로서 국채보상의연금을 모으는 데 앞장섰다. 안중근 의사는 우선 가족들에게 국채보상운동의 취지를 설명하였다. 이에 어머니 조마리아 여사와 부인은 물론 두 제수씨들까지 주저하지 않고 은가락지와 은투호, 은장도 등 패물을 삼화항패물폐지부인회에 흔쾌히 의연하였다. 이후 안중근 의사의 어머니 조마리아 여사는 아들의 사형선고 소식을 듣고 '대의에 죽는 것이 어미에 대한 효도이다'라는 말을 하였다. 이러한 사실을 '시모시자(그 어머니에 그 아들)'라고 당시 여러 신문에서 기사화하였다. 이 외에도 모자, 모녀, 부녀, 부부가 함께 의연하기도 하였다. 일두 정여창의 후손이며 도사(都事) 이현규의 어머니인 정씨부인은 가문 내 부녀들을 모아 식량을 절약해 의연금을 내기도 하였다.

이와 같이 여성들은 구한말 가부장제 사회에서 국난 앞에 남녀가 어찌 따로 있겠냐며 자발적으로 국채보상운동에 적극적으로 참여하였다. 전국적으로 여성국채보상운동단체를 결성하여 참여하거나, 또는 개별적으로 자신의 은비녀, 은가락지 등 패물을 팔아 돈을 만들고, 쌀을 절약하고 반찬 가짓수를 줄이며, 머리카락을 팔거나 바느질하여 번 돈, 빨래 품삯 등을 동원하여 활발히 참여하였다.

참고로 당시 질이 좋은 상급 쌀 한 말의 가격이 1원 15전, 집 한 채 값이 100원이었다고 한다.

("국채보상운동 의연·미담 이야기(1)" 『천둥소리』 제52호, 2022, 봄/여름)

국채보상운동기념사업회 여성 위원회
회고와 전망

　역사의 수레바퀴 한쪽에는 여성이 있다. 국채보상운동에서 인구의 절반을 차지하는 여성의 역할이 매우 컸다. 특히 구한말 여성의 사회 참여가 극도로 제한받고 있던 시절임에도 여성들은 "국난 앞에 어찌 남녀 차별이 있겠느냐" 하며 국가의 빚을 갚고자 자발적으로 비녀와 가락지 등을 모으거나 반찬값을 절약하여 의연금으로 냈다. 양반부인, 前 관리부인, 기독교 부인, 가정주부, 농민부인, 상인부인, 여학생, 과부, 기생, 첩, 비구니, 술집여인, 무당 등 신분고하, 빈부를 막론하고 전국 방방곡곡에서 국채보상운동을 전개하였다.

　여성들의 국채보상운동 역시 대구에서 시작되었다. 1907년 2월 23일 대구 남일동 부인 7명은 국채를 갚기 위해 은반지, 은장도, 은연화(은담뱃대) 등 총 8돈쭝의 패물을 내어놓으면서 취지문 "경고 아 부인동포라"를 발표하였는데, 그해 3월 8일자 대한매일신보에 실렸다. 남일동 7명의 부인들은 취지문을 통해 나라 위하는 마음과 백성된 도리는 남녀가 다르지 않다고 밝힘으로써, 나라 빚을 갚는데 여자들도 동참하겠다는 선언을 한 것이다. 대구 남일동 부인 7명이 조직한 남일동패물폐지부인회는 국채보상운동이 발의되자마자 여성들이 참여하여 조직한 최초의 의연금 모집단체이다. 이 여성단체를 시작으로 전국적으로 28개의 여성단체와 19개 준여성단체가 조직되었다. 따라서 국채보상운동에서의 여성의 참여는 한국근대여성사에 있어서 매우 중요한 의미를 갖는다.

그동안 국채보상운동기념사업회에서 실시한 여성국채보상운동 관련 활동을 돌이켜보면, 먼저 2006년 2월에 국채보상운동기념공원 내 여성기념비 제막이 있었다. 높이 290cm, 가로 190cm 의 쌍가락지 형상의 국채보상운동 여성기념비가 세워졌다. 건립문에는 남일동 폐물폐지부인회의 〈경고 아 부인동포라〉라는 역사적인 격문과 전국 28개 여성국채보상운동단체의 이름이 돌에 새겨져 있다.

2015년 대구여성가족재단(대표 정일선)에서는 국채보상운동의 첫 여성 조직인 남일동패물폐지부인회의 7부인 이름 찾기 사업을 전개하여 그 이름을 찾는데 성공하였다. 정운갑의 모 서씨(서채봉), 서병규의 처 정씨(정경주), 정운화의 처 김씨(김달준), 서학균의 처 정씨(정말경), 서석균의 처 최씨(최실경), 서덕균의 처 리씨(이덕수), 김수원의 처 배씨가 그들이다. 금년(2021년) 11월 17일에는 남일동패물폐지부인회 7부인중 한분이신 서병규의 처 정경주 여사의 외손녀 김영주 계명문화대학교 명예교수는 "외할머니 정경주 여사에 대한 회고"라는 주제로 특강을 하였다.

여성국채보상운동 관련 학술세미나가 그동안 5차례 개최되었다.

2013년 9월 25일에는 기생 앵무가 함께한 성주지역 국채보상운동 재조명 세미나가 성주에서 개최되었다. 기생 앵무(鸚鵡, 본명 염농산)는 성주 용암면 출신으로 거금 1백원을 의연하였는데, 당시 전국적인 화제가 되었다. '여자로서 감히 남자보다 한 푼이라도 더 낼 수 없으니 누구든지 몇천 원을 의연하면 나도 따라 하겠소'라고 하여 남자들을 놀라게 하였다. 당시 기생 앵무의 1백원 기부로 다른 기생들이 동참하는데 많은 영향을 주었다. 이후에도 기생 앵무는 성주지역의 두리방천 복구사업과 여성교육을 위한 학교 설립 등에 기여하는 사회활동을 했다. 앵무를 비롯한 기생들이 적극적으로 의연에 참여한 것은 주목할 부분이다.

2015년 8월 27일 국채보상운동기념사업회는 국채보상운동의 유네스코 세계기록유산 등재를 위한 여성포럼을 개최하였다. 주제는 "국채보상운동의 책임정신"이었다. 그리고 2017년 6월 29일 국채보상운동기념사업회는 한국여성독립운동연구소(소장 심옥주)와 공동으로 부산 유엔평화기념관에서 "경북 국채보상운동과 여성구국운동의 재조명"이라는 주제로 학술대회를 개최했다. 1부에서는 소주제로 〈21세기 국민통합의 모델 '국채보상운동'〉으로 이경규 대구가톨릭대학교 명예교수, 엄창옥 경북대학교 교수, 임동현 독립기념관 연구원, 안성호 충북대학교 교수의 발표가 있었다, 2부에서는 〈경상지역 국채보상운동과 여성의 활약〉이라는 소주제로 오일환 의병정신선양중앙회 회장, 정일선 대구여성가족재단 대표, 최경숙 부산외국어대학교 교수, 심옥주 한국여성독립운동연구소 소장이 발표하였다, 3부에서는 차철욱 한국민족문화연구소 교수, 오경희 여성정책연구소장, 전성현 동아대학교 교수, 김성은 대구한의대학교 교수의 종합토론이 있었다.

국채보상운동기념사업회의 노력으로 2017년 10월 국채보상운동기록물은 유네스코 세계기록유산으로 등재되었다. 이에 2018년 11월 22일 국채보상운동기념사업회는 대구여성가족재단(대표 정일선)과 함께 대구여성가족재단 대회의실에서 국채보상운동 기록물 유네스코 세계기록유산 등재 1주년 기념 여성국채보상운동 세미나 "-여성, 세상으로 나오다-"를 개최하였다. 먼저 남일동패물폐지부인회 후손에게 감사패를 전달하고 이후 기념공연 연극 '경고 아 부인동포라'와 박용옥 전 성신여대 교수의 기조강연이 있었다. 이어서 '여성국채보상운동 콘텐츠 활용 및 계승전략'이라는 주제하에 이현정 성화여고 교사, 이예림. 김채영 성화여고 학생, 전충훈 도심RPG 컬렉티브 디렉터, 전영옥 한국디자인학회 사무국장의 주제발표와 토론(좌장 김복규 계명대 명예교수)이 있었다.

2020년 11월 18일에는 국채보상운동 시기의 생활사연구 세미나에서 이경
숙 박물관 수 관장이 "국채보상운동과 여성의 참여"라는 주제로 발표하였
다. 이에 대해 박주 대구가톨릭대학교 명예교수와 정일선 대구여성가족재
단 대표의 종합토론이 있었다. 그리고 2021년 6월 30일 오전에는 국채보상
운동을 발기한 서상돈 선생의 묘소(대구광역시 수성구 범물동 천주교묘지
소재)를 참배하고, 오후에는 국채보상운동기념관 개관 10주년 기념으로 대
구사학회와 공동으로 〈국채보상운동과 여성참여〉라는 주제로 세미나를 개
최하였다. 이번 세미나에서는 주제발표로서 이경규 대구가톨릭대학교 명
예교수의 평안도 삼화항 패물폐지부인회와 북한지역 여성의 참여, 김성은
대구한의대학교 교수의 서울 대안동 국채보상부인회와 경기지역 여성의 참
여, 추경화 진주문화원 향토사연구실장의 진주애국부인회와 경남지역 여성
의 참여, 백승운 영남일보 특임기자의 여성국채보상운동과 스토리텔링 발
표가 있었다. 이에 이동언 선인역사문화연구소 연구소장, 박주 대구가톨릭
대학교 명예교수, 김일수 경운대학교 교수, 최혜령 영남대학교 대구경북학
연구소 연구원이 각각 지정토론을 하였다.

한편 국채보상운동기념사업회보 『천둥소리』에 실린 여성 국채보상운동
관련 기사를 찾아보면, 남일동 7부녀회 기념비 건립 추진- 이상원의 "국난
앞에 어찌 남. 여 차별이 있겠느냐"(2004년 2월 창간호), 조항래의 "국채보
상운동과 여성의 활동"(2005년 1월 제3호), 여성기념비 제막(2006년 3월 제
6호), 박용옥의 "부녀국채보상운동과 역사적 의미"(2015. 가을 제35호), 특
별기획 윤석호의 "앵무 염농산"(2015. 가을 제35호), 정일선의 "응답하라
1907, 새로운 대구 여성사를 쓰다- 여성 국채보상운동의 첫 신호탄 남일동
패물폐지부인회"(2016. 여름 제37호), 르포- 정우석의 "대구 남일동 패물폐
지부인회 국채보상 취지서"(2020. 제49호), 박주의 "국채보상운동과 여성의
참여"(2012 봄.여름 제51호 특집호)가 있다.

국채보상운동기념관 개관 10주년 기념 학술세미나(2021. 6. 30)
앞줄의 왼쪽에서 두 번째가 필자

단행본으로는 『국채보상운동과 여성구국운동의 재조명』(총서 07, 2017. 6), 『빛, 나눔으로 빛이 되다- 국채보상운동 이야기-』(최혜령, 2019. 12), 『대한민국 여성독립운동가들을 생각하다』(김지욱, 2020. 7), 『국난극복의 대구 독립운동사』(국채보상운동 연구총서 02, 2021. 1), 『여성, 국채보상운동 나래를 펴다』(국채보상운동 연구총서 03, 2021.1), 『만화로 보는 국채보상운동 1907 대구!』(국채보상운동 연구총서 04, 이재웅 외, 2021. 2), 『국채보상운동과 대구정신』(국채보상운동 연구총서 05, 2021. 2), 『국채보상운동과 여성참여』(발표자료집, 2021. 6)등이 보인다.

앞으로 국채보상운동기록물의 유네스코 세계기록유산 등재를 계기로 여성참여의 의미를 어떻게 잘 부여시킬 것인가는 우리의 중요한 과제라고 생각한다. 아울러 다음 네 가지를 제시하고자 한다.

첫째. 여성관련 자료의 지속적인 발굴이 이루어져야 할 것이다. 일례로

〈국채보상운동과 여성〉이라는 자료집 간행과 학술세미나가 계속 필요하다고 본다. 이를 토대로 다양한 연구와 홍보물 등이 제작될 수 있기 때문이다.

둘째, 2024년에 국립여성사박물관이 세워지면, 상설전시실에 〈국채보상운동과 여성〉 전시실 만들기 작업이 적극 추진되어야 할 것이다.

셋째, 초등, 중등 한국사 교과서에 보다 적극적으로 국채보상운동에서 여성의 역할을 강조하도록 해야 한다.

넷째, 여성참여인물에 대한 스토리 개발, 이미지화, 애니메이션 개발 등 다양한 콘텐츠 제작 등도 필요하다.

끝으로 2022년은 국채보상운동기념사업회 창립 20주년을 맞이하는 해인 만큼, 새로운 각오로 여성국채보상운동의 의미를 더욱 발전시키는 해로 삼아야 할 것이다.

(「국채보상운동기념사업회 여성 위원회 회고와 전망」,

『사단법인 국채보상운동기념사업회 20년사』, 2022. 2)

어린이와 청소년들의
국채보상운동 의연 · 미담 이야기

이번 『천둥소리』 54호에서는 어린이와 청소년들의 기특하고 감동적인
국채보상운동 의연 · 미담 사연 중에서 일부 소개하고자 한다.

① 설날 세뱃돈으로 의연

어린이들은 모아 둔 세뱃돈을 나라를 위해 기꺼이 의연하는 일이 많았다.
이러한 어린이의 정성에 어른들은 감탄하고 크게 칭찬하였다.

서울 자문동에 사는 종2품 이주현(李周鉉)씨의 딸이 올해 6세인데, 3세 때부터 세뱃돈을 이자를 놓아 3년쯤에 총 3환이 되었다. 이번에 국채보상한다는 이야기를 듣고 말하기를, "내가 비록 어린 여자아이지만 역시 국민이라 보태지 않을 수 없겠다"하고, 그 돈 3환을 의연금으로 냈다. 그 어머니 장씨가 딸의 말에 감탄하여 어머니 역시 3환을 의

奇哉女兒 西署紫門洞사는 從
二品李周鉉氏의 女兒가 今年이 六
歲인티 三歲붓터 歲拜錢을 殖利ㅎ
야 三年頃에 合三圜이 되얏더니 今
番國債報償한다는 說을 得聞ㅎ고
言ㅎ되 吾雖孩提女兒나 亦是國民
이라 不可不補助ㅎ깃다하고 其錢
三圜을 出義ㅎ는지라 其母親張氏
가 女兒의 言을 感嘆ㅎ고 亦是三圜
을 出義ㅎ얏다더라

기이한 여아의 세뱃돈 의연.
© 『만세보』 1907년 5월 26일 2면

연금으로 냈다. 이 사연은 『만세보』에 '기이한 여아'라는 기사로 실렸다.

서울에 사는 진사 이인씨의 아들 이덕봉(李德鳳)은 올해 나이 9세인데, 용모가 아름답고 언어가 영민하였다. 이번 국채보상 소식을 듣고 세뱃돈 1환과 주머니에 넣어 달고 있던 1환을 합한 2환을 가지고 본사에 와서 말하기를, "국채를 상환하는데 충당하면 좋겠습니다" 하였다. 『만세보』는 이 어린이의 충군 애국하는 천부의 성품을 감탄한다고 하였다.

서울 장교(長橋)에 사는 부경(副卿, 종2품) 이근영씨의 9세 된 아들 용봉이 신문에 난 국채보상금 모집 기사를 보고 정초에 세배하고서 얻은 돈을 넣은 벙어리 저금통을 통째로 본사에 들고 와 의연하였는데, 모두 신화 4원 90전이었다. 이 외에도 어린이들의 설날 세뱃돈 의연이 줄을 이었다.

② 고아원 원생들의 의연

고아원 원생들의 의연.
ⓒ『대한매일신보』1907년 3월 6일 3면

고아원 원생들의 의연 사례도 보여 주목된다.

고아원 학생 도반장 이남영(李南永) 외 3명이 72명 학생들의 총대표로 기성회에 와서 "정월 보름날에 고아원 원장이 각자의 이름 앞으로 신화 50전씩 부림 값으로 나누어 주었는데, 이 돈으로 국채보상의 1,300만분의 1이라도 보충하자고 일제히 결의하였다"라고 하면서 3원 60전을 기성회에 의연하였다.

③ 남의 집에서 밥상 잔심부름하는 상노(床奴)의 의연

부잣집에서 밥상 잔심부름하는 노비인 상노가 의연한 사례가 적지 않았다.

서울 상리동 이국장(李局長) 집의 상노 맹칠복(孟七福)은 올해 나이 14세인데 국채에 60전을 의연하였다. 서울 대안동 윤승지 집의 상노로 14세인 김육봉(金六鳳)은 구화 1원을 국채보상금으로 보성관기성회로 납부하였다.

서울 니동(泥동) 주석면(朱錫면) 집 상노 전복남(田福男)이 구화 1원을, 도동(桃洞) 어린아이 서환갑(徐還甲)이 신화 40전을 국채보상금으로 보성관기성회로 의연하였다.

상노(床奴) 전복남과
서환갑 어린이의 의연.
ⓒ『대한매일신보』1907년 3월 2일 2면

서울 사직동 김사오(金思澳) 집의 상노 김범이(金範伊)는 주인이 돈을 내는 것을 보고 저축해 두었던 1원의 돈을 의연하였다. 서울 간동에 사는 청도군수 민영오 집의 상노 이백돌이 이번 국채보상운동을 위해 옷을 저당잡히고 신화 50전을 마련하여 농포동 지사에 기부하였다.

부잣집에서 종살이하는 아이도 의연하였다. 황해도 해주 남문 밖에 사는 박처간 씨의 집에서 여종으로 있던 8살 난 시월이는 이웃집 아들의 혼례에 갔다가 폐백전 60전을 얻었다. 시월이는 그 60전을 모두 의연하였다.

④ 품팔이해서 의연

평안북도 용천부에서 품팔이하는 떠돌

이 소년 김봉엽은 물을 길어 팔아서 받은 물값 3원을 의연하였다. 서울 이현의 박승직씨의 포목점에서 품팔이하는 과부의 10세 된 딸아이가 구화 20전을 의연하였다.

충청도 덕산군 내면 시동의 품팔이 어린이 김재화는 올해 나이 15세인데 신화 50전을 납부하였고, 품팔이 어린이 홍구봉은 올해 나이 13세로서 신화 30전을 납부하였다.

⑤ 나무꾼 어린이들의 의연

경기도 양근(楊根)의 분원(分院) 나무꾼 어린이들이 국채보상의 소식을 듣고 감격을 이기지 못하여 나무와 짚신을 팔아 모은 돈 3원을 거두어 기성회로 보내었다.

⑥ 맹인 어린이의 의연

함경남도 단천군의 맹동(盲童) 이양규는 집안의 닭 1마리를 팔아 의연금으로 내었다.

⑦ 학용품을 사고 남은 돈 또는 월사금(학자금) 일부를 의연

학용품을 사고 남은 돈 또는 월사금 중 일부를 의연하기도 하였을 뿐만 아니라 학자금으로 모아 둔 돈을 의연하기도 하였다.

서울 다동에 사는 김진수(金鎭秀)의 아들 쾌문(快文)이 올해 나이 10세인데, 최근 서울에서 발기된 국채보상기성회 취지서에 근거하여 의연금을 출연하는 의무를 보고 이르기를 "전국의 인심이 이와 같이 단합하니 나라가 발전하고 부강해질 것인데, 어찌 속히 도모하지 않으리오" 하며 입학 후 종이와 연필 등 문구를 사고 조금 남은 돈 신화 50전을 의연하였다. 이웃에 사는 10세된 홍동(弘童)이라는 어린이도 국채보상하는 의연 기록을 보고 이르기

●天眞可愛 茶洞金鎭秀子侠
女이가年十歳인되近日國債
報償期成會趣旨로因ᄒ야金
出捐ᄒᄂ義務를見ᄒ고日全國
人心이如是國合ᄒ니開明富强
을何不速耶아ᄒ고天眞忠愛
之心이激發ᄒ야入學後紙筆等
價를在가催以新貨五十錢同
隣居金德秀家同志人數十人이
方應期成會趣旨롯스니主人지
稱孫弘寘이가年今十歳라國債
報償ᄒᄂ義捐記錄을見ᄒ고日
國民義務가如此ᄒ니開明지基
礎라ᄒ며入後學資金쯤數
가爲五百兩也라ᄒ고期成會에
傳納ᄒ얏다더라

학용품을 사고 남은 돈 또는 학자금을 의연
ⓒ 『대한매일신보』 1907년 3월 7일 3면

를 "국민의 의무가 이와 같으니 나라 발전의 기초라"하면서 입학 후 학자금으로 모아둔 돈이 500냥이라 하며 기성회에 의연하였다.

서울 종로 탑골에 사는 학동 고삼봉(高三鳳)은 올해 나이 13세인데, 학교 월사금(月謝金) 중 10전을 국채보상한다 하고 기성회로 보내면서 나랏일과 개인적 소용의 완급을 변론하니, 이 아이의 국가관이 사람들로 하여금 감탄하게 하였다.

⑧ 서당 학동들의 의연

서당 학동들도 국채보상 소식을 듣고 의연하였다. 서울 종로구 명륜동인 연화방(蓮花坊) 피마동(避馬洞)에 사는 김제원씨가 서신을 보내기를 "본인이 소견이 얕고 아는 것이 미약함에도 김중현씨의 집을 빌어 글방을 열어 학동들을 가르쳤는데, 엎드려 듣건대 여러 사람들이 담배를 끊는 동맹을 하여 국채를 보상한다는 취지를 접하고, 우리 글방에서도 비록 1전이라도 학동들 중에서 의연금 내기를 자발적으로 원하던 중이었더니, 집 주인 김중현씨가 보조금으로 1원을 의연해 와서 도합 3원 60전을 적지만 모아서 엎드려 낸다" 하였다.

서울 이현 중추원 관원 박승호씨 집 서당 학동 15명이 각각 신화 10전 또는 20전씩 합계 1원 90전을 거두어 기성회에 납부하였다.

⑨ 학교에서 학생들이 단체로 모금하여 의연

학교에서 학생들이 단체로 모금하여 국채보상에 열심이었다. 국채보상을 위해 흡연을 하지 않거나 용돈을 절약하였다. 점심밥을 폐지하였다가 저녁밥으로 대신 채우고 저녁밥 지을 쌀을 조금씩 떼서 모으거나 또는 외국 과자를 끊고 하여 그 대금을 모아서 의연하였다.

서울 인현 관립보통학교 10세 미만의 어린 학생 4명이 각각 신화 20전 혹은 10전을 국채보상금으로 보성관기성회에 의연하였다.

서울 계동 보흥학교에 다니는 11~12세 학생들이 각자 몇 10전씩 거두어 30원을 의연하였는데, 이 아름다운 소식을 들은 그 부형들이 담배를 피우는 장죽(長竹)을 모두 폐기하였다 한다.

경기도 광주 염곡숙사(廉谷塾私)의 학동 14명은 국채보상에 대한 이야기를 듣고 개탄하여 이르기를, "우리들도 국민이라 어찌 지나칠 수 있으리요"라 하고, 매일 점심을 줄여 각자 돈을 모으고, 친구들까지 포함하여 모두 17명이 모은 구화 15원 45전을 학감 김제룡(金濟龍)씨를 통해 기성회에 의연하였다.

평안북도 박천군 박명학교의 교장 류종주, 교감 최상면 등 두 사람이 각급 모임의 사람들과 학생들을 일제히 모아 국채보상을 해야하는 의무에 대해 한결같이 연설하였는데, 각자 분별하여 당일 모은 돈이 300여 환에 달하였고, 앞으로 장이 서는 날마다 사람들에게 혹 권유도 하고 혹 연설도 하였다.

북청군 함남보성학교 학도들이 이번 국채보상에 대하여 서로 일러 이르기를, "우리들이 지금 나라를 위하여야 할 때에 특별히 의연을 표하는 자가 없을 수 없다"고 하고, 각자 자신들의 긴 머리카락을 잘라 판매하여 모은 10원을 정성스레 황성신문사로 부쳤으니, 이와 같은 애국사상을 크게 찬양하여 알릴만 하였다.

황해도 해주 의창학교에서는 국채보상을 위해 의창학교 학생과 구성원 모두가 한목소리로 단연하여 국채를 보상하자는 뜻에서 국채보상단연동성회를 발기하였다. 학생들은 외국 과자를 끊고 열심히 서로 권면하여 단번에 60여 원을 거두어 모아 본사로 보내었다.

평안남도 삼화항 비석동의 예수교 교회 소속 소학교 남녀 학생들이 국채보상금 의연을 위해 부형들에게 따로 1개월이나 2개월 치 학비를 청구하여 의연금을 모집한 것의 금액이 20여 원에 달하였다. 그런데 학생들은 의연금을 좀 더 모아보자는 취지로 남녀 학생들이 길목이나 시장에 거듭 나가서 국채보상을 한 연후에 대한의 국토가 한민족의 땅이 된다는 문제와 나라의 백성된 자가 국채를 갚지 않으면 매국을 하는 도적의 사례에 가깝다는 문제로 서로 연설하여 민심을 불러일으켰다고 한다.

안중근 의사가 1906년에 세운 삼흥학교의 교원과 학생들도 국채보상운동에 동참하여 34원 60전의 금액을 모았다.

서울 합동 소학교에 다니는 12세 음점석은 학교에서 단체로 낼 때도 내고, 또 국채보상기성회로도 20전을 따로 보냈으며, 세 번째 의연을 또 결심하였으나 용돈이 모두 떨어져 아버지를 조른다고 하였다. 이처럼 국채보상에 거듭하여 의연한 어린이도 있었다.

참고로 당시 질이 좋은 상급 쌀 한 말의 가격이 1원 15전, 집 한 채 값이 100원이었다고 한다.

("어린이와 청소년들의 국채보상운동 의연·미담 이야기" 『천둥소리』 제54호, 2023, 봄.여름)

가난한 사람, 하층민들의
국채보상운동 의연 · 미담 이야기

이번 『천둥소리』 55호에서는 가난한 사람, 하층민들의 감동적이고 아름다운 국채보상운동 의연 미담 사연 중에서 일부 소개하고자 한다.

가난한 사람, 사회 하층민들은 십시일반 의연에 참여하였다. 국채를 보상하는데 신분의 귀천이 따로 없었다. 무엇보다 국채보상운동에는 사회 하층민에 속하는 사람들이 부자들보다 훨씬 더 적극적으로 동참하였다.

① 백정들의 의연

대구에서 백정 김창녕의 의연
ⓒ 『황성신문』 1907년 3월 1일 2면

당시 사회적으로 가장 천대와 멸시를 받던 도살업자인 백정의 신분은 천민이지만 나라를 위하는 마음은 절실하여 국채보상운동에 자발적으로 참여하였다.

대구에서 국채보상단연금을 모집하는 연설회를 개최하였는데, 백정 김창녕(金昌寧)이 20원을 냈다고 하고, 경기도 양근(楊根: 양평군) 분원(分院)에 사는 백정

김삼용(金三用)은 국채보상 의연금으로 40전을 보냈다 한다.

② 걸인들의 의연

비록 가난하여 떠돌며 동냥하여 먹고 사는 걸인들도 의연하였다.

대구에서 국채보상단연금 모집 연설회가 열린 날, 양다리를 못 쓰는 한 걸인이 엽전 5냥을 수전소에 납부하고 담배를 끊겠다고 즉시 담뱃대를 부러뜨리고 돌아가자, 곁

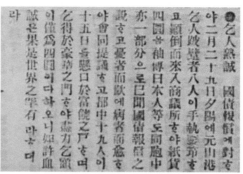

걸인들의 의연
ⓒ 『대한매일신보』, 1907년 6월 9일 1면

에서 보던 사람들이 한층 더 감동을 받아 부녀들은 은가락지와 은장도까지 한꺼번에 풀어 내어놓았다 한다.

대구 성내 걸인들이 서로 의논하기를, "이번에 국채를 보상하는 일은 일반 국민이 담당할 의무이니 우리들이 비록 가난하여 집도 하나 없어 떠돌며 구걸하고 있지만 역시 대한 나라에서 살고 있는 백성이니 이 일에 대하여 묵과할 수 없다"하고, 각기 푼돈을 거두어 5환이 넘게 의연하였다.

원산항에 사는 절름발이 걸인 8명이 손에 지팡이를 짚고 엎어질 듯 상의소(商議所)에 와서 4환을 소매 속에서 꺼내 놓으며 말하기를, "우리들도 한 동포이며, 온 백성들이 국채보상을 한다는 이야기를 듣고 우리 중에 그간 근심하던 자도 기뻐하고 병자들도 나아져서 함께 모여 의논하여 총 19명이 15일동안 부잣집과 호화로운 집을 돌며 동냥하여 힘을 다해 구걸한 돈이 겨우 4원이라" 하니, 걸인들의 이러한 정성은 과연 세계에서도 보기 드문 일이라 하였다.

③ 죄수들의 의연

해주 죄수들의 의연금 납부
© 『대한매일신보』. 1907년 4월 19일 3면

감옥의 죄수들이 짚신을 삼거나 먹을 것을 절약하여 국채보상에 참여하였다. 황해도 해주 경무감옥서(警務監獄署)에 수감된 죄수 윤학서, 안영원 등이 의금 3원 45전을 해군(該郡) 동청회(同淸會)에 보내며 전하기를, "우리가 품성이 우둔 완악하여 법리에 완전히 어두워 이 같은 죄를 저질러 부끄러우나, 우리 역시 임금의 백성인데 국채보상을 하려는 때를 맞아 어찌 성심으로 힘을 낼 수 없겠는가. 우리들이 철창 속에 있어서 추위와 배고픔을 무릅쓰고 짚신을 삼아 돈을 내는 것이 이처럼 약소하오나 특별히 납부에 동참할 수 있게 되기를 엎드려 바란다"고 하였다.

충북 충주군 경무서에서 징역을 살고 있는 죄수들이 편지를 보내어 "우리들은 초야의 개미처럼 보잘 것 없는 존재로서 법을 어기어 징역을 살고 있지만, (중략) 엎드려 국채보상의 이야기를 듣고 감옥 가운데서도 떨쳐 일어나 많은 무리들이 거듭 한 목소리로 호응하여 이르기를 '우리가 매일 국고를 소비하여 생명을 보전하면서 지금에 이른지 수년인데, 어찌 그 만분의 일이라도 보답하지 않으리요' 하면서 짚신을 삼거나 먹을 것을 절약하여 6환 60전을 모아 보내니, 천한 사람이라고 물리치지 말고 티끌을 모아 태산을 이루게 하는데 보탬이 된다면 천만다행으로 생각하겠다"하였다.

④ 도둑 떼의 의연

도둑도 오히려 의를 안다
ⓒ『대한매일신보』. 1907년 4월 10일 2면

충주군의 사람이 국채의 연금을 모금해서 상경하다가 도둑 떼에게 약탈당한 사건이 있었다. 빼앗긴 사람이 너무나 억울하여 격분하여 말하기를, "이 돈은 국채를 갚기 위해 사람들이 하나 되어 모은 돈이다. 나는 비록 이 돈을 빼앗겼으나 너희는 불과 몇십 리도 못 가서 죽음을 면하지 못하리라" 하였다. 이 말을 들은 도둑 떼가 놀라서 "이것이 국채보상금인줄 전연 몰랐노라"하고 그 돈을 도로 돌려주고, 또 10원을 보태주며 "우리 이름은 가르쳐 줄 수 없으나 상경하거든 충주 등지에서 도둑 떼가 국채보상금 10원을 의연했다고 신문에 내달라"고 하였다 한다.

⑤ 점쟁이, 무녀의 의연

서울 남문 밖 자암동 점쟁이들은 대한매일신보사에 와서 하는 말이 "국채보상 일로 담배를 끊는 동맹을 발기하여 우리 동포들을 감동시키고 노예의 삶을 면하게 하니, 열 명이 죽고 하나가 살아도 다시 여한이 없을 것이다"라고 하며 8원 70전을 출연하였다. 경주의 무녀 희이(喜伊)는 경주 기생 옥련, 봉금, 분향, 농옥, 금파, 기화 등 16명과 함께 경주 단연상채회(斷煙償債會)에 총 18환 등을 의연하였다.

⑥ 노비의 의연

짚신을 삼아서 출연함
ⓒ『대한매일신보』. 1907년 3월 5일 3면

서울 사포동(司圃洞. 현재의 통인동)에 사는 안도(安濤)씨의 6세된 아들 형식(衡植)이 아버지가 국채보상회에 의연금을 보내는 것을 보고, "나도 의연금을 내겠다"고 하자 아버지가 꾸짖어 이르기를, "너희 아이들은 상관하지 말라"고 하였으나 끝내 구화 2원을 의연하였다.

이에 그의 노비도 어린아이의 애국심에 크게 감동하여 15전을 의연하였다.

⑦ 인력거꾼, 짚신장수, 나무꾼들의 의연

고된 노동으로 생계를 유지하는 인력거꾼, 짚신을 삼아 팔거나 나무를 해서 팔아 생계를 잇는 가난한 사람들도 의연하였다.

서울 인력거꾼 장승관 등 23명은 각각 신화 25전을 염출하여 총 5원 75전을 납부하였고, 광화문 서십자각 골목 어귀의 인력거꾼 17명도 신화 20전씩을 각각 내어 총 3원 40전을 기성회에 납부하였다.

서울 신문(新門) 밖에 사는 82세 노인 유해종(柳海宗)은 늙고 병든 몸을 이끌고 짚신을 삼아 팔아 늙은 아내와 함께 비지로 하루를 연명하는 가난한 노인이지만 국채보상 소식에 감격하여 "매일 비지를 다섯 뭉치 사서 먹던 것을 세 뭉치씩으로 줄이기로 결심하고 신화 2원을 내노라" 하는데, 유 노인이 보상금을 내는 모습이 비장하고 진심이 가득한 마음 깊은 곳에서 나오는 행동이라, 주위 사람들도 감격하여 눈물을 흘렸다고 한다.

경북 성주의 김달곤(金達坤)은 나무를 팔아 생계를 잇는 지극히 가난한 촌부인데, 성주군 상채의무소가 만들어지면서 구국의 충성심이 일어나 급기야 가족들을 모아 두고 말하기를, "형이 있으니 부모를 섬길 일은 걱정이 안되오. 그리고 처와 자식이 굶어죽는 것은 내가 걱정할 바도 아니요"하고, 김달곤은 매번 장날에 나와 나무를 팔아 만든 돈을 모으니 7냥이 되었다. 이를 모두 의연하니, 마을 사람들이 칭찬해 마지않았다.

⑧ 농사짓던 소나 밭을 팔아 의연

강원도 회양군에 사는 김응수(金應壽)는 본래 가난한 사람으로 본 군의 국채보상회가 발기되었음을 듣고 농사짓던 소를 팔아 국채보상회에 10환을 의연금으로 내니 그의 충의를 사람들이 모두 칭송하였다.

평안남도 안주 화양리에 사는 김영학(金榮鶴)은 올해 나이 겨우 20세가 된 청년으로 나라의 위태로움을 매번 개탄하더니, 넉넉지도 않은 밭을 모두 팔아 신화 300원이라는 거금을 마련하여 국채보상회에 의연하였다. 이 소식을 들은 사람들은 모두 감탄하였다 한다.

⑨ 집안의 가재도구를 팔아 의연

경기도 죽산 원일면에 사는 강만영(姜萬永)은 남의 집에 더부살이하며 간신히 입에 풀칠하고 있는 사람인데, 이번 국채보상에 밥솥, 수저, 낫, 호미 등을 내다 팔아 3환 78전을 만들어 의연했다.

개성군 고두산 상동에 사는 박만진(朴萬鎭)은 집안에 남아있는 쇠붙이라고는 솥 하나뿐인데, 국채보상 소식에 즉시 내다 팔아 구화 2원을 겨우 마련하고, 다른 지인과 친구들에게도 권고하여 44명으로부터 의연금을 거두어 대한매일신보 본사로 보냈다.

솥을 팔아 의연금으로 내다
ⓒ『대한매일신보』. 1907년 4월 27일 1면

소를 팔아 의연
ⓒ『황성신문』 1907년 4월 10일 1면

⑩ 날품팔이 노동자의 의연

날품팔이하는 가난한 노동자들도 의연하였다.

충청도 덕산군 내면 시동(侍洞)에 거주하는 60세 넘은 품팔이 권종식(權鐘式)은 60전을 납부하였고, 토기점에서 품꾼으로 일하는 홀아비 김치문(金致文)도 60이 된 노인이지만 20전을 납부하였다.

황해도 해주에 사는 박인서(朴仁瑞)는 의지할 곳 없는 사람으로 노동으로 하루 생계를 이어오고 있었다. 어느 날 국채보상 소식을 접하고 수년동안 모아 둔 4원을 선뜻 해서동정회(海西同情會)로 기부하였다 한다.

참고로 당시 질이 좋은 상급 쌀 한 말의 가격이 1원 15전, 집 한 채 값이 100원이었다고 한다.

("가난한 사람,하층민들의 국채보상운동 의연·미담이야기"
『천둥소리』 제55호, 2023,가을.겨울)

종교인들의 국채보상운동
의연 · 미담 이야기

이번 『천둥소리』 56호에서는 종교인들의 아름다운 국채보상운동 의연 미담 사연 중에서 일부 소개하고자 한다. 국채를 보상하는데 종교인도 예외는 아니었다. 유교, 불교, 천주교, 기독교, 천도교 등 모든 종교단체가 참여했다. 종교인들은 단체로 또는 개별적으로 의연에 동참하였다.

① 유림들의 의연

전국 유림단체들은 국채보상발기회를 조직하여 의연금 모금에 참여했다. 상주향교는 200원이라는 큰 금액을 국채보상을 위해 내놓겠다고 연설한 사실이 『대한매일신보』에 기록되어 있다.

성주 지역의 국채보상운동은 한주학파의 유림들인 이승희, 장석영, 김창숙 등이 주도하였다. 한주 이진상의 아들 이승희는 대구에서 국채보상운동이 일어나자 앞장서 '경북 성주군의무소'를 결성하고 국채의연금 모금활동을 전개하였다. 특히 성주군의 국채보상운동의무회 회장을 맡은 그는 회갑을 맞이하여 그의 자식들과 조카들이 회갑연을 베풀려고 하자 이르기를, "너희가 진정 내 마음을 즐겁게 하려거든 잔치 대신에 그 비용을 국채보상에 보태는 것이 좋겠다"라고 하였고, 자녀들이 그 뜻을 존중하여 잔치비용으로 마련한 20원 전액을 의연하였다.

고령군 단연상채회장(斷煙償債會長)을 맡은 홍와 이두훈은 고령지역을 대표하는 유학자로, 고령지역에 부과된 의연금을 확보하기 위하여 동리 소유의 창고 한 채와 벌목장을 팔아서 충당하였다.

경주지역에서는 이중구, 최현식이 공동대표를 맡아 금연회사를 설립하고, 금연회사 운영을 위한 경비는 경주지역 문중들이 나누어 부담했고, 경주 군민 5천여 명이 참여해 3천 250원의 기금을 모았다.

경주 교동 최부자집 창고에서 발견된 많은 자료들 중에서 『단연회성책』에는 경주단연회 5,086명의 의연자 명단과 의연금 내역이 상세하게 기록되어 있다.

전 참봉 최현식은 경주단연회의 공동대표로 있으면서 거금 100원을 의연하였다.

② 승려들의 의연

여승들의 의연
ⓒ『대한매일신보』1907년 3월 14일 3면

불교계에서는 총 52개 사찰에서 1,287명의 승려와 신도들이 국채보상운동에 참여하였으며 모금액은 817원 97전에 이른다. 1907년 3월 3일 동문 밖 영풍정(映楓亭)에서 열린 불교연구회가 불교계 국채보상운동 참여에 큰 영향을 미쳤다. 불교연구회 회의에서 총무 이보담과 평의장 홍월초 등 뜻있는 선사들 150여 명은 국채보상을 각 사찰에 통지하여 일반 승려들이 힘닿는 대로 출연하자고 결의하였다. 이후 전국 사찰 승려들이 적극적으로 참여하게 되었다.

충청지방 마곡사, 갑사, 동학사, 신원사, 개심사, 봉곡사, 영은사 등에 있는 승려들도 동참하였다. 동학사에서는 주지를 비롯해 총 66명의 승려가 19원 50전을 모아 의연하였다. 계룡산 신원사의 경우 33명의 승려, 암자 명의로 총 6원을 의연하였다.

여승들의 의연도 있다. 함경남도 종남산 미타사(彌陀寺)의 여승 취해(翠海) 등 40명의 비구니들이 총 8원을 모아 전동 기성회로 의연하였다. 그중 치해(致海)라는 비구니는 돌아가신 자신의 선사(先師) 봉적의 혼령을 위해 특별히 1원을 추가로 의연하였다.

③ 천주교인들의 의연

안중근의사 모친 조마리아 여사 패물 의연
ⓒ『대한매일신보』 1907년 5월 29일 4면

천주교 국채보상운동은 광문사 부사장이며 천주교 신자인 서상돈이 최초로 발의했다. 천주교 신자들은 전국의 많은 성당과 공소를 중심으로 의연금을 모았다. 천주교인들이 국채보상운동에 참여한 것은 1906년 10월 19일 자로 창간한 『경향신문』을 통해서 확인할 수 있다. 『경향신문』은 일종의 천주교회 기관지로 당시 사장은 안세화 드망즈 주교였다. 1907년 5월 10일부터 9월 20일까지의 『경향신문』에 보도된 의연 명단을 보면, 교우촌 44곳, 천주교 사제 2명, 천주교 신자 600여 명이 참여한 것으로 기록되어 있다.

조선인 천주교 사제로서 국채보상금을 의연한 사람도 있다. 충청북도 옥

천성당의 홍병철 루카신부는 국채보상에 적극적으로 공감하고 5원을 의연하였다.

조선에 선교사로서 부임한 외국인 성직자들의 의연도 있다. 평안남도 영유군 중부면 용전리 천주교당에서 사목하던 프랑스 선교사 명약일(明若日) 신부는 국채보상에 찬성하여 스스로 10원을 의연하였다. 명약일 신부 밑에서 복사로 일하는 이재근은 품삯으로 받은 돈 가운데 2원을 의연금으로 내어 의로운 일을 했다는 칭찬을 받았다.

수원 천주교회의 부재열 신부와 신자들이 모금하여 120원 40전을 의연하였다. 영세명이 토마스인 안중근 의사도 국채보상운동에 적극 참여하였다. 모친 조 마리아 여사와 부인은 물론 두 제수씨들까지도 주저하지 않고 패물을 흔쾌히 의연하였다. 조 마리아 여사는 '삼화항패물폐지부인회'를 통하여 은지환 2쌍, 은투호 2개, 은귀이개 2개, 은가지 3개, 은부전 2개, 은장도 1개로 도합 4냥 5돈중 대금 20원을 의연하였다.

④ 기독교인들의 의연

수원 기독교인 세 사람의 의연
ⓒ 『대한매일신보』 1907년 3월 26일 3면

기독교인들은 국채보상운동 본부를 서울 YMCA에 설치하고 모금운동을 펼쳤다. 수원에 사는 기독교인 김제구, 이하영, 임면수 등 3명은 나라를 사랑하는 정성이 솟아올라 국채보상에 열심히 힘을 보태어 특별히 모임도 개설하고 취지서 수백 장을 만들어 경기지역 각 군에 널리 배포시킴으로써 불과 2~3일 만에 모인 의연금이 5백여 원에 달하였다.

기독교 부인회는 국채보상운동단체를 조직하여 의연활동을 하였다. 평안남도 기독교 여성 교인들은 1907년 4월에 '삼화항비석동예수교부인국채보상회'를 조직하여 의연에 동참하였다. 이 부인들은 은가락지, 은비녀 등 패물뿐만 아니라 가재도구인 밥솥과 식기까지 내다 팔아 돈을 만들어 의연금으로 내었다. 또한 월자(月子)를 만들어 부잣집 여인들에게 팔기도 하였다. 가난한 여인들은 삯바느질과 남의 집 허드렛일을 하여 번 돈을 의연금으로 내었다. 이들이 만든 현금이 50여 원에 달하였다.

인천의 기독교 여성들이 1907년 3월 29일 조직한 국미적성회(掬米積成會)는 초기 회원만도 80여 명에 달하였다. 이 기독교 부인들은 매우 조직적으로 의연금을 모집하여 1개월 만에 회원 수가 무려 500여 명으로 급증하였고 한 달 동안 모은 쌀이 18섬이나 되었다 한다. 이들이 아침저녁으로 식구 한 명당 한 수저씩 떠서 모은 것이라 한다.

평안남도 덕천군에 사는 예수교 교인 김문근은 『대한매일신보』 신문광고를 통해 국채보상의연권고문을 여러 차례 읽고 먼저 가까운 사람들에게 나서서 의연금 납부를 권고하며, "국민이 되어 여기에 의연금을 보내지 않으면 백성된 의무도 아니요 사람이라고도 칭할 수 없다"라고 연설하고 자기가 제일 먼저 10원을 내놓으니 방청인들이 모두 감격하여 삼삼오오 2원, 3원씩 갹출하여 모아졌다. 이에 더해 그는 보상의무 사무소를 개설하여 군민 모두에게 의연을 권하며 모집하자 덕천군민이 기꺼이 이에 호응하여 남녀노소가 다투어 먼저 의연금을 내려 하였다.

⑤ 천도교인들의 의연

천도교는 교당별로 의연금을 모집함으로써 적극적인 모금활동이 이루어졌다. 특히 천도교가 발간한 『만세보』에 국채보상운동 관련 기사를 많이 실었다. 동 신문사를 의연금 수금소로 활용하였다. 『만세보』 1907년 3월 17

일 기사에 의하면 "국채보상에 온 국민들이 호응하여 남자들은 담배를 끊고 여자들은 음식물을 줄여 각기 힘을 다해 의연하는데, 많게는 1~2만원을 내고 적게는 10~20전을 내는 이때에 임하여, 천도교에서는 개인으로 돈을 내지 아니하고 교단에서 특별히 교령을 발하여 거액의 의연으로 국민적 의무를 다하게 할 계획중이더라" 하였다. 천도교 교인 백낙렬은 80전을 의연하였다. 그는 경기 남양군 장안면 수촌리 이장과 천도교 남양군 순회전도사였다.

참고로 당시 질이 좋은 상급 쌀 한 말의 가격이 1원 15전, 집 한 채 값이 100원이었다고 한다.

("종교인들의 국채보상운동 의연·미담 이야기" 『천둥소리』 제56호, 2024, 봄.여름)

참고문헌

『대한매일신보』, 『황성신문』, 『만세보』, 『제국신문』

『국채보상운동 책임을 다하다』, (사)국채보상운동기념사업회, 2015

유네스코 세계기록유산에 등재된 『국채보상운동기록물1』 취지서. 발기문, (사)국채보상운동기념사업회, 2017

유네스코 세계기록유산에 등재된 『국채보상운동기록물7』 의연사례 · 증보, (사)국채보상운동기념사업회, 2019

『국채보상운동과 여성 구국운동의 재조명』, 한국여성독립운동연구소 · 국채보상운동기념사업회, 2017

『사단법인 국채보상운동기념사업회 20년사』, (사)국채보상운동기념사업회, 2022

김성은, 「대안동 국채보상부인회와 경기지역 여성의 참여」, 『국채보상운동과 여성참여』, 국채보상운동기념관 개관 10주년 기념 및 대구사학회 제159회 발표회, 2021. 6. 30

김형목, 「안중근 국내에서 계몽활동과 역사적 성격」, 『도마 안중근』, 선인, 2017

박용옥, 「국채보상운동의 발단배경과 여성참여」, 『일제경제침략과 국채보상운동』, 아세아문화사, 1994

박용옥, 「국채보상운동과 여성의 활약」, 『한국여성 근대화의 역사적 맥락』, 지식산업사, 2001

_____, 『여성운동』, 독립기념관 한국독립운동사연구소, 2009

_____, 「부녀국채보상운동과 역사적 의미」, 『천둥소리』 가을 제35호, 2015

박　주, 「여성위원회 회고와 전망」, 『사단법인 국채보상운동기념사업회 20년사』, 2022.2

_____, 「국채보상운동 의연·미담이야기」, 『천둥소리』 봄. 여름 52호, 2022

_____, 「여성의 국채보상운동 의연·미담 이야기」, 『천둥소리』 가을. 겨울 53호, 2022

심옥주, 「'국채보상운동에서 독립운동까지' 여성구국운동의 재조명」, 『국채보상운동과여성 구국운동의 재조명』, 한국여성독립운동연구소. 국채보상운동기념사업회, 2017

이경규, 「한국근대화에 있어서의 국채보상운동의 성격」, 『국채보상운동과 여성 구국운동의 재조명』, 한국여성독립운동연구소 · 국채보상운동기념사업회, 2017

_____, 「여성과 국채보상운동-삼화항 패물폐지부인회를 중심으로-」, 『국채보상운동과 여성참여』, 국채보상운동기념관 개관 10주년 기념 및 대구사학회 제159회 발표회, 2021.6.30

이경규 외, 『국채보상운동 용어사전』, (사)국채보상운동기념사업회, 2021.

_____ 외, 『국채보상운동 지역사 연구와 의연사례 연구』, (사)국채보상운동기념사업 회, 2021

_____ 외, 『국채보상운동 인물사』, (사)국채보상운동기념사업회, 2021

이송희, 『대한제국기의 애국계몽운동과 사상』, 국학자료원, 2011

정일선, 「응답하라 1907, 새로운 대구 여성사를 쓰다 -여성 국채보상운동의 첫 신호탄 남일동 패물폐지부인회-」, 『천둥소리』 여름 제37호, 2016

최경숙, 「부산경남지역 여성들의 국채보상운동」, 『국채보상운동과 여성 구국운동의 재조명』, 한국여성독립운동연구소·국채보상운동기념사업회, 2017

홍성헌, 『국채보상운동 의연사례』, (사)국채보상운동기념사업회, 2021 등

제 4 장
한국사 속의
세계 여성을 찾아서

영원한 한국의 여성상
신사임당

신사임당 초상

한국사에 등장하는 여성 인물 가운데 신사임당(1504-1551)만큼 많은 사람들에게 알려진 여성도 흔치 않을 것이다. 오늘날에도 신사임당은 한국 여성의 표상으로 존경을 받고 있다. 최근에는 오만원권 화폐의 도안 인물로 우리 곁에 다가왔다.

무엇보다도 신사임당은 뛰어난 그림과 글씨 그리고 시 등을 남긴 예술가라는 점과 조선시대의 대학자이자 경세가인 율곡 이이 (1536-1584)의 어머니라는 점으로 널리 기억되고 있다.

성리학을 국가의 지도이념으로 삼았던 조선시대에는 여성들이 현모양처의 역할을 하는 것 이외에는 별다른 사회적 활동을 할 여건이 마련되지 못하였다. 그럼에도 불구하고 신사임당은 화가로서도 지혜롭고 아름다운 삶을 영위해 나갔다.

신사임당은 1504년 10월 29일 강원도 강릉 북평촌에서 신명화와 용인 이씨 부인의 다섯 딸 중 둘째 딸로 태어나 1551년 5월 17일 서울에서 48세에 세상을 떠났다. 신사임당의 본명은 신인선이다. 어질고 착한 사람이 되라는 뜻에서 아버지 신명화가 지어 주었다. 그녀는 16세 때 자신의 호를 스스로 사임당으로 지었고, 역사상 가장 현숙한 부인으로 이름높은 중국 주나라 문왕의 어머니인 '태임' 부인을 본받는다는 의미에서 스승 '사' 자와 태임의 '임' 자, 집을 뜻하는 '당' 자를 붙여 '사임당'이라고 지었다. 19세인 1522년 이원수(1501-1561)와 결혼해 4남 3녀의 어머니로 그리고 자기 계발을 평생토록 한 여류화가로 살았다.

신사임당은 조선시대에 있어 사대부가의 부녀로서 드문 여성화가이다. 여성의 사회활동이 엄격히 제한되어 있었던 조선시대에 신사임당은 당시 환경의 제약을 극복하고 자신의 학문적, 예술적 재능을 발휘하여 주체적인 삶을 살았다. 신사임당의 매력은 그의 작품 속에서 찾아볼 수 있을 것이다. 사임당은 7세 때에 세종조 화가인 안견의 산수화를 놓고 그림공부를 하였다. 산수화에만 그치지 않고 잠자리, 벌, 나비 등 풀벌레와 포도, 화조 등에서 섬세함과 아름다움으로 뛰어난 솜씨를 나타내었다. 사임당의 이러한 예술적 재능은 후인들에 의해서도 크게 평가받았다.

신사임당의 그림이 얼마나 섬세하고 생동감 넘치는지를 알 수 있는 일화를 두 가지 소개하면 다음과 같다. 하루는 집안에 잔치가 있어서 친척 부인들이 많이 모이게 되었다. 거기에 있던 한 부인이 치마를 적시고 울상이 되어 어쩔줄 몰라하고 있었다. 신사임당은 그것을 보고 그 연유를 물었다. 그랬더니 그 부인은 다음과 같이 대답하였다. "집안이 넉넉하지 못하여 잔치에 입고 올 옷이 없어서 이웃집에 사정사정하여 이 옷을 빌려입고 왔는데… 물이 튀니까 금방 얼룩이 져서 어떻게 하면 좋을지 모르겠어요. 치맛감을 물어줄 일이 난감하네요" 이 말을 들은 신사임당은 웃으며 곧 필묵을 가져오게 하였다. 그리고는 그 허름한 옷감에 포도를 쳐 주었다. 그 포도의 모습은 실물처럼 아주 먹음직스러웠다. 그 부인은 매우 기뻐하며 이것을 곧 시장에 가지고 나갔는데 후한 값에 팔렸다. 돈은 치마 몇 벌 값에 해당되었기 때문에 그 부인은 치마 한 감을 주인에게 돌려주고도 남았다는 것이다.

그녀의 그림은 마치 생동하는 듯한 섬세한 사실화였다고 할 수 있다. 하루는 풀벌레 그림을 마당에 내놓아 여름 볕에 말리려하자 닭이 와서 살아있는 풀벌레인줄 알고 쪼아 종이가 훼손될 뻔하기도 하였다고 한다. 그녀의 그림은 여성 특유의 섬세함과 부드러움을 바탕으로 주변에 있는 다양한 벌레며 곤충, 그리고 야생화에 대한 그림이 주류를 이루었다. 특히 초충도와 묵포도 그림이 두드러졌다. 이렇게 신사임당은 그림만 잘 그린 것이 아니었다. 글씨도 잘 썼으며, 바느질과 자수 솜씨도 좋았다고 한다.

19살에 이원수와 결혼했는데 신혼시절 처음 3년간은 강릉 친정에 머물면서 자녀를 낳아 기르다 친정아버지 3년상을 마치고 서울 시댁으로 올라갔다. 그녀는 홀시어머니를 극진히 봉양했으며, 남편에게는 조언을 아끼지 않으며 현명하게 내조하였다. 남편이 일을 잘못 판단하는 경우에는 신사임당이 사리를 밝혀 남편이 바르게 판단할 수 있도록 도와주었다. 남편 이원수는 한때 자기와 친척이면서 당시 우의정이었던 이기(李芑)의 집에 자주 드나들었다. 당시 이기는 평판이 좋지 않았는데, 그것은 그가 물욕이 많았으며 명종의 외척인 문정왕후의 동생 윤원형과 결탁하고 있었기 때문이다. 그래서 신사임당은 이기를 멀리할 것을 당부하였고, 남편은 아내의 의견을 받아들여 그 후로는 이기와 함께 어울리지 않았다. 그 후 1545년(명종 1)에 이기는 윤원형과 손을 잡고 을사사화(乙巳士禍)를 일으켜 선비들에게 크게 화를 입혔을 때 남편 이원수는 거기에 연루되지 않았던 것이다.

한편 신사임당은 효성이 지극한 딸로서 효윤리를 실천했다. 한양에서 시집 생활을 하면서도 강릉 친정에 자주 다니면서 친정어머니에 대한 효성이 지극했다. 친정갔다 돌아올 때면 어머니와 울면서 작별하였다. 떨어지지 않는 발걸음을 재촉하여 대관령을 넘으면서, 또는 어머님이 생각날 때마다 시를 지었다. 현재 남아있는 신사임당의 시는 '대관령을 넘으며 친정을 바라

신사임당 초충도 (좌). (우)(출처: 국가유산청)

보다', '어머님 그리워' 이며, 이 두 수의 시는 모두 친정 어머니를 그리워하는 효심으로 가득 차 있다.

　이와 같이 신사임당은 딸로서, 어머니로서, 또 아내로서 그 역할을 충실히 했을 뿐 아니라 시 · 서 · 화로 자신의 재능을 표현한 지혜롭고 아름다운 여성이었다.

(국가브랜드위원회, 2011. 4. 27)

송 마리아

1801년 신유박해 때 순교한 조선 왕족 부인

송 마리아(1753~1801)는 참봉 송낙휴(宋樂休)의 딸이며, 정조의 이복동생인 은언군(恩彦君) 이인(李裀·1754~1801)의 처이다. 은언군 인과 혼인하여 3남 1녀의 자녀를 두었다.

참봉의 딸인 송 마리아가 왕족 은언군 인과 혼인하면서 가족의 불행은 시작되었다고 볼 수 있다. 즉 아들과 남편이 역모를 주도하거나 가담하지 않았음에도 정쟁 속에서 역적으로 지목되었다. 그리하여 장자 상계군(常溪君) 담(湛)은 홍국영(洪國榮) 및 구선복(具善復) 등과 관련하여 어린 나이에 독살당하였다. 이로 인하여 남편 은언군 인 또한 정순왕후와 신료들로부터 역모의 화근으로 지목되어 끊임없이 생명의 위협을 받았다. 하지만 은언군을 비호하려는 정조와 은언군의 처벌을 통해 정조를 압박하려는 정순왕후 및 노론 벽파 신료들 간의 세력 다툼이 정조 집권기간 내내 진행되었다. 결국 남편 은언군 인은 강화도로 유배가게 되었다.

이때 송 마리아는 며느리 신 마리아와 함께 폐궁에 외롭게 살고 있었으며, 슬픔을 잊고 영혼을 구원받기 위해 송 마리아는 며느리 신씨와 함께 천주교에 입교하였다. 그 후 강완숙으로부터 천주교 신앙과 교리를 배웠으며, 마침내 주문모(周文謨) 신부한테서 세례를 받았다.

그러나 송 마리아 가족을 비호하던 정조가 1800년 6월에 갑자기 승하하고

송 마리아 묘비
(출처: 절두산 순교성지)

정치적으로 대립관계였던 왕대비 정순왕후 김씨가 11세의 어린 순조를 대신해 수렴청정을 하면서 1801년(순조 1) 신유박해를 일으켰다. 천주교를 사학(邪學)으로 치부하는 척사윤음(斥邪綸音)을 전국 각지에 내리고 동시에 오가작통법(五家作統法)을 실시하였던 것이다.

송 마리아와 며느리 신 마리아가 주문모 신부로부터 영세 받은 사실과 주문모 신부에게 피난처(폐궁)를 제공하였던 사실이 드러났다. 이로 인하여 송 마리아와 며느리 신 마리아는 정순왕후의 하교에 의해, 재판과 신문(訊問)의 아무런 법적 형식도 거치지 않고, 그해 3월 16일 사사(賜死)되었다. 남편 은언군은 비록 천주교 신자는 아니었지만 이에 연루되어 사학(邪學) 죄인이라는 명목으로 그해 5월 29일에 사사되었던 것이다.

그 후 헌종이 후사 없이 죽자 순조의 비인 순원왕후는 영조의 혈맥을 잇기 위해 송 마리아와 은언군의 아들인 전계대원군 광의 셋째 아들 원범(元範)을 헌종의 후계자로 지목했다. 그리하여 1849년 손자 원범이 25대 철종으로 즉위하자 송 마리아 부부의 작위가 복구되었고, 상계군 담 내외의 신원(伸寃)이 결정되었다.

철종이 즉위한 해 9월에는 순원왕후의 명으로 송 마리아 가족의 역모에 관한 일을 적은 모든 문적이 세초(洗草)되었다. 그리고 1851년(철종 2)에는 대제학 서기순(徐箕淳)에 의해 신유박해 때 은언군이 신자로 몰려 유배지 강화도에서 죽은 일의 무죄를 변증하는 주문(奏文)이 지어 올려졌다.

(이투데이, 2017. 9. 22)

강완숙(姜完淑)
한국 천주교회 첫 여성 회장 · 순교자

　강완숙(姜完淑·1760~1801) 골롬바(葛隆巴·Colomba)는 충청도 내포(內浦) 지방의 양반가문의 서녀로 태어나 덕산(德山)에 사는 홍지영(洪芝榮)의 후처가 되었다. 그러나 남편이 용렬하여 항상 우울한 나날을 보내면서 속세를 떠날 생각을 하였다. 결혼한 지 얼마 안 되었을 때 시댁 사람으로부터 천주교 신앙을 처음으로 접하고, 예산에 살던 공씨(孔氏) 성을 가진 과부에게서 천주교 책을 배워 믿게 되었다. 강완숙은 시어머니와 전처의 아들 홍필주(洪弼周)를 개종시키고 친정 부모는 물론 이웃동네에까지 전교 활동을 하였다.

　1791년(정조 15) 신해박해 때 강완숙은 공주 감영에 체포되어 들어갔다. 이 사건으로 남편에게 쫓겨났고, 시어머니와 전처의 아들 홍필주, 자기 소생의 딸 홍순희를 데리고 서울로 이사했다. 1794년(정조 18)엔 주문모(周文謨) 신부의 영입을 위한 지황(池璜)의 책문(柵門) 파견과 신부의 입국 경비를 전담하는 경제적인 일을 담당하였다. 주문모 신부는 그녀의 영리함과 성실함을 인정하여 1795년(정조 19)에 영세를 주고 여성으로는 최초로 여회장직을 맡게 하였다.

　1795년 5월 체포령이 내려지자 주문모 신부는 지방과 서울로 피신해야 했다. 강완숙은 주 신부를 자기 집 장작광 속에 숨겨주었다. 주 신부는 6년 동안 강완숙의 집에 기거하였다.

강완숙이 명도회(明道會) 여회장직을 맡고 있었으므로 강완숙의 집은 천주교 신앙생활의 중심지가 되었다. 집에서는 매월 6, 7~10여 차에 걸쳐 첨례(瞻禮)와 성경 낭독이 있었다. 첨례가 있는 날에는 각처에서 남녀 신자들이 모여 강학하였다.

강완숙은 당시 가장 활발한 전교 활동을 했다. 전교한 사람으로는 왕족으로 정조의 이복동생인 은언군(恩彦君) 이인(李裀)의 아내 송씨와 며느리 신씨, 궁녀 강경복(姜景福), 서경의(徐景儀), 문영인(文榮仁), 강완숙의 집에서 삯바느질을 하던 과부 김순이(金順伊), 김월임(金月任), 김흥년(金興年), 여종 소명(小明), 정임(丁任) 등이 있다. 이밖에 권생원(權生員)의 여종 복점(福占), 선혜청 사고직(私庫直) 김춘경(金春景)의 아내 유덕이(柳德伊), 과부 이어인아지(李於仁阿只)에게도 전교하였다. 왕족 여성부터 여종에 이르기까지 귀천을 가리지 않고 적극적으로 전교하였던 것이다.

1801년(순조 1) 2월 24일 강완숙은 가족과 함께 체포되었으며 천주교인 중 가장 간악한 여인으로 간주되었다. 그녀는 가장 모진 형벌인 주리를 트는 심한 고문을 6회나 받았지만 조금도 굴복하지 않았다. 형리(刑吏)도 "이 여인은 사람이 아니라 귀신이다"라고 탄복하였다. 1801년 5월 22일 자신이 전교한 강경복, 문영인, 김연이(金連伊), 한신애(韓新愛) 등 4명의 여성과 함께 서소문 밖에서 참수를 당하였다.

이때 41세였다.

(이투데이, 2017. 11. 21)

제2부

나의
여성사 연구 이야기

제 1 장

나의 조선시대 여성사 연구

필자는 서울대학교 대학원에서 석사논문으로 "조선시대 숙종대 사우(祠宇) 남설(濫設)"로, 박사논문으로는 "조선시대의 정표정책(旌表政策)"을 연구하여 문학박사학위를 받았다. 일찍이 조선시대의 정표정책과 경상도 지역의 효자, 열녀를 연구함으로써 유교문화의 연구 지평을 넓히는데 기여하였다.

박사학위를 받은 후 경상도지역의 효자, 열녀들을 본격적으로 연구하기 시작하였다. 아울러 여성사 연구를 위해 꾸준히 노력하였다.

경북지역은 이른바 '추로지향(鄒魯之鄕)'으로 꼽히고 있었던 곳이다. 그러므로 경상도지역의 효자, 열녀 사례들을 상세히 분석함으로써 유교이념이 경상도 지역사회에 얼마나 확산되어 있었는가를 실증적으로 확인하고자 하였다.

자료활용에 있어 1차 자료로서 『조선왕조실록』과 유교윤리 교화서 뿐만 아니라 남들이 크게 주목하지 않았던 방대한 읍지들을 직접 하나하나 검토하고, 아울러 고문서 자료를 찾아내어 그 속에 담긴 효행, 열행들을 면밀하게 분석하고자 하였다. 16세기의 관찬지리지인 『신증동국여지승람』외에 16~17세기에 현존하는 경상도 지역 사찬읍지류(함안 『함주지』, 안동 『영가지』, 진주 『진양지』, 선산 『일선지』, 상주 『상산지』, 경주 『동경잡기』,

함양『천령지』, 성주『성산지』, 청도『오산지』, 밀양『밀양지』, 단성『단성지』 등), 18세기의 관찬지리지인『여지도서』, 19세기의 읍지인『경상도읍지』 등 주로 관찬, 사찬지리지를 두루 활용하였다. 이를 통하여『조선왕조실록』, 유교윤리 교화서 등의 자료만으로 연구할 때 나타나는 부족한 점들을 보완하여 총체적인 접근을 시도하고자 하였다.

한편 필자는 1986년에 미국 오하이오 주립대학교에 객원교수로 머물면서 그때 처음으로 여성학과 여성사라는 새로운 학문을 접하게 되었다. 그후 여성사에 깊은 관심을 가져오던 중 2004년에 국내에서 한국여성사학회가 창립되어 이에 호응, 학회활동을 계속하면서 이 분야에 정진하게 되었다.

또한 2011년부터는 조선 왕실여성에 대한 호기심과 흥미를 가지면서 그후 점차 연구범위를 확대하여 왕비, 세자빈, 공주, 옹주에 대하여 집중적인 조명을 하게 되었다.

대표 저서들

필자의 대표적인 연구성과는 조선시대 정표정책과 경상도지역의 효자, 열녀에 대한 사례연구 그리고 조선 후기 왕실여성들의 삶에 대한 연구이다.

전자는 조선시대 유교문화에 대한 연구로서 조선시대 정표정책과 경상도지역의 효자, 열녀 사례들을 정리하여 간행한『조선시대의 정표정책』(일조각, 1990) 그리고『조선시대의 효와 여성』(국학자료원, 2000),『조선시대의 여성과 유교문화』(국학자료원, 2008),『조선시대 읍지와 유교문화』(국학자료원, 2016) 가 있다, 후자는 조선 후기 왕실여성에 대한 연구로서『조선 왕실여성들의 삶』(국학자료원, 2018) 등을 들 수 있다. 이들에 대하여 소개하면 다음과 같다.

『조선시대의 정표정책』(일조각, 1990)

　1990년에 첫 출판으로『조선시대의 정표정책』(일조각, 1990)이라는 책이
나왔다. 이 책은 필자의 박사학위논문을 단행본으로 꾸민 것으로 나의 첫
번째 저서라서 무척 기뻤다. 아버지께서 책을 출판해보라는 독촉과 격려가
있었기 때문에 가능했다. 지금은 고인이 되신 선친께 감사하는 마음이 매
우 크다. 선친의 격려와 채찍이 없었다면 지금 역사학자로서의 내가 존재하
고 있을까 하는 생각을 해본다. 아마 대학졸업 후 중고등학교 역사과목 교
사로 만족했을 것이다.

　이 책은 조선 초기부터 17세기까지 300여 년간의 조선시대 정표정책(충
신, 효자, 열녀에 대한 포상정책)에 대한 연구이다. 본 연구는 각 시기별로
국가의 정표정책이 변화해가는 과정을 정치, 사상, 사회의 변화와 관련시켜
검토하고, 아울러 정표정책의 경향, 사례유형, 정표자의 신분, 포상내용 등
을 분석함으로써 조선시대 정표정책의 성격을 파악하고자 하였다.

　재미있는 것은 관직에 나아가지 못하는 사람들, 여성과 하층 남성들도 열
녀와 효자라는 이름으로 표창의 대상이 되었다는 것이다. 그것은 조선 사회
가 엄격한 신분사회였음에도 불구하고 효와 열을 행한 자는 신분에 관계없

이 누구나 포상대상이 되었기 때문이다. 흥미로운 분야임에도 불구하고, 이 분야에 대한 본격적인 연구서는 이 책이 처음이라 할 수 있다.

책의 목차는 다음과 같다.

『조선시대의 효와 여성』(국학자료원, 2000)

첫 번째 책 출간한 후 10년만이었다. 이 책은 주로 16, 17세기에 편찬된 경상도 지역의 사찬읍지(私撰邑誌)로서 함안의 『함주지』, 안동의 『영가지』,

진주의 『진양지』, 선산의 『일선지』, 상주의 『상산지』, 경주의 『동경잡기』,
함양의 『천령지』,를 통하여 경상도라고 하는 특정지역의 효자 열녀들을 자
세하게 고찰함으로써 조선의 유교윤리가 지역사회에 얼마나 정착되었는지
를 구체적으로 밝히고자 하였다. 뿐만 아니라 18세기와 19세기의 정표정책
에 대해서도 살펴보았다. 그리고 유교윤리서『동국신속삼강행실도』와『오
륜행실도』를 분석하였다. 사례연구로서는 12정려와 8정려를 검토하였다.
끝으로 고려시대 정려까지 고찰하였다.

목차는 다음과 같다.

『조선시대의 여성과 유교문화』, (국학자료원, 2008)

　이 책은 지금까지 소외되었던 조선시대의 여성을 통하여 유교문화의 단면을 밝혀보고자 하였다. 특히 경상도 지역의 열녀 사례들을 심층적으로 분석하였다. 또 임진왜란 등에만 집중되어 있던 전쟁으로 인한 열녀 정표에 대한 연구를 정묘, 병자호란으로 확대했다. 이를 통해 정묘호란, 병자호란의 실상을 또 다른 관점에서 파악할 수 있을 뿐아니라 정묘, 병자호란 이후 조선 정부의 유교정책을 이해하는 데 도움이 되도록 했다. 또 자료발굴과 소개에서도 기존의 조선왕조실록, 유교윤리서, 읍지 등은 물론이고 고문서를 통해 지역사례들을 연구했다. 고문서를 활용한 효자, 열녀 사례연구로서 효자 맹사성, 우씨 열녀, 동래부 영양 천씨 효자 집안을 고찰하였다.

이 책의 목차는 다음과 같다.

『조선시대 읍지와 유교문화』, (국학자료원, 2016)

조선왕조 통치철학의 근간을 이루는 것이 유교임은 주지의 사실이다. 특

히 유교에서도 효는 으뜸이 되는 덕목으로서, 모든 행동의 근본이 되는 백행지원(百行之源)으로서 시대에 따라 약간의 차이가 있을지언정 그 중요성은 말로 표현할 수 없을 정도이다. 그러므로 효를 통하여 조선시대를 살펴보는 작업은 유교윤리 뿐만 아니라 그 시대 전체상을 파악할 수 있는 매우 중요하고 의미 있는 것이라고 볼 수 있다. 이에 필자는 지금까지 조선시대의 효자, 효녀, 효부 그리고 열녀 등에 대하여 관심을 가져왔다. 그리하여 이 책은 『신증동국여지승람』, 『조선시대의 사찬읍지』, 『여지도서』, 『경상도읍지』 등에 수록되어있는 경상도 지역의 효자, 효녀, 효부, 열녀 사례를 상세히 분석함으로써 조선시대 경상도지역의 유교윤리의 확산과정과 지역적 특성을 실증적으로 살펴보고자 구성한 책이다.

본서에서 필자는 두가지 점에 주목하고자 하였다. 첫째, 지역사 차원에서 특히 경상도 지역의 효자, 열녀사례들을 심층적으로 분석함으로써 그동안 등한시되었던 지역사 발전을 도모하고자 하였다. 이것은 그동안 중앙중심의 역사서술에 대한 반성과 아울러 지역사연구를 통하여 효자 열녀 등에 대한 보다 입체적인 접근을 시도하고자 하였기 때문이다.

둘째, 자료활용에 있어서 16세기의 관찬지리지인 『신증동국여지승람』 외에, 16, 17세기에 현존하는 사찬읍지류, 18세기의 관찬지리지인 『여지도서』, 19세기의 읍지인 『경상도읍지』 등 주로 관찬, 사찬지리지를 두루 활용하고자 하였다. 이를 통하여 『조선왕조실록』, 유교윤리교화서 등의 자료만으로 연구할 때 나타나는 부족한 점들을 보완하여 총체적인 접근을 시도하고자 하였다. 아울러 경상도 거창군 효자 3형제의 여묘생활을 적은 김근추의 여묘일기와 밀양의 금녕김씨 문중의 소장 고문서 자료들을 새로 발굴하여 소개함으로써 고문서 자료의 중요성과 의미를 새롭게 부각시키고자 노력하였다.

이 책의 주요 목차는 다음과 같다.

『조선 왕실여성들의 삶』, (국학자료원, 2018)

2011년 8월 한국여성사학회 주최로 제1회 한·중·일 국제학술대회가 이화여자대학교에서 개최되었다. 대주제는 "Herstory 를 만들어낸 동아시

아 여성들: 역사속의 여성리더십"이었다. 필자는 "조선후기 정순왕후 김씨의 리더십 재조명"이라는 주제로 발표할 기회를 갖게 되었다. 심적으로 부담감이 컸지만 일면으로는 조선왕실 여성에 대한 호기심과 흥미를 새롭게 갖는 계기가 되었다. 나의 조선왕실에 대한 연구는 이때부터가 시작이 아닌가 한다. 그 후 점차 연구범위를 확대하여 왕비, 세자빈, 공주, 옹주 등에 대하여 집중적인 조명을 하게 되었다.

우리가 알지 못했던 왕실 여성들의 삶과 리더십을 다룬 책이다. 천주교와 왕실여성 관계 속에서, 왕실여성으로서 천주교 박해자와 순교자를 조명하고자 하였으며, 영조의 딸로 태어났으나 너무나 다른 삶을 살았던 화순옹주와 화완옹주를 조명하였다. 또한 조선 후기 왕실여성 가운데 왕비, 세자빈, 공주, 옹주, 왕족 부인, 궁녀 등 같은 왕실여성이면서 서로 다른 지위를 가진 다양한 왕실여성들의 삶의 일면을 살펴보았다.

심양에서 볼모생활을 한 여성국제 CEO 그러나 억울하게 희생된 비운의 소현세자빈 강씨, 46년간 국모의 지위에 있으면서 정치적 리더십을 발휘한 영조의 계비 정순왕후 김씨, 조선왕조에서는 유일하게 2대에 걸쳐서 수렴청정을 하였던 순원왕후 김씨, 순원왕후의 세 딸 명온공주·복온공주·덕온공주, 왕실의 유일한 열녀이며 추사 김정희의 증조모인 영조의 딸 화순옹주, 영조의 총애받는 딸이었지만 정조대 역적죄인으로 취급되어 옹주의 작호를 삭탈당한 화완옹주, 참봉의 딸로 성장하여 정조의 이복동생인 왕족 은언군 인과 혼인하면서 아들 상계군 담은 역적으로 독살당하고 남편은 유배 보내졌다가 사사되고 본인은 신유박해 때 사사되었던 송 마리아, 궁녀로서 신유박해 때 순교한 강경복, 문영인 등이 그들이다

목차를 보면 다음과 같다.

제2장 정순왕후 김씨(1745~1805)의 정치적 리더십

제3장 영조의 딸 열녀 화순옹주(1720~1758)의 생애와 정려(旌閭)

제4장 영조의 딸 화완옹주(1738~1808)의 생애와 정치적 향배

제5장 왕족여인 송 마리아(1753~1801)의 천주교와 가족사

제6장 순조대의 왕실여성과 천주교

제7장 순원왕후(1789~1857)와 안동 김씨 가문과의 관계

제8장 1801년 신유박해와 여성

국제 학술회의 논문 발표

불가리아의 소피아대학교에서 논문 발표 (2007.8.8)
오른쪽에서 두 번째가 필자

필자는 한국여성사학회에서 활동하면서 국제학술회의에서 논문 발표하는 기회를 네 차례나 가졌다. 첫 번째 발표는 2007년 8월 9일 제20회 세계여성 사대회(2007.8.8 - 8.12)가 열린 불가리아의 소피아대학교에서 "The Manchu Invasions and the Life of Women of Choson Dynasty"에 대해 발표하였다.

두 번째 발표는 2008년 7월 6일 제10차 세계여성학대회(2008.7.3 - 7.9)가

나의 여성사 읽기

스페인의 마드리드 대학교 발표장
입구에서(2008.7.6)

제1회 한 · 중 · 일 국제학술대회에서 논문발표
(이화여자대학교, 2011. 8. 24)

열린 스페인의 마드리드 대학교에서 "Catholicism and Women in the Royal Court of King Sunjo Period in the late Chosun Dynasty"에 대해 발표하였다. 이 발표문은 귀국 후 수정 보완하여 『여성과 역사』 8호(2008.6)에 영문으로 실었다.

세 번째 발표는 2011년 8월 24일 이화여자대학교에서 열린 제1회 한 · 중 · 일 여성사국제심포지움에서 "조선후기 정순왕후의 리더십 재조명"에 대해 발표하였다. 그 후 이 논문은 『여성과 역사』 15호(2011.12)에 수록

중국 푸단대학교 발표장 입구에서
(2015.12.20.)
오른쪽부터 필자, 김성은 교수, 강정숙 교수

되었다. 이 발표를 통해 필자는 조선 왕실여성에 대한 호기심과 흥미를 새롭게 갖는 계기가 되었다. 그 후 연구 범위를 확대하여 조선 후기 왕실 여성에 대해 집중적인 조명을 함으로써 단행본 『조선 왕실여성들의 삶』(국학자료원, 2018)을 펴내게 되었다.

그리고 마지막 네 번째 발표는 2015

년 12월 21일 중국 상해 푸단대학교에서 열린 제3회 한·중·일 여성사국제심포지움에서 "The Virtuous women and the Bought-Back women during and after the invasion of the Qing Dynasty"라는 주제로 발표하였다. 이번 제3회 한 · 중 · 일 여성사국제심포지움의 대주제가 "전쟁과 여성"이어서 가능했다.

　여기에서는 2008년 7월 6일 스페인의 마드리드 대학교에서 발표한 논문 "Catholicism and Women in the Royal Court of King Sunjo Period in the late Chosun Dynasty(조선 후기 순조대의 왕실여성과 천주교)"와 2015년 12월 21일 중국 상해 푸단대학교에서 발표한 논문 "The Virtuous women and the Bought-Back women during and after the invasion of the Qing Dynasty(병자호란 때의 열녀와 속환녀)"의 영문과 국문을 함께 소개하고자 한다.

---

1) 제10차 세계여성학대회에서 논문 발표 (스페인의 마드리드 대학교, 2008. 7. 6.)
"Catholicism and Women in the Royal Court of King Sunjo Period in the late Chosun Dynasty"

조선 후기 순조대의
왕실여성과 천주교

朴 珠*

국문 요약

　1801년 신유박해로 남녀노소, 신분의 구분없이 3백명 이상의 신자들이 목숨을 잃었다. 이 때 많은 여성들이 참수되거나 유배되었다. 여성신자들 중

---

* 대구가톨릭대학교 역사교육과 교수

에는 왕족여성과 나인 신분의 여성들이 있었다. 왕족여성으로 송씨는 정조의 이복동생인 은언군 인(철종의 조부)의 처이고, 신씨는 은언군 인의 장자인 상계군 담의 처로 송씨의 며느리가 된다.

상계군 담이 독살되고, 은언군 인은 역모의 화근으로 지목되면서 강화도에 유배되어 있었을 때 송씨와 신씨는 폐궁에 외롭게 살고 있었다. 아들과 남편을 잃고 폐궁에 살고 있던 송씨와 신씨는 인간의 슬픔을 잊고 영혼을 구원받기 위해 천주교에 입교하였다. 그러나 신유박해 때 송씨와 신씨 두 사람은 주문모 신부로부터 영세받은 사실과 주신부에게 피난처(폐궁)를 제공했던 사실이 드러나 재판과 신문의 아무런 법적 형식도 거치지 않고 정순왕후의 하교에 의해 3월 26일 사약을 받았고, 은언군 인도 강화도에서 5월 29일에 사학죄인이라는 명목으로 사사되었다. 그러나 정순왕후가 순조 5년(1805)에 죽고 안동김씨 등이 정권을 장악하자 헌종 15년(1849)에 은언군 내외의 작위를 회복하는 조처가 취해졌으며, 철종 즉위년에는 상계군 내외의 복작을 명하였다.

한편 나인 신분으로 강경복과 문영인이 사형선고를 받아 1801년 5월 22일에 순교했다.

궁녀 강경복은 폐궁에서 외롭게 사는 주인 송씨와 신씨를 모시며, 주문모 신부와 강완숙에게 직접 교리를 배우고 영세한 순교자였다. 궁녀 문영인은 궁 안에서 병에 걸려 집으로 돌아오게 되며 그 후 주문모 신부로부터 세례를 받고 신앙을 증거하는 순교자가 되었다.

요컨대 같은 왕실여성이었지만, 권력을 장악한 정순왕후 김씨는 수렴청정을 하면서 당시까지 유례없는 천주교 박해를 행하였는데 반하여, 왕족여성과 궁녀들은 정순왕후가 내린 천주교 탄압으로 인해 순교하였던 것이다.

주제어: 순조, 정순왕후 김씨, 왕족여성, 궁녀, 천주교 박해, 순교자

목 차

Ⅰ. 머리말

　주지하듯이 초기 천주교는 양반들 중에서 정권에서 소외된 남인 시파, 중인과 평민, 부녀자층을 중심으로 급격히 전파되었다. 이는 천주교의 내세사상과 모든 인간은 천주 앞에 평등하다는 천주교의 새로운 가르침 때문이었다.

　천주를 왕이나 부모보다 높은 존재로 인정하면서 조상의 제사를 거부하고 신주를 없애는 행위는 당시 유교사회에 대한 하나의 도전행위였다. 이에 대한 정부의 대응은 정조 9년(1785) 천주교 금령으로 척사윤음과 북경에서의 서학서 수입금지로 나타났다. 그러나 천주교의 교세는 더욱 커져갔다. 정조 19년(1795)에는 중국인 신부 주문모(1752-1801)가 조선에 몰래 들어와 활약함에 따라 신자의 수는 날로 증가하여 1800년 무렵에는 1만여 명에 달하였는데, 그 중에는 여성들이 상당수를 차지하고 있었다. 이처럼 교세가 나날이 확대되어 가던 천주교는 정순왕후 김씨가 권력을 장악하면서 박해받기 시작했다.

　1800년 6월 28일 정조가 사망한 후 순조가 11세의 어린 나이로 즉위하면서 영조의 계비인 정순왕후 김씨가 수렴청정을 하게 되었다. 노론 벽파인 정순왕후는 1801년 사학(邪學)을 금하는 교서를 전국 각지에 내리고 동시에 오가작용법(五家作統法)을 실시하여 천주교를 엄금, 근절하라는 강경한 명령을 내림으로써 이른바 신유박해를 일으키게 되었다. 이에 이승훈, 이가환,

나의 여성사 읽기

정약종, 권철신, 황사영 등과 주문모 신부가 순교하였다. 이 때에는 사형선고가 내리기 무섭게 즉시 처형되었다. 이러한 천주교 탄압은 황사영백서(黃嗣永帛書) 사건으로 인해 더욱 확대되었다. 황사영은 박해가 시작되자 충청도 제천에 숨어 지내면서 황심(黃沁)과 함께 이 일을 중국에 알리고자 했던 것이다. 그러나 북경주교에게 전달하려 한 이 백서는 중국에 도착하기 전에 발각되었고, 이 때문에 천주교에 대한 탄압정책은 더욱 심해져 오히려 더 많은 사람들이 희생되었다. 그 결과 남녀노소, 신분의 구분없이 3백명 이상의 신자들이 목숨을 잃었다. 이 때 많은 여성들이 참수되거나 유배되었다. 특히 여성들은 유교적 가부장제 사회에서의 예속적 지위에 대한 현실적 불만과 死後 구원에 대한 확신으로 교회 설립 초기부터 많이 입교하여 신앙생활을 열심히 하였던 것이다. 황사영은 『백서(帛書)』에서 1801년 신유박해 당시 여성신자 수는 전체 신자수의 3분의 2나 되었다고 하였다.

지금까지 왕실여성과 천주교를 주제로 한 구체적인 연구는 거의 없다고 할 수 있다. 다만 순조대의 왕실여성과 천주교에 대해서는 신유박해에 대한 연구 속에서 부분적으로 언급되어졌을 뿐이다.[1] 따라서 본고에서는 순조 초

---

1   샤를르 달레 원저, 안흥렬, 최석우 역주, 『한국천주교회사』상. 중. 하, 한국교회사연구소, 1996
유홍렬, 『증보한국천주교회사』상. 하, 가톨릭출판사, 1997
김옥희, 『한국천주교여성사』Ⅰ.Ⅱ, 순교의 맥, 1991
정두희, 『신앙의 역사를 찾아서』, 바오로 딸, 1999
조 광, 『조선후기 천주교사연구』, 고려대학교 민족문화연구소, 1988
조 광, 장정란, 김정숙, 송종례, 『순교자 강완숙 역사를 위해 일어서다』, 가톨릭출판사, 2007
조 광, 「신유박해의 분석적 고찰」, 『교회사연구』1, 1977
_____, 「신유박해의 성격」, 『민족문화연구』13, 고려대 출판부, 1978
최석우, 「사학징의를 통해서 본 초기천주교회」, 『교회사연구』2, 1979
김한규, 「사학징의를 통해서 본 초기 한국천주교회의 몇 가지 문제」, 『교회사연구』2, 1979
안화숙, 「조선후기의 천주교 여성활동과 여성관의 발전」, 『최석우신부화갑기념한국교회사논총』, 1982
김옥희, 「이 루갈다의 옥중서간과 그 사적 의의」, 『최석우화갑기념한국교회사논총』, 1982
원재연, 「거룩한 동정녀의 모임」, 상,중,하, 『교회와 역사』204호, 205호, 206호, 1992
_____, 「동정부부」상, 하, 『교회와 역사』, 207호, 208호, 1992
황윤자, 「조선후기 순조대(1800-1834)천주교 탄압의 실상」, 『서강대 교육대학원 역사교육과 석사학위논문』, 1998

기 같은 왕실여성이었지만 천주교를 탄압한 정순왕후의 천주교 박해 실상, 그리고 이로 인해 순교한 왕족여성과 궁녀들의 입교동기와 활동에 대하여 여성사적 관점에서 검토하고자 한다.

본 연구는 『순조실록(純祖實錄)』, 『승정원일기(承政院日記)』, 『일성록(日省錄)』, 『황사영백서(黃嗣永帛書)』, 『사학징의(邪學懲義)』, Dallet의 『한국천주교회사(韓國天主敎會史)』 등의 자료를 참고하였다.

Ⅱ. 정순왕후(1745-1805)와 천주교 박해

정순왕후는 1745년(영조 21년) 11월 10일 본관이 경주인 영돈령부사 오홍부원군 김한구(金漢耉)의 딸로 태어났으며, 15세의 나이로 66세의 영조와 혼인함으로써 영조의 계비가 되었다. 당시 영조의 아들인 사도세자와 세자빈 혜경궁 홍씨보다 열 살이나 아래였다.

영조대에는 정순왕후가 아직 나이가 어린 까닭에 특별한 활동을 보이지 않았으며, 경주김씨 또한 중앙정계에 진출했지만 아직 커다란 세력을 장악하지 못했다. 영조 사후 정조가 즉위하자 경주김씨 세력은 오히려 위축되었다. 정조가 즉위후 왕권을 강화하기 위해 외척세력을 배제하여 척신들을 제거하였기 때문이다. 즉 홍인한(홍봉한의 동생), 정후겸(화완옹주의 양자)과 김귀주(정순왕후의 오빠)가 죽거나 귀양가게 되었다. [2]

정조 10년(1786) 5월에 왕세자인 문효세자(1782-1786)가 죽고 이어서 9월엔 세자의 생모인 의빈성씨가 사망하는 일이 생겼다. 윤 7월에는 귀양갔던

임혜련, 「순조 초반 정순왕후의 수렴청정과 정국변화」, 『조선시대사학보』15, 2000
변주승, 「신유박해의 정치적 배경」, 『한국사상사학』16, 2001
김진소, 윤민구. 이원순. 차기진. 하성래, 『순교는 믿음의 씨앗이 되고』, 한국교회사연구소, 2001
박 주, 「조선후기 신유박해와 여성」, 『조선사연구』11, 2002 등
2 임혜련, 「순조 초반 정순왕후의 수렴청정과 정국변화」, 『조선시대사학보』15, 2000, 160쪽

김귀주가 사망하였고, 11월에는 상계군(常溪君) 담(湛)[3]이 죽었다. 이에 정순왕후는 동년 12월에 그 원인이 홍국영과 상계군 담 때문이라는 내용의 언문하교를 승정원에 내렸다.[4] 상계군의 아버지이자 정조의 이복동생인 은언군(恩彦君) 이인(李䄄)이 그 배후이므로 그를 처벌해야 한다는 즉 은언군의 처분을 두고 정조와 정순왕후는 노골적으로 대립하였다. 이때 정조는 은언군의 유배를 쉽게 승낙하지 않다가 결국 은언군을 강화부에 귀양보냈지만, 그와 그의 가족에게 미리 사두었던 집에 살게하는 배려를 아끼지 않았다.[5] 그 후 은언군이 강화도에서 탈출하다 잡히게 되자 정순왕후는 죄인 은언군 인을 도로 유배하지 않는다면 탕약을 들지 않겠다고 언서로 여러 대신들에게 하교하였고, 심지어 사제(私第)에 물러가 살겠다고까지 하였다.[6]

당시에 역모의 주모자로 탄핵받던 은언군을 동생이라는 명분으로 일반 죄인과는 달리 특혜를 베푼 정조의 태도에 대해 정순왕후는 국가와 종사를 위해서 은언군 인을 배소에 압송하게 함으로써 정조와 첨예하게 대립하였다.[7]

한편 1800년 정조가 사망한 후 순조가 11세의 어린 나이로 즉위하면서 노론 벽파에 속한 정순왕후가 수렴청정을 하게 되었다. 수렴청정은 나이어린 국왕이 즉위하면 왕실의 가장 어른인 대왕대비가 정치를 담당하는 제도이다. 정순왕후의 수렴청정이 시작되면서 정조대에 위축되었던 경주 김씨 세력은 순조대에 들어와 다시 정계에 등장하기 시작하였다.

3　『정조실록』권22, 정조 10년 11월 경인조 종실 이담의 졸기에 의하면 담은 은언군 이인의 장자이며, 홍국영의 생질이었음을 알 수 있다. 『철종실록』권1, 철종즉위년 6월 17일 계미조에 의하면 대왕대비가 상계군 내외의 복작을 명하였다. 『국역 일성록』 정조 10년 11월 20일 경인조, 『정조실록』권22, 정조 10년 12월 1일 경자조에도 이담에 대한 기록이 나와 있다.

4　『정조실록』권22, 정조 10년 12월 경자

5　『정조실록』권22, 정조 10년 12월 정묘

6　『정조실록』권28, 정조 13년 9월 기유

7　『정조실록』권28, 정조 13년 9월 기유

정순왕후는 수렴청정하는 4년동안 많은 하교를 명하여 정국운영에 참여하였다. 수렴청정 기간동안 정순왕후는 총 480건의 하교를 명하였다. 그 가운데 인사문제가 143건(29.8%)으로 가장 많았고 그 다음으로 사학(邪學)죄인처벌과 관련한 것이 124건(25.8%)을 차지하였다.[8] 정순왕후는 순조 원년(1801) 1월 10일에 사학엄금에 관하여

"선왕께서는 매번 정학(正學)이 밝아지면 사학(邪學)은 저절로 종식될 것이라고 하셨다. 지금 듣건대, 이른바 사학이 옛날과 다름이 없어서 서울에서부터 기호(畿湖)에 이르기까지 날로 더욱 치성(熾盛)해지고 있다고 한다. 사람이 사람 구실을 하는 것은 인륜이 있기 때문이며, 나라가 나라 꼴이 되는 것은 교화가 있기 때문이다. 그런데 지금 이른바 사학은 어버이도 없고 임금도 없어서 인륜을 무너뜨리고 교화에 배치되어 저절로 이적(夷狄)과 금수(禽獸)의 지경에 돌아가고 있는데, 저 어리석은 백성들이 점점 물들고 어그러져서 마치 어린 아기가 우물에 빠져들어가는 것 같으니, 이 어찌 측은하게 여겨 상심하지 않을 수 있겠는가? 감사와 수령은 자세히 효유하여 사학을 하는 자들로 하여금 번연히 깨우쳐 마음을 돌이켜 개혁하게 하고, 사학(邪學)을 하지 않는 자들로 하여금 두려워하며 징계하여 우리 선왕께서 위육(位育)하시는 풍성한 공렬을 저버리는 일이 없도록 하라. 이와 같이 엄금한 후에도 개전하지 않는 무리가 있으면 마땅히 역률(逆律)로 종사(從事)할 것이다. 수령은 각기 그 지경안에서 오가작통법(五家作統法)을 닦아 밝히고, 그 통내(統內)에서 만일 사학을 하는 무리가 있으면 통수가 관가에 고하여 징계하여 다스리되, 마땅히 의벌(劓罰)을 시행하여 진멸함으로써 유종(遺種)이 없도록 하라. 그리고 이 하교를 가지고 묘당에서는 거듭

---

8 임혜련, 앞의 논문, 164쪽 참조

밝혀서 경외(京外)에 지위(知委)하도록 하라.[9]

라고 하교하였다. 즉 정순왕후는 사학(邪學)을 엄금하여 천주교 신자들에
게 역률(逆律)을 적용하여 역적으로 다스리고, 이를 위해 오가작통법(五家
作統法)을 시행하여 천주교 신자들을 철저하게 색출한 뒤 처벌할 것을 감사
와 수령에게 지시하였음을 알 수 있다.

　정순왕후의 천주교 토벌 지시 이후 천주교 신자들에 대한 탄압은 본격화
되었다. 집권세력은 천주교의 지도급 인물인 이가환, 권철신, 이승훈, 정약
종, 홍낙민, 홍교만, 최창현, 최필공, 이존창, 강완숙, 유항검 등을 모두 처형
하였다. 또 정약전, 정약용, 이기양은 유배보내졌다.[10] 이후 주문모 신부 자
수와 황사영의 백서 사건 등을 통하여 남인계의 지도급 천주교 신자들이 철
저히 제거되었다. 황사영(1775-1801, 정약현의 사위)은 조선교회의 참혹한
현실이 북경 주교를 통해 온 세계에 알려지기를 간절히 원하였다. 그리하여
충청도 제천군 봉양면 배론 토굴에 약 7개월간 숨어 지내면서 몰래 북경에
있는 프랑스인 구베아 주교에게 군대를 동원하여 조선에서의 신앙과 포교
의 자유를 보장받게 해달라는 서신을 보내려다 북경에 도착하기 전에 발각
되어 서소문 밖에서 순교하였다. 이러한 외세의존적 행위는 정부를 더욱 자
극시켜 천주교에 대한 박해가 더욱 심해져 오히려 더 많은 사람들이 희생되
었다.[11] 이와 같이 집권세력은 정조대에 대립했던 남인세력을 천주교 탄압
을 명분으로 철저히 제거했다.

　한편 순조 원년 4월에 여러 신료들이 은언군 인과 홍낙임(洪樂任, 사도세

9　『순조실록』권2, 순조 1년 1월 정해
10　『순조실록』권3, 순조 1년 10월 경오
11　변주승, 앞의 논문, 96쪽 재인용
　　최석우, 앞의 책, 129쪽에 의하면 신유박해 때 희생된 사람은 처형 100명, 유배 400명
　　등 도합 500여 명에 달했다고 한다.

자의 장인인 홍봉한의 아들, 혜경궁 홍씨의 동생)의 처벌을 요청하였다.[12]
그러나 은언군 인과 홍낙임의 처분과정에서 정순왕후는 이들에 대한 정조
의 형제간의 우애를 생각한 배려와 칠순의 나이인 혜경궁의 지극히 애통해
하는 입장을 생각하여 곧 벌을 내리지 않고 얼마 후 이들에게 벌을 가하였
다.[13] 즉 강화부에 안치한 인은 곧 그 지역에서 그 아들과 아울러 다른 집에
이배(移配)하여 천극(栫棘)의 율(律)을 가하도록 하고, 전 지돈녕 홍낙임은
제주목에 위리안치(圍籬安置)하도록 하였다.[14] 그 후에도 은언군 인과 홍낙
임의 처벌을 대신과 여러 신하들이 여러차례 요청하였다.[15] 결국 순조 원년
5월 29일에 강화부에 천극했던 죄인 이인과 제주목에 안치했던 죄인 홍낙
임을 역적의 괴수이며 사당(邪黨)의 우두머리라는 죄목으로 사사(賜死)하
였다.[16] 이에 대해 정순왕후는

> "두 역적의 죄는 그 유래가 오래되었다. 이번의 사옥이 있은 뒤에 그 죄
> 상이 더욱 환하게 드러나 사람들이 모두 죽여야 된다고 하였다. 그러나
> 先朝가 평일 형제 간의 우애에 있었던 지극한 인정을 돌이켜 생각하고, 혜경
> 궁 홍씨의 동기간에 곡진하게 보호했던 정성이 대단하여 처음부터 윤허하
> 기를 아꼈던 것은 대개 이런 까닭이 있어서였다. 그리고 공의를 더 이상 막
> 을 수 없었으므로 인과 홍낙임을 사사한 것이다."[17]

라고 하였다. 또한 정조대 남인 세력의 정치적 중심인물이었던 채제공은 이

---

12 『순조실록』권2, 순조 1년 4월 계유
13 『순조실록』권3, 순조 1년 5월 갑진
14 『순조실록』권2, 순조 1년 4월 계유
15 『순조실록』권2, 순조 1년 4월 계유
   『순조실록』권3, 순조 1년 5월 계묘
16 『순조실록』권3, 순조 1년 5월 갑진
17 『순조실록』권3, 순조 원년 5월 29일 갑진

미 죽은 상태였으므로 관작이 추탈되었다. [18] 같은 해 10월 21일에 〈토사반교문(討邪頒敎文)〉을 곧바로 반포했다. [19]

정순왕후는 추국을 설치하여 사학죄인을 처리한 일에 대해 보고를 받았다. [20] 때로는 직접 공초를 하기도 하였다. [21] 순조 1년에는 신유박해와 관련하여 죄인처벌에 관한 하교가 집중되었다.

정순왕후가 수렴청정을 할 때 경주김씨와 벽파세력은 순조 원년 정조의 측근 신하였던 윤행임, [22] 풍산홍씨 가문의 홍낙임, [23] 은언군 인[24]을 서학의 배후로 연루시켜 제거하였고, 남인 세력을 제거하면서 정계에 본격적으로 등장하였다. 신유박해는 단순히 천주교의 탄압에서만 비롯된 것만이 아니라 천주교 탄압을 빌미로 정적을 제거하는 과정에서 더욱 격화되었던 것이다. [25]

그러나 정순왕후가 순조 5년(1805) 정월 12일에 61세로 죽자 경주김씨와 벽파세력이 물러나고 안동김씨 등이 정권을 장악하자 순조 7년(1807)에는 홍낙임의 관작이 회복되고, 헌종 15년(1849)에는 은언군 내외의 작위를 회복하는 조처가 취해졌다. [26]

한편 이 시기에 천주교에서는 조상제사 거부, 평등사상으로 인한 신분질서 무시 등 반체제적인 태도를 드러내고 있었다. 조선왕조 정부에서도 천주

---

18 변주승, 「신유박해의 정치적 배경」, 『한국사상사학』 16, 93-101쪽

19 『승정원일기』 권98, 순조 원년 12월 22일
대제학 李晩秀가 중국에 대하여 교회 박해의 정당성을 주장하려는 목적에서 지었음을 알 수 있다.

20 『순조실록』 권3, 순조 1년 9월 을유조에 보면 유항검. 유관검 형제, 이가환, 이승훈, 권일신, 홍낙민, 윤지헌(윤지충의 아우), 이우집, 김유산(역졸) 등이 처벌되었음을 알 수 있다.

21 『순조실록』 권3, 순조 1년 11월 무인조에 보면 사학죄인을 추국하여 작처하였다. 황사영(정약종의 姪壻), 옥천희, 현계흠이 처형되었으며, 이치훈, 정약전, 정약용, 이학규, 신여권, 이관기 등을 竄配토록 명하였음을 알 수 있다.

22 『순조실록』 권3, 순조 1년 9월 갑신

23 『순조실록』 권3, 순조 1년 5월 갑진

24 『순조실록』 권2, 순조 1년 3월 임진

25 변주승, 앞의 논문, 115쪽

26 『순조실록』 권10, 순조 7년 1월 기사, 헌종실록 권16, 헌종 15년 6월 갑술

교 신자들을 조선의 성리학적 기본질서를 뒤흔드는 무리로 인식했다. 즉 '어버이도 없고 임금도 없는' 무리로서 인식했다. 따라서 신유박해 당시 천주교 신자들에게 적용된 죄목은 모반죄, 제사를 폐지한 불효죄, 사교 유포죄, 사서. 요화. 요언 유포죄, 사서를 언문으로 번역하여 널리 전파한 죄, 사람들을 미혹한 죄, 영세 받은 죄, 인륜과 사회의 풍기를 문란하게 한 죄 등이었다.[27] 여성신자들은 본가를 떠나 가출하여 서울로 가는 것, 천주학에 깊이 빠지는 것, 거리로 뛰쳐나와 이집 저집 떠돌아 다니는 것, 결혼하지 않는 것, 결혼하지 않은 처녀로서 거짓으로 과부라 하는 것, 각처의 남녀가 함께 모여서 집회하는 것, 남녀가 안방에 모여 동석하는 집회를 갖는 것, 중국인 주문모 신부에게서 영세를 받은 것, 세례를 받은 뒤 천주교회의 성인성녀의 이름을 따서 본명을 가지는 것, 사람들을 나쁜 길로 인도하는 것 등의 죄목을 적용하여 처벌하였다.[28] 신유박해 때 서울에서 순교한 여성신자들로서 송 마리아(은언군 인의 처), 신 마리아(상계군 담의 처, 은언군의 며느리), 강완숙(양반여성), 한신애(양반여성), 윤점혜(양반의 서녀), 문영인(신궁나인), 강경복(폐궁나인), 김연이(평민, 조예산의 처), 정순매(동정녀, 정광수의 누이동생), 정복혜(평민), 윤은혜(윤점혜의 동생), 최설애(양반) 등이 있고, 지방에서 순교한 여성신자로서는 충주의 권아지연, 전주의 신희(유항검의 처), 이육희(유관검의 처), 이순이(유항검의 며느리) 등이 있다. 유배(流配) 또는 도배(徒配)형(유기징역)을 받은 여성신자는 여성순교자보다 훨씬 많았다.[29] 이시기 여성신자들의 신분은 왕족, 궁녀, 양반부녀자, 일반서민 부녀자, 여종 등 다양한 신분층을 망라하였다.

요컨대 권력을 장악한 정순왕후는 천주교의 지도급 인물을 중심으로 위

27 장정란, 「조선여성 강완숙이 받아들인 천주교」, 『순교자 강완숙 역사를 위해 일어서다』, 가톨릭출판사, 2007, 151쪽 참조

28 박 주, 「조선후기 신유박해와 여성」, 『조선사연구』11, 2002, 위의 논문, 143쪽

29 박 주, 위의 논문, 152-156쪽 참조

로는 왕족으로부터 아래로는 노비에 이르기까지 신앙을 고백하는 자들을 철저히 뒤져내어 극형에 처하였던 것이다. 정순왕후의 천주교 박해는 당시 가부장적 유교윤리 질서를 파괴한 천주교 신자들에 대한 탄압이었을 뿐만 아니라 정적(政敵)에 대한 정치적 보복이었던 것이다.

Ⅲ. 왕실여성 순교자

달레의 『한국천주교회사』와 『사학징의』에는 70여 명의 여성신자 기록이 보인다.[30] 이들은 왕족, 양반 가문의 부녀자, 일반 서민 부녀자, 궁녀, 여종 등 다양한 신분층을 망라하였다. 『사학징의』에 의하면 1801년 신유박해 때 순교한 왕실여성은 전체 여성순교자 17명 가운데 모두 4명(왕족 2명, 궁녀 2명)이었다. 그리고 궁녀 1명이 유배되었음을 알 수 있다.

1. 왕족여성

송씨는 은언군(恩彦君) 이인(李裀, 1755-1801)의 처이며, 그 며느리 신씨는 은언군의 장자 상계군(常溪君) 이담(李湛)의 처이다. 송씨는 진천 송씨로 정릉 참봉 송낙휴의 딸이며, 신씨는 평산 신씨로 신업의 딸이다. 송씨의 남편인 은언군 이인은 사도세자의 아들이며 정조의 이복동생이고 철종의 조부로 10세에 은언군의 작호를 받고[31], 13세에 송낙휴의 딸과 혼인했다.[32] 당시 세도정치를 펴고 있던 홍국영은 정조와 효의왕후 사이에 후사가 없자 자기 누이동생을 정조의 원빈(元嬪)으로 입궁케 하였다. 그러나 원빈이 1년만에 후사가 없이 갑자기 병사하자 홍국영은 은언군 인의 아들 상계군

---

30 박 주, 앞의 논문, 132쪽
31 『영조실록』권103, 영조 40년 6월 14일 갑오
32 『영조실록』권109, 영조 43년 7월 11일 계유

담을 원빈의 양자로 삼았다. 그리고 상계군을 생질이라 부르며 동궁으로 책봉하려고 하였다. 그러나 그것이 여러 대신들에 의해 역모로 몰려 홍국영은 강릉으로 유배되어 33세의 젊은 나이로 죽었고, 상계군 담은 1786년에 독살되었다.[33] 이 사건을 조사하는 과정에서 은언군도 연루되어 죽을 뻔했으나 정조가 대신들의 요구를 뿌리치고 강화도에 처자와 함께 유배시켰다. 은언군은 1789년(정조 13년) 강화도에서 탈출했으나 곧 붙잡혀 강화도에 다시 안치되었다. 이후로도 벽파와 정순왕후로부터 역모의 화근으로 지목되어 끊임없이 생명의 위협을 받았으나 정조의 비호로 견뎌내고 있었다. 이로 인해 은언군이 살던 양제궁(良娣宮)을 역적이 사는 궁이라 하여 '폐궁(廢宮)'[34]이라고 부르게 되었다. 강완숙[35]이 폐궁에 들어갈 때는 은언군은 역모의 화근으로 지목되면서 강화도에 유배되어 있었고, 그 부인 송씨와 며느리 신씨가 함께 살고 있었다.

한편 아들과 남편을 잃고 폐궁에서 살고 있던 송 마리아와 신 마리아의 가슴속에는 남모르는 한이 맺혀 있었다. 반역을 도모한 집안이라 하여 모든 사람이 방문을 극히 삼가고 있었다. 아무도 찾아오는 사람이 없는 그곳에 나인 서경의의 외조모인 조씨 노파가 궁에 들어가 전교하였던 것이다.[36] 그 후

---

33 『정조실록』권22, 정조 10년 11월 20일 경인조에는 상계군 담의 죽음이 독살이라고 기록되어있는 반면에, 달레의 『한국천주교회사』389쪽에는 담이 역모를 꾀했다는 죄로 사형을 당했다고 하여 실록기사와 다르게 나와 있다.

34 달레, 『한국천주교회사』상, 389쪽을 보면 폐궁은 良娣宮이며 양제궁은 은언군 인의 親母良娣 扶安 林氏의 궁호이다. 磚洞에 있었는데 역적의 궁이라고 하여 廢宮으로 불렸다.

35 『역주 사학징의』강완숙 조를 보면 강완숙은 홍지영의 후처로 세례명은 골롬바이다. 明道會(주문모 신부에 의해 세워진 평신도들의 교리연구 및 전도단체임) 여회장으로서 당시 가장 활발한 전교활동을 했다. 주문모 신부는 6년동안 강완숙의 집에 기거했다. 여성신자들 중 양반부녀자들은 거의 모두가 강완숙의 가르침을 받았고 나인 강경복, 서경의, 문영인에게도 입교의 도움을 주었다.

36 김진소. 윤민구. 이원순. 차기진. 하성래, 『순교는 믿음의 씨앗이 되고』, 한국교회사연구소, 2001, 40-44쪽 참조.달레,『한국천주교회사』상, 389-390쪽과 황사영지음, 김영수 번역,『황사영백서』, 성.황석두루가서원, 1998, 75-76쪽에는강완숙이 수차 왕족여성들을 방문하여 천주교 신자가 되게 함은 물론 주문모 신부의 방문까지도 주선하였다고 한다.

주문모 신부는 이 노파의 소개로 폐궁의 송씨와 신씨가 천주교를 믿고있다는 것을 알았다. 그 후 조씨 노파가 여러 차례 간절히 청하므로 주문모 신부는 폐궁에 가서 성사를 주고 돌아왔다. 그리고 이들도 강완숙의 집에서 열린 미사와 강론에 두 차례나 참석하였다. 한 번은 나인 강경복을 대동하였고, 한 번은 나인 서경의를 대동하고 찾아갔었다고 한다. 서경의(徐敬儀)의 말에 의하면, 그의 폐궁에 있는 양주인(송씨, 신씨)이 모두 사학(邪學)을 배운다고 했다. 신씨 성을 가진 주인은 일전에 홍필주의 집에 와서 유숙하며 사서를 강하고 돌아갔다고 한다.[37] 왕실의 여성이 교리공부를 위해 일반 여염집에 유숙한 것이다. 그러나 송 마리아와 신 마리아가 자주 강론에 참석할 수 없으므로 강완숙. 한신애. 윤점혜가 몇 차례 폐궁을 찾아 교리를 가르쳐 주곤하였다.[38] 송씨와 신씨는 "인간의 우수(憂愁)를 잊기위해"[39] 입교하였다고 한다. 즉 나인 강경복의 취조에서 송씨와 신씨가 천주교를 믿게 된 동기는 아들과 남편을 잃고 슬픔과 비탄에 빠져있을 때, 이를 잊고 영혼을 구원하기 위한 것이었는데도, 추국을 맡은 관리들은 정치적 음모가 숨어 있는 것으로 몰아갔다. 은언군 이인이 그 음모의 주동자라고 주장하였다. 따라서 삼사 모두가 "역적의 화근을 뿌리 뽑기 위해서는 은언군도 사사해야 한다" 고 상소를 올렸다.[40] 결국 은언군은 실제 천주교를 믿지 않았는데도 그 상소로 인하여 사사되었다.

1801년 신유박해가 일어나자 주문모 신부는 홍필주의 비녀(婢女)인 소명(小明)의 안내를 받아 폐궁으로 피하였다.[41] 폐궁은 왕실이므로 포졸들이

---

37 『역주 사학징의』김연이 조 179쪽

38 김진소. 윤민구. 이원순. 차기진. 하성래, 『순교는 믿음의 씨앗이 되고』, 한국교회사연구소, 2001, 40-44쪽

39 『邪學罪人李基讓等推案』230쪽
    조광, 『조선후기 천주교사연구』 104쪽

40 『순조실록』권3, 순조 1년 4월 계유,
    위의 책, 순조 1년 5월 계묘

41 『역주 사학징의』 강경복 조 175-176쪽

함부로 들어와 수색을 할 수 없었기 때문이었다. 주 신부는 20일 동안 폐궁에 숨어 있다가 그곳도 불안하여 빠져 나와 중국으로 돌아가기 위해 황해도까지 갔었다.[42] 그러나 주문모 신부는 신자들의 희생이 크자 다시 돌아와 3월 12일 의금부에 스스로 자수하여 1801년 4월 19일 한강 새남터에서 군문효수 당함으로써 한국천주교회 최초의 외국인 순교 성직자가 되었다. 강완숙도 5월 22일 자신이 전교한 궁녀 출신 강경복, 문영인을 비롯하여 김연이, 한신애, 최인철, 김현우, 이현, 홍정호 등과 함께 서소문 밖에서 참수당하였다.[43]

주문모 신부의 신문에서 왕족여성 송씨와 신씨가 천주교를 믿고 있다는 사실이 밝혀졌다. 그러자 그날로 나인 강경복과 서경의를 국청으로 잡아들여 이들이 천주교를 믿는다는 것과 주문모 신부가 폐궁에 20일 간 숨어 있었던 사실을 확인했다. 그러나 송씨와 신씨는 왕족의 부인이기 때문에 이들에 대한 취조 기록은 없다. 다만 이들을 모신 나인 강경복과 서경의의 취조 기록에서 이들의 신앙생활의 일부분을 엿볼 수 있을 뿐이다.[44]

강화도에 유배된 죄인 이인의 처 송씨와 아들인 담의 처 신씨가 주문모 신부에게서 영세까지 받고 천주교를 신봉하였다고 하여 국청에 참여했던 시임 대신. 원임대신 등이 이들에게 사사(賜死)하기를 청하였다. 이에 정순왕후는 하교하기를,

"선조(先祖)께서는 이 죄인들에 대해 처음부터 끝까지 온전한 은혜를 베푸셨는데, 그 권속(眷屬)들이 이번에 죄를 저질렀으니, 처벌하여 다른 사람들을 징계함이 마땅하다. 그 집안이 이미 국가의 의친(懿親)에 관계되지만, 먼저 이 무리로부터 법을 적용해야 백성들이 두려워할 것이니, 경들이 청한

나의 여성사 읽기

42   註41) 참조
43   『황사영백서』 74쪽. 109-112쪽
44   註43) 참조

254

것을 윤허하겠다. 강화부에 안치한 죄인 인의 처 송성(宋姓) 등은 고부(姑婦)가 모두 사학에 빠져서 외인과 왕래하고 집안에 숨겨주었으니, 그 죄를 용납할 수 없다. 이에 사사(賜死)한다"[45]

라고 하였다. 1801년 신유박해 때 두사람은 주문모 신부로부터 영세받은 사실이 주문모 신부의 취조와 강완숙 여종의 고백으로 발각되어 그해 3월 26일 사약을 받았고,[46] 은언군도 강화도에서 5월 29일에 사사되었다.[47] 『황사영백서』에서 이인은 천주교도가 아니었지만 부인과 며느리가 주문모로부터 영세를 받고 신자가 되었으므로 이에 연루되어 사약을 받고 죽음에 이르렀다고 하였다.[48]

은언군의 손자인 철종은 전계대원군(사도세자의 손자이며 은언군의 아들)의 셋째 아들이다. 헌종 15년(1849) 은언군 내외의 복작을 거행하라는 대왕대비의 하교가 내려졌고,[49] 그 해 철종 때 대왕대비 순원왕후(안동김씨 김조순의 딸, 순조비)의 명으로 은언군가의 역모에 관한 일을 적은 모든 문적이 세초되었다.[50] 1851년(철종 2년)에는 대제학 서기순(徐箕淳)에 의해 신유박해 때 은언군이 신자로 몰려 배소에서 죽은 일의 무죄를 변증하는 주문(奏文)이 지어 올려졌다.[51]

---

45 『순조실록』권2, 순조 1년 3월 임진
46 달레 원저, 안흥렬·최석우 역주, 『한국천주교회사』 상, 476-484쪽에 의하면, 강완숙 여종의 고백으로 주문모 신부가 자수한 다음 날이나 다음 다음 날 (4월 29일이나 30일, 양력)재판도 하지 않고 신문도 하지 않고 아무러한 법적 형식도 거치지 않은 채 대왕대비 김씨는 주 신부에게 피난처를 제공하였던 왕족 부인들에게 사형선고를 내렸다고 하였다.
47 김정숙, 위의 논문, 168쪽
48 『황사영백서』40쪽
49 『헌종실록』권16, 헌종 15년 6월 8일 갑술
50 『철종실록』권1, 철종 즉위년 9월 12일 병오
51 『철종실록』권3, 철종 2년 1월 22일 기유

2. 궁녀

1) 강경복(1762-1801)

강경복(姜景福)은 폐궁 나인으로 세례명은 수산나(Susanna)이며 신유박해 당시 40세였다.

강경복은 1762년(영조 38년) 평민 가정에서 태어나 궁녀가 되었다. 언제 궁녀가 되었는지는 알 수 없다. 1786년(정조 10년) 이인의 처 송씨와 며느리 신씨가 폐궁에서 외롭게 살 때 강경복은 이 두 부인을 모시고 살았다. 그리고 강경복은 주인이었던 송 마리아를 통해 1798년(정조 22년)부터 본격적으로 천주교 신앙과 교리를 배웠다. 그 후 자주 그녀는 두 분을 모시고 강완숙 집을 방문하여 교리를 배우고 미사에 참여하여 마침내 주문모 신부한테 세례를 받았다.[52]

강경복은 천주교를 믿게 된 동기가 병이 낫기를 바라는 마음과 죽은 뒤 영혼이 복을 받아 천당에 들어가기 위해서라고 고백을 하였다.[53]

1801년 2월 신유박해가 일어나자 신자들은 주문모 신부를 폐궁으로 피신시켰다. 강경복은 포졸들이 천주교 신자들을 체포하러 간다는 소식을 듣고 즉시 돌아와 폐궁에 전해 주었다. 주문모 신부는 재빨리 폐궁을 빠져나와 다른 신자 집으로 피신할 수 있었다. 강경복이 폐궁으로 달려 갔을 때 궁 앞에는 이미 기찰 포교들이 지키고 있었다. 그들의 눈을 피해 폐궁으로 들어가자 늙은 나인 이덕빈이 깜짝 놀라며 "포졸들이 지키고 있는데 어떻게 들어왔느냐? 위험한데 왜 왔느냐?"라고 걱정하였다. 이에 강경복은 소식만 전해주고 빠져 나왔는데, 결국은 창의문 근처에서 체포되고 말았다.[54] 폐궁의 두 나인인 강경복과 서경의는 강화죄인의 처 송씨 및 그 며느리 신씨를 두

---

52 『순조실록』권3, 순조 1년 5월 정유
    송종례, 「강경복(1762-1801): 폐궁의 궁녀」, 『품』제7호, 2008.3, 8쪽

53 송종례, 위의 글, 9쪽

54 『역주 사학징의』 강경복 조 177쪽

차례 강완숙 집에 데리고 와서 신부와 함께 앉아 경문을 듣고 갔다. 그리하여 강완숙도 몇 차례 답례차 가보았다.[55]

강경복의 자백내용에 의하면 3년 전에 처음으로 邪學을 송씨에게 배웠는데, 강완숙이 항상 왕래하였으므로 그때부터 친숙히 알게 되었다. 작년 가을에 강완숙의 집에 갔다가 주문모 신부를 찾아보고 세례를 받은 뒤 선아(仙娥)라는 사호를 받았다. 폐궁 송씨와 신씨 두 여인이 강완숙의 집에 가서 주문모 신부와 더불어 첨례를 하고 강론에 참석했을 때 강경복은 송현 폐궁의 나인인 까닭에 함께 가지 못했다.[56] 강경복은 천주교를 믿으면 죽은 뒤 영혼이 하늘 나라 복된 곳으로 올라간다고 하였다.

강경복은 포도청에서 진술하기를, "홍문갑(홍필주의 아명)의 어머니에게 천주교를 배웠다.... 천주교에 깊이 홀려서 사학을 정도(正道)로 인정하고 폐궁에 의탁하면서 주신부로부터 세례와 본명을 받아 신심이 갈수록 굳어졌으니 이제 형벌을 당하여도 뉘우치려는 마음은 조금도 없다."라고 하였다[57] 결국 강경복은 송 마리아와 신 마리아가 사사(賜死)된 지 두 달후, 1801년 5월 22일 서소문 밖 형장에서 강완숙, 문영인, 김연이, 한신애와 함께 순교했다.

사형선고문 내용을 보면 "너는 강화 죄인의 가족과 함께 악행을 하고 서로 도왔으며, 사술(邪術)에 깊이 홀려 정도(正道)로 인정했다. 달게 형벌을 받으며, 끝내 변혁하기 어렵다 했다......."라고 되어 있다.[58]

요컨대 궁녀 강경복은 폐궁에서 외롭게 사는 주인을 모시며 자주 강완숙집을 방문하여 교리를 직접 배우고 주문모 신부한테 영세한 순교자임을 알 수 있다.

---

55 『역주 사학징의』 강완숙 조170-171쪽
56 『역주 사학징의』 강경복 조 177 쪽
　　　『순조실록』 권3, 순조 1년 5월 정유
57 『역주 사학징의』 강경복 조 177쪽
58 『역주 사학징의』 강경복 조 178 쪽

2)문영인(1777- 1801)

문영은(文榮仁)은 1783년(정조 7년)에 신궁의 나인이 되었으며, 세례명은 비비안나(Viviana)이다. 문영인은 1777년(정조 1년) 서울의 한 중인 집안에서 5녀 중 셋째로 태어났다. 당시 궁녀를 고르던 관습에 따라 관리들이 문영인의 집에 찾아오자 그녀의 아버지는 두 언니를 숨기고 7살인 문영인은 걱정하지 않았다. 그러나 문영인의 총명함과 용모를 본 관리들은 그녀를 궁으로 데려갔다. 그리하여 어린 그녀는 궁에서 성장하며 궁녀가 되기 위한 교육을 받았다. 그녀는 특별히 글씨에 재주가 있어 문서 쓰는 일을 맡게 되었다.[59]

1797년(정조 21년) 어느 날 궁녀들이 일을 마치고 저녁에 모여 담소를 나누는 중에 문영인이 갑자기 정신을 잃고 쓰러졌다. 그녀의 상태가 점점 나빠지자 궁에서는 할 수 없이 그녀를 집으로 보내면서 병을 치료한 뒤 다시 들어오라고 했다. 사가(私家)에 있을 때인 1797년(정조 21년) 문영인은 실장수 노파에게 교리를 배우고 입교하였다.[60] 그녀는 교리를 더 깊이 배우기 위해 강완숙의 집을 찾아 갔는데, 그 때 강완숙은 그녀를 대수롭지 않게 대하였다고 한다. 또 가끔 찾아가면 "그렇게 가끔 왔다가 가면 교리를 배워 보아야 유익하지 않다"는 꾸지람까지 들었다고 한다. 문영인은 그 후로 찾아가지 않았는데, 어느 날 강완숙이 보자고 청하였다. 그래서 그 집에 갔더니 주문모 신부와 강완숙이 좁은 곁방으로 불러 들여 천주교를 열심히 믿으라고 권하였다.[61] 그 뒤로 그녀는 자주 강완숙의 집에 드나들며 열심히 교리를 배웠고, 마침내 1798년(정조 22년) 주문모 신부로부터 비비안나라는 이름으로 세례를 받았다.[62] 그 무렵 강완숙의 집에는 윤점혜를 중심으로 동정녀 공동

---

59 달레, 앞의 책, 503쪽
송종례, 「문영인(비비안나, 1777-1801): 궁녀, 순교자」, 『품』제61호, 2007. 2. 9쪽
60 『역주 사학징의』 문영인 조 182쪽
61 『역주 사학징의』 문영인 조 181쪽
김진소. 윤민구. 이원순. 차기진. 하성래, 앞의 책,40-44쪽
62 『역주 사학징의』 문영인 조 182쪽

체가 형성되어 있었는데, 문영인은 그 일원으로 열심히 신앙생활을 하였다.

건강을 회복한 그녀는 그녀의 병세를 살피기 위해 궁에서 의원이 오면 갑자기 경련이 일어나 한쪽 발과 다리가 뻣뻣해지고 마비가 되곤 하였다고 한다. 궁에서 보낸 의원이 침과 한약으로 병을 고쳐보려고 3년동안 부단히 노력했으나 소용이 없었다. 그래서 1798년 궁녀 명단에서 그녀의 이름이 삭제되었다. 그러자 그녀는 교리와 기도문을 더 많이 배우는데 열성을 보였고, 성인전을 읽고 성인의 삶을 본받으려고 노력하였다.[63] 따라서 문영인은 1797년(정조 21년)에 처음으로 실장수 노파에게 천주교를 배웠으며, 강완숙과 친하게 되어 교리를 강습하다가 본궁에서 쫓겨나왔다. 다시 어머니에게서도 쫓겨나와 청석동에 따로 집을 마련하여 살게 되었다. 강완숙의 청으로 두 달 동안 정약종에게 집을 빌려주었다.[64] 문영인 집에서는 문영인과 김섬아가 함께 강완숙의 집을 오가며 주문모 신부의 시중을 들고 첨례에도 참가하였다. 매월 7일 강완숙 집에서 첨례를 할 적에 문영인, 복점(福占, 권생원(權生員)의 노비)등이 함께 참석했다.[65] 그 후에 천주교 박해로 인해 주문모 신부가 다른 곳으로 피신하자 그녀는 다시 어머니께로 돌아와 순교의 기회가 오지 않음을 애석해 하며 "천주께서 나를 원치 않으시는가?"하고 한탄하였다. 그러나 마침내 포졸들이 집에 오자 "저는 확실히 천주교 신자입니다"라고 밝히고 포졸들에게 먹을 것을 대접한 후 어머니께 하직 인사를 하고 포청으로 갔다.

그녀는 모진 고문과 형벌에 잠시 배교한다고 하였으나 즉시 배교를 철회하고 만 번 죽어도 마음을 바꿀 수 없다고 자신의 신앙을 고백하였다고 한다.[66]

마침내 1801년 5월 22일 26살의 그녀는 강경복과 함께 처형 장소인 서소

　　달레, 앞의 책, 504쪽
　　송종례, 앞의 글, 10쪽

63　달레, 앞의 책, 504쪽

64　『역주 사학징의』 문영인 조 182쪽

65　『역주 사학징의』 강완숙 조, 169쪽

66　『역주 사학징의』 문영인 조 180쪽
　　달레, 앞의 책, 505쪽

문 밖으로 끌려나가 즐거운 모습으로 칼날을 받았다고 한다. 그녀의 처형 광
경을 본 사람은 목이 잘릴 때 그 상처에서 흰 피가 흘러나왔고 형리들도 이
를 이상히 여겼다고 전한다.[67]

사형선고문 내용을 보면 "너는 강완숙과 연결되었고 정약종에게 집을 빌
려주었다. 주신부에게 세례를 받았고, 여러 해 동안 깊이 홀린 마음을 끝내
바꾸기 어렵다고 했다. 죄는 참수형에 처한다." 라고 되어있다.[68]

요컨대 궁녀 문영인은 궁 안에서 병에 걸려 집으로 돌아오게 되며, 마침내
주문모 신부로 부터 세례를 받고 신앙을 증거하는 순교자가 되었다.

그 밖에 서경의(徐敬儀)는 폐궁 나인으로 웅천(熊川)에 유배되었다.[69] 서
경의는 사학(邪學)을 하면 죽은 후 복당(福堂)에 오른다고 하므로 입교하였
다고 한다.[70]

IV. 맺음말

지금까지 순조 초기 정순왕후의 천주교 박해와 순교한 왕족여성과 궁녀에
대하여 살펴보았다. 이제 그 내용을 요약 정리하여 맺음말을 대신하고자 한다.

순조가 11세의 어린 나이로 즉위하면서 영조의 계비 정순왕후 김씨는 왕
실의 가장 큰 어른으로서 수렴청정을 하게 되었다. 따라서 경주 김씨와 벽
파세력은 풍산 홍씨 가문의 홍낙임, 정조의 서제인 은언군 인을 제거하였
고, 남인세력을 제거하면서 정계에 본격적으로 등장하였다. 정순왕후는 천
주교를 邪學으로 치부하는 척사윤음을 전국 각지에 내리고 동시에 오가작

---

67 달레, 앞의 책, 506쪽

68 『역주 사학징의』 문영인 조 182쪽

69 『역주 사학징의』 261쪽

70 『邪學罪人李基讓等推案』 233쪽
　　조광, 『조선후기 천주교사연구』, 고려대학교 민족문화연구소, 1988, 105쪽

통법을 실시하여 이른바 신유박해를 일으키게 되었다. 이에 천주교의 지도급 인물인 이가환, 이승훈, 정약종, 권철신, 황사영, 강완숙 등이 순교하였으며, 그 결과 남녀노소, 신분의 구분없이 3백명 이상의 신자가 목숨을 잃었다. 이 때 많은 여성 신자들이 사형 혹은 유배되었다. 여성신자들 중에서 왕족여성과 나인 신분의 여성이 있었다. 왕족여성으로 송씨는 정조의 이복동생인 은언군 이인(정조의 서제, 철종의 조부)의 처이고, 신씨는 은언군의 장자 이담의 처로 송씨의 며느리가 된다.

은언군 이인은 아들 상계군 담이 독살된 후 역모의 화근으로 지목되면서 강화도에 유배되어 있었고, 이인의 부인 송씨와 며느리 신씨가 함께 폐궁에 외롭게 살고 있었다. 그러나 역모를 도모한 집안이라 하여 모든 사람이 방문을 극히 삼가고 있었다. 그러나 강완숙은 수차 이를 방문하여 천주교 신자가 되게 함은 물론 주문모 신부의 방문까지도 주선하였다. 송씨와 신씨는 인간의 슬픔을 잊고 영혼을 구원받기 위해 입교하였다. 결국 1801년 신유박해 때 주문모 신부의 신문과 강완숙 여종의 고백으로 송씨와 신씨 두사람은 주문모 신부로부터 마리아로 영세받은 사실과 주신부에게 피난처를 제공하였던 사실이 드러나 재판과 신문의 아무러한 법적 형식도 거치지 않고 정순왕후의 하교에 의해 3월 26일 사약을 받았고, 은언군도 강화도에서 5월 29일에 사학죄인이라는 명목으로 사사되었다. 그러나 헌종 15년에 은언군 내외의 작위를 회복하는 조처가 취해졌고, 철종 즉위년에는 상계군 내외의 복작을 명하였다. 그 해 대왕대비 순원왕후의 명으로 은언군가의 역모에 관한 일을 적은 모든 문적이 세초되었다. 그리고 철종 2년(1851)에는 대제학(大提學) 서기순(徐箕淳)에 의해 신유박해 때 은언군이 신자로 몰려 배소(配所)에서 죽은 일의 무죄를 변증하는 주문(奏文)이 지어 올려졌다.

한편 나인 신분으로는 강경복과 문영인이 사형선고를 받아 1801년 5월 22일에 순교했다. 강경복과 문영인은 궁녀로서 주문모 신부에게 직접 영세를 받았다. 서경의(徐敬儀)는 폐궁 나인으로 웅천(熊川)에 유배되었다.

결과적으로 같은 왕실여성이었지만, 권력을 장악한 정순왕후 김씨는 수렴청정을 하면서 당시 유교적 도덕질서를 무너뜨리는 천주교 신자들에 대하여 탄압하였을 뿐만 아니라 시파와 정조 측근 인물들에 대한 정치적 보복으로 당시까지 유례없는 천주교 박해를 행하였고, 반면에 왕족여성과 궁녀들은 정순왕후가 내린 천주교 탄압으로 인해 처형되거나 유배를 갔던 것이다.

참고문헌

『순조실록』, 『승정원일기』, 『일성록』

한국교회사연구소편, 『사학징의』, 불함문화사, 1997
조광 역주, 『역주 사학징의』, 한국순교자현양위원회, 2001
황사영 지음, 김영수 번역, 『황사영백서』, 성·황석두루가서원, 1998
마테오 리치(조광 역), 『천주실의』, 서울대학교 출판부, 1999
샤를르 달레 원저, 안응렬, 최석우 역주, 『한국천주교회사』상. 중. 하, 한국교회사연구소, 1996
유홍렬, 『증보한국천주교회사』상. 하, 가톨릭출판사, 1997
김옥희, 『한국천주교여성사』Ⅰ.Ⅱ, 순교의 맥, 1991
정두희, 『신앙의 역사를 찾아서』, 바오로 딸, 1999
조 광, 『조선후기 천주교사연구』, 고려대학교 민족문화연구소』, 1988
조 광, 장정란, 김정숙, 송종례, 『순교자 강완숙 역사를 위해 일어서다』, 가톨릭출판사, 2007
조 광, "신유박해의 분석적 고찰", 『교회사연구』1, 1977
____, "신유박해의 성격", 『민족문화연구』13, 고려대 출판부』, 1978
____, 『한국천주교 200년』, 햇빛출판사, 1989
____, "조선조 효 인식의 기능과 그 전개", 『한국사상사학』10, 1998
____, "정약종과 초기 천주교회", 『한국사상사학』18, 2002
최석우, "사학징의를 통해서 본 초기천주교회", 『교회사연구』2, 1979
김한규, "사학징의를 통해서 본 초기 한국천주교회의 몇 가지 문제", 『교회사연구』2, 1979
안화숙, "조선후기의 천주교 여성활동과 여성관의 발전", 『최석우신부화갑기념한국교회사논
    총』, 1982
김옥희, "이 루갈다의 옥중서간과 그 사적 의의", 『최석우화갑기념한국교회사논총』, 1982
원재연, "거룩한 동정녀의 모임", 상, 중, 하, 『교회와 역사』204호, 205호, 206호, 1992
____, "동정부부" 상, 하, 『교회와 역사』, 207호, 208호, 1992
황윤자, "조선후기 순조대(1800-1834)천주교 탄압의 실상", 『서강대 교육대학원 역사교육과
    석사학위논문』, 1998
임혜련, "순조 초반 정순왕후의 수렴청정과 정국변화", 『조선시대사학보』15, 2000
변주승, "신유박해의 정치적 배경", 『한국사상사학』16, 2001
김진소. 윤민구. 이원순. 차기진. 하성래, 『순교는 믿음의 씨앗이 되고』, 한국교회사연구소, 2001
박 주, "조선후기 신유박해와 여성", 『조선사연구』11, 2002
윤민구, 『한국 천주교회의 기원』, 국학자료원, 2002
이충우, 『천주학이 무어길래』, 가톨릭출판사, 1995
김정숙, "조선후기 서학수용과 여성관의 변화", 『한국사상사학』20집, 2003

Catholicism and Women in the Royal Court of King Sunjo Period in the late Chosun Dynasty*

Park, Joo**

Ⅰ. Introduction

The introduction of Catholicism to the Chosun Dynasty (1392~1910) occurred at the beginning of the 17th Century. Western learning which propagated initially by the envoys who visited Peking was considered as an object for scholastic research by the Southerners advocating of practical learning who are called Namin Sirhak scholars as well. Later, Catholicism was accepted as a religion.

In 1784 the Chosun Catholic Church was established solely as a result of the

* 이 논문은 2008년도 스페인 제10차 세계여성학대회 발표논문임.

** Department of History Education, Catholic University of Daegu.

scholastic research by the Namin Sirhak scholars before the western missionaries entered the country.

At the beginning Catholicism spread rapidly among the noblemen who were left out of power, such as Sip'a of Namin. The middle class, commoners, and women also converted. The main reason that this happened was that Catholicism proposes a new idea that all people are equal under God.

These noblemen regarded God to be a higher being than the king or parents, refused to hold services for ancestor worship, and discarded ancestral tablets which would be considered a challenge to the Neo-Confucianism society. The reaction of the government in the 9th year of King Jeongjo (1785) was suppression of Catholicism and an embargo on the importing of western learning books from Peking. However, the strength of Catholicism became even stronger. In the 19th year of Jeongjo (1795), a Chinese father named Zhou Wen-Mo (1752~1801) secretly entered the country.At the time of Jeongjo's death in June of 18.00, the number of followers had increased to ten thousand.

When Sunjo (r. 1800~1834) became king at the early age of eleven, Queen Dowager Jeongsun (King Yeongjo's queen) gained power, and Catholic persecution began. This period is called the persecution of 1801 or Sinyu persecution. This type of Catholic persecution was expanded after the Hwang Sa-Young's Silk Letter was revealed. The silk letter was detected before it reached the Catholic bishop in Peking and as a result more Catholics were executed. Over three hundred people, ranging from royalty tomaids, were executed. More women than men were beheaded or exiled. In the Hwang Sa-Young's Silk Letter it was mentioned that in 1801 two thirds of all believers were females. The oppression of women in Neo-Confucianism society induced more female believers since the beginning of the Catholic church. Queen Dowager Jeongsun conducted Catholic persecution of an unprecedented scale.It resulted in deaths of ladies in the royal family as well as maids of the court.

In this paper, during the reign of Queen Dowager Jeongsun, the actual situation of the catholic persecution and the reasons for the women in the Royal court converting to Catholicism, and their activities will be described. Through the use of historical documents such as Annals of King Sunjo, Diary of Royal Secretariat, Hwang Sa-Young's Silk Letter , Yeokju Sahak Jingui , Dallet, Histoire de l'Eglise de Coree translated by An Heung-Ryeol and Choi Seog-U and so on from women historic point of view.

II. Queen Jeongsun and the Persecution of Catholics

Queen Jeongsun was a daughter of Kim Han-Gu from the Gyeongju-Kim clan. She was born on Nov. 10, 1745 and married King Yeongjo at the age of fifteen, as the second queen consort. He was 66 years old at the time. She was even younger than her step-son who was crown prince Sado and his wife, lady Hyegyeong. While Yeongjo was governing, Queen Jeongsun was too young to demonstrate any special political activities. The Gyeongju-Kim clan got into the central political arena, but couldn't hold enough power to govern the country. After Yeongjo died and Jeongjo was crowned, the Gyeongju-Kim clan diminished further. Right after Jeongjo assumed office, he excluded the royal maternal relative subjects to reinforce royal authority. As a result of this, Hong In-Han (1722~1776, Lady Hyegyeong's uncle), Jeong Hu-Gyeom (1749~1776, Princess Hwawan's adopted son) were killed, and Kim Gwi-Ju (1740~1786, Queen Jeongsun's older brother) was sent into exile. [1]

In July of the 10th year of Jeongjo's reign (1786), Kim Gwi-Ju died. In November of the same year Prince Sanggye (?~1786), known as Yi Dam died. [2] In response to this, Queen Dowager Jeongsun sent a letter to Seung-jeong-won (Royal Secretariat)

---

1 Im Hye-Ryeon, Queen Dowager Jeongsun's Su-ryeom-cheong-jeong and political changes in the early part of the reign of Sunjo, History of Joseon, Vol. 15, 2000, p.160.

2 Annals of King Jeongjo, Vol. 22, Nov.20, 10th year of King Jeongjo's reign. Annals of King Cheoljong, Vol. 1, Jun.17, 1st year of King Cheoljong's reign

claiming that Hong Guk-Yeong (1748~1781) who was Jeongjo's closest subject, and Prince Euneon (1754~1801), known as Yi In who was Sanggye's father and Jeongjo's half brother, were behind the intrigue.[3] She implored that Euneon be punished. In regards to the punishment of Euneon, Queen Dowager Jeongsun and King Jeongjo were plainly opposed each other.[4]

Euneon received preferential treatment as the king's only younger brother, even though he was impeached as a traitor. Queen Dowager Jeongsun was bitterly opposed to the king's favored attitude toward his brother and forced Euneon to be sent into exile for the protection of the country and the royal family.

After Jeongjo died in 1800, Sunjo was crowned at age eleven. Queen Dowager Jeongsun was launched Regent or Su-ryeom-cheong-jeong. 'Su-ryeom-cheong-jeong' is a system in which the queen dowager governs the country temporarily from behind the veil when a minor king accedes to the throne.

As she gained power, the Gyeongju-Kim clan that had shrunk during the Jeongjo's reign appeared in the center of politics. During the four years that Queen Regent Jeongsun governed the country, she placed many royal orders. Among those orders was one that prohibited west studies such as Catholicism. She admitted Neo-Confucianism as the only study, and punished breakers under the treason law. To root it out, she ordered to strengthen Oga-jaktong-beop (grouping 5 families in a neighborhood to monitor each other) to village governors.

Since her Catholic suppression order was implemented, oppression on Catholics was set on a full scale. In order to overthrow Catholicism the new ruling body completely toppled Namin which was the ruling body during the Jeongjo's reign. With Sunjo's coronation and Jeongsun's Regent, Byeokpa factions considered Hong Na-Gim (1741~1801, crown prince Sado's father-in-law and Hong Bong-Han's son) as the first target to remove.

---

3   Annals of King Jeongjo, Vol. 22, Dec.1, 10th year of King Jeongjo's reign.

4   Annals of King Jeongjo, Vol. 28, Sept.26, 13th year of King Jeongjo's reign.

On May 29 in the 1st year of Sunjo (1801), Euneon who was in exile in Ganghwa-bu and Hong Nag-Im who was enclosed in Jeju-mok were put to death on charges of leading treason and Catholicism as an evil practice.[5] Chae Je-Gong (1720~1799), a leader of Namin during the Jeongjo's reign was deprived his official rank and title.[6]

After this, Tosa-bangyo-mun (Royal Message for the Rejection of Heterodoxy) was distributed.[7]

In the first year of King Sunjo's reign, with the authority of Queen Regent Jeongsun, the Gyeongju-Kim clan and Byeokpa fractions gained power to govern the country by eliminating Jeongjo's closest subjects including Yun Haeng-Im[8], Hong Nag-Im[9] and Euneon[10] by indicating them as a mastermind of Heterodoxy.

The Sinyu Persecution was not simply occurred by oppressing Catholic but was further more aggravated in the process of removing political enemies in the name of rejection of Catholicism.[11]

When Queen Regent Jeongsun died in the 5th year of King Sunjo's reign (1805), the Gyeongju-Kim clan and Byeokpa factions lost their power. At this time the Andong-Kim clan seized power. In the 7th year of Sunjo (1807), Hong Nag-Im's official rank was restored and in the 15th year of King Heonjong (1849), Euneon and his wife got their official rank back too.[12]

---

5   Annals of King Sunjo, Vol. 3, May 29, 1ˢᵗ year of King Sunjo's reign.

6   Byeon Ju-Seung, Political background of the Sinyu persecution in 1801, History of Korean Philosophy, Vol. 16, pp.93-101.

7   Diary of royal secretariat, Vol. 98, Dec.22, 1ˢᵗ year of King Sunjo's reign This is written by Lee Man-Su who was in the office of Daejehak (one of the highest royal officers of academic affairs during Joseon dynasty) for the purpose of claiming legitimacy of Catholic persecution toward China.

8   Annals of King Sunjo, Vol. 3, Sept.10,1ˢᵗ year of King Sunjo's reign.

9   Annals of King Sunjo, Vol. 3, May 29, 1ˢᵗ year of King Sunjo's reign.

10   Annals of King Sunjo, Vol. 2, March 16, 1ˢᵗ year of King Sunjo's reign.

11   Byeon Ju-Seung, Political background of the Sinyu persecution in 1801, History of Korean Philosophy, Vol. 16, P Philosophy Vol. 16, p.115.

12   Annals of King Sunjo, Vol. 10, Jan 27, 7ᵗʰ year of King Sunjo's reign Annals of

Yet in this period, Catholicism revealed antiestablishment tendencies including the rejection of memorial services for ancestors and ignoring social class due to equalitarianism. Naturally the government recognized Catholics as rebels shaking the basic order of Neo-Confucian society.

Charges against Catholic believers during the Sinyu persecution, were treason, lack of filial piety, distribution of heterodoxy, distribution of heterodoxy materials, wicked stories and words, translation of heterodoxy books into Korean and their distribution, leading people astray, getting baptized, and disorderly conduct against humanity and society.[13] Female believers especially were punished on even more charges such as immersion in Catholicism, living single, pretending to widow as an unmarried girl, participation in coed meetings in various places, having house meetings, sitting together with male believers, receiving baptism from the Chinese Father, Zhou Wen-Mo, adopting Christian names after Catholic saints, and leading people into evil practices. During this period, female believers included the royal ladies, court maids, noble class, common class and servants.[14]

In brief, Queen Regent Jeongsun's persecution against Catholic believers was not only to oppress Catholic believers who broke order of the patriarchal Confucian morality at that time, but also to demonstrate the power of the Gyeongju-Kim clan and Byeokpa's political revenge against their opponents and Jeongjo's closest subjects.

King Heonjong Vol.16, Jun8, 15st year of King Heonjong's reign.

13 Jang Jeong-Nan, Gang Wan-Suk as a female Catholic in Chosun, Martyr Gang Wan-Suk made way for the rise of Korean Catholicism, Catholic Publishing Company, 2007, p.151.

14 Joo Park, Sinyu persecution in 1801 and women believers, Studies in the history of Chosun, Vol. 11, 2002, p.143.

III. The Female Martyrs in the Royal Court

According to Sahak-Jingui, there were a total of seventeen female martyrs during the Sinyu persecution in 1801. Of the four martyred women in the royal court two were royal ladies and two were court maids. Additionally, one court maid was sent into exile.

1. Royal Ladies

Mary Song was Prince Euneon's wife and her daughter-in-law, Mary Sin was her eldest son, Sanggye's wife. Mary Song's father was Song Nak-Hyu whose office was Jeongneung Chambong, the lowest level of official post. Mary Sin was Sin Eop's daughter from the Pyeongsan-Sin clan.

Song's husband, Euneon was Jeongjo's half brother and grandfather of King Cheoljong. He received the title of Prince Euneon at the age of ten[15] and married his wife when he was thirteen years old.[16]

Hong Guk-Yeong who seized political power let his sister be Jeongjo's concubine, titled as royal noble consort Won from the Pungsan-Hong clan, since Jeongjo and his queen Hyoui had no heir. Won suddenly died of illness a year later, and Hong adopted Sanggye who was Euneon's son as the late Won's heir. However this led ministers to claim treason and resulted in him being sent into exile in Gangneung. Sanggye was killed by poison in 1786.[17] In the process of the investigation of this

---

15 Annals of King Yeongjo, Vol. 103, Jun14, 40th year of King Yeongjo's reign.

16 Annals of King Yeongjo, Vol. 109, July11, 43th year of King Yeongjo's reign.

17 Annals of King Jeongjo, Vol. 22,Nov. 20, 10th year of King Jeongjo's reign.
In the annals of King Jeongjo, it was recorded that prince Sanggye was killed by poison, however, in the page 389 of Dallet's Histoire de l'Eglise de Coree translated by An Heung-Ryeol and Choi Seog-U, it is said that Sanggye was executed for high treason.

case, Euneon was implicated and faced with death, but Jeongjo protected his family by sending them into exile to Ganghwa-do, rejecting the ministers' consistent claims. Euneon tried to escape his place of exile, but was arrested and confined again. His life was continuously threatened as he was considered a mastermind of treason by Byeokpa and Queen Dowager Jeongsun. Therefore the place where Euneon had lived was called 'Pyegung,'[18] literally ruined palace, and was known as the palace of the treason leader. When Gang Wan-Suk[19] entered Pyegung, Euneon's wife and daughter-in-law were staying there while he was in exile.

While the two ladies were staying in that lonely house, they were in deep sorrow and mourned their son and husband's exile. People hardly visited them as the family was implicated in treason. However Gang often visited them and led them to be Catholic converts, even arranging a meeting with father Zhou Wen-Mo.[20] Father Zhou administered the sacrament in the Pyegung. The two ladies said they were converted to forget human grief.[21]

They twice attended mass and heard sermons in Gang's house. Once they were accompanied by servant Gang Gyeong-Bok and the second time, by servant Seo Gyeong-Ui. According to Seo, both ladies learned Catholic doctrines. Sin even stayed at Gang's son, Hong Pil-Ju's home to learn more.[22] It was surprising that a

---

18 Dallet, Histoire de l'Eglise de Coree translated by An Heung-Ryeol and Choi Seog U, Vol. 1, p.389 The place where Prince Euneon had lived was called 'Pyegung,'literally ruined palace, and was known as the palace of the treason leader. Originally it was Yangjegung (palace) in Jeon-dong which was named after the royal title of Lady Im, Prince Eon's mother.

19 Yeokju Sahak Jingui, Sector for Gang Wan-Suk

20 Dallet, Histoire de l'Eglise de Coree translated by An Heung-Ryeol and Choi Seog-U, Vol. 1, pp.389-390.
Hwang Sa-Young, Hwang Sa-Young's Silk Letter translated by Kim Young-Su, St. Hwangseok Duruga Publishing Company, 1998, pp.75-76.

21 Criminal Yi Gi-Yang convicted of converting to Catholicism, p.230.
Jo Gwang, Study on the history of Catholic church in the late Joseon dynasty, p.104.

22 Yeokju Sahak Jingui, Sector for Kim Yeon-I, p.179

royal lady would stay at a commoner's home to learn Catholicism. Since both ladies couldn't often go to hear sermons, Gang Wan-Suk, Han Sin-Ae and Yun Jeom-Hye visited them several times to teach Catholic doctrines.[23]

While Father Zhou was being interrogated, it was discovered that the two ladies had converted. That day servants Gang Gyeong-Bok and Seo Gyeong-Ui were called to Gukcheong (temporary hearings for examining first grade crimes) and it was confirmed that the two ladies were Catholic converts and father Zhou had hidden in the Pyegung for 20 days. Because the two women were royal ladies the records of questioning do not exist.However, part of their Christian life was documented in the records of the hearings of the two servants.[24] In 1801 during the Sinyu persecution, it was found that the two ladies received their baptism from father Zhou. This information was gained in the process of examining father Zhou and the confession of Gang Wan-Suk's servant.

On Mar. 26 in the same year, the two ladies were put to death by a poison drug[25] and Euneon was executed on May 29.[26] According to the Hwang Sa-Young's Silk Letter, Euneon was not a Catholic believer, but his wife and daughter-in-law's charges implicated him, so he couldn't avoid the poisoned chalice.[27]

King Cheoljong (r. 1849-1863), a grandson of Euneon, was Prince Jeongye Daewon's third son. Prince Jeongye Daewon was crown prince Sado's grandson. In

---

23 Kin Jin So, Yun Min Gu, Yi Won Sun, Cha Gi Jin, Ha Seong Nae, Martyrdom is a seed of faith, The research foundation of Korean church history, 2001, pp.40-44

24 See the footnote 23

25 Dallet, Histoire de l'Eglise de Coree translated by An Heung Ryeol and Choi Seog U, Vol.1, pp.476-484 Queen Jeongsun ordered the execution of the royal ladies who offered shelter to Father Zhou according to the confession of Gang Wan Suk's servant without any process of trial or questioning.

26 Kim Jeong Suk, A study on the background of Gang Wan Suk's Catholic activities, Martyr Gang Wan Suk made way for the rise of Korean Catholicism, Catholic Publishing Company, 2007, pp.168-169.

27 Hwang Sa Young's Silk Letter, p.40.

the 15th year of King Heonjong's reign (1849), the Queen Dowager Sunwon who was Sunjo's queen and Kim Jo-Sun's daughter from the Andong-Kim clan ordered to restore Euneon and his wife's official rank.[28] Next year during Cheoljong's reign, the Queen Dowager ordered that the records about Euneon's treason be cleaned.[29]

2. Court Maids

1) Gang Gyeong Bok (1762–1801)

Gang Gyeong-Bok was a court maid in waiting for Pyegung and her Christian name was Susanna. She was born in 1762 in a commoner's home and became a court maid. It is unknown when she entered the court. While the two royal ladies were living alone in the Pyegung, she served them. The two ladies got baptized by father Zhou with the help of Gang Wan-Suk and were converted with the new name of Mary. Mary Song taught her Catholicism and doctrines on a full scale. After that time she escorted the two ladies to Gang Wan-Suk's home and joined mass learning further doctrines and finally receiving her baptism from father Zhou.[30]

She confessed the reason why she converted was so that her sickness would disappear and so that her spirit would be blessed when she entered heaven after she died. Such a kibok faith (asking for this-worldly benefits from God) was found in many early staged believers.[31]

In Feb, 1801, as soon as the Sinyu persecution occurred believers hid father Zhou in the Pyegung. Gang heard that policemen were out to arrest the believers and she

---

28 Annals of Heonjong, Vol. 16, Jun8, 15th year ofKing Heonjong's reign.

29 Annals of Cheoljong, Vol. 1, Sept. 12, 1st year of King Cheoljong's reign.

30 Annals of King Sunjo, Vol. 3, May 29, 1st year of King Sunjo's reign.
Song Jong-Rye, Gang Gyeong-Bok (1762-1801), a court maid of Pyegung, Pum Vol. 7, 2008. 3, p.8.

31 Song Jong-Rye, Gang Gyeong-Bok (1762-1801), a court maid of Pyegung, Pum Vol. 7, 2008. 3, p.9.

relayed the news to the two ladies and Father Zhou so that they could escape to other believer's house.

After she left the message, on her way be back, she was arrested near Changui Gate.[32] It was found that the two court maids, Gang Gyeong-Bok and Seo Gyeong-Ui escorted the two royal ladies, Mary Song and Mary Sin to Gang Wan-Suk's house twice and learned from father Zhou's preaching. Later Gang Wan-Suk also visited them.[33] Finally Gang Gyeong-Bok was martyred with Gang Wan-Suk, Mun Yeong-In, Kim Yeon-I and Han Sin-Ae at the same time on May 22, 1801. Two month later the two ladies were put to death.

In brief, court maid Gang Gyeong-Bok was a baptized, proclaimed Martyr who learned Catholicism from father Zhou and Gang Wan-Suk.

2) Mun Yeong-In (1777-1801)

Mun Yeong-In became a court maid in 1783, and her Christian name was Viviana. She was born in a middle class family as the 3rd girl among 5 girls in Seoul, 1777. One day officials came to her house to select court girls, as was the custom at that time. His father hid her two older sisters and didn't worry about her since she was only seven years old. However the officials were fascinated by her brightness and beauty and brought her to the court. Therefore she grew up in the court getting training to be court maid. Her special talent was for handwriting, so she was in charge of drawing up documents.[34]

One day she fainted while the court maids were chatting and having fellowship in

---

32 Yeokju Sahak-Jingui, Section for Gang Gyeong-Bok, pp.177.

33 Yeokju Sahak-Jingui, Section for Gang Wan-Suk, p.170.

34 Dallet, Histoire de l'Eglise de Coree translated by An Heung-Ryeol and Choi Seog-U, Vol. 1, p.503.
    Song Jong-Rye, Mun Yeong-In (Viviana, 1777-1801), a court maid and martyr, Pum Vol. 61, 2007. 2, p.9.

the evening after work. As her health condition got worse, she couldn't stay in the court. She was sent home to recover and was forced to return to the court when she got well. While staying home, she learned the doctrines from a yarn selling old lady and became a convert.[35] Finally she was baptized by father Zhou with the name of Viviana in the 22nd year of Jeongjo's reign in 1798.[36] At that time, a pure virgin community was formed around Yun Jeom-Hye at Gang Wan-Suk's house and Mun became a member sincerely walking by faith.

Even though she got well, her limbs were cramped and paralyzed when the court officials came to see her condition. Therefore in 1798, her name was deleted from the court maid list and she showed passion for learning further doctrines and prayers.[37] Her mother didn't let her stay home and from then, she lived in a house in Cheongseok-dong. The 7th of every month, Mun joined mass with Bokjeom, an official's servant at Gang Wan-Suk's house.[38] Later when the persecution started, father Zhou had to hide in other places and Mun came back home to her mother. She was disappointed with missing the martyrdom opportunity. Finally policemen arrived at her house and she proudly proclaimed that she is a Catholic.[39] After making policeman welcome with good food and saying farewell words, she headed to Pocheong (police station).

While she was severely tortured and punished, she declared apostasy for a while

---

35 Yeokju Sahak-Jingui, Section for Mun Yeong-In, p.182.

36 Yeokju Sahak-Jingui, Section for Mun Yeong-In, p.182.
   Dallet, Histoire de l'Eglise de Coree translated by An Heung-Ryeol and Choi Seog-U, Vol. 1, p.504.
   Song Jon-Rye, Mun Yeong-In (Viviana, 1777-1801), a court maid and martyr, Pum Vol. 61, 2007.2, p.10.

37 Dallet, Histoire de l'Eglise de Coree translated by An Heung-Ryeol and Choi Seog-U, Vol. 1, pp.504.

38 Yeokju Sahak-Jingui, Section for Mun Yeong-In, p.182.

39 Yeokju Sahak-Jingui, Section for Mun Yeong-In, p.180.
   Dallet, Histoire de l'Eglise de Coree translated by An Heung-Ryeol and Choi Seog-U, Vol. 1, p.505.

but it is said that she couldn't change her mind confessing her faith. Finally it is said that she was taken out to the execution place and beheaded happily on May 22, 1801. People who watched the execution thought it strange and testified the moment she was beheaded, white blood flowed out from the wound.[40] In brief, Mun Yeong-In came back home due to her health condition while recognizing court rituals are superstitions. She became a martyr testifying her faith.

IV. Conclusion

As a result of the Sinyu persecution in 1801, about 300 Catholic martyrs, regardless of age, gender and social status were killed. Those killed included Lee Ga-hwan, Lee Seung-Hoon, Gwon Cheol-Sin, and Hwang Sa-Young. Therefore the purpose of Queen Jeongsun's persecution against Catholic believers was not only to oppress Catholic believers who broke order of the patriarchal Confucian morality at that time, but also to demonstrate political revenge against her opponents. The two royal ladies, Mary Sin and Mary Song, said they converted to forget human grief, and the two court maids confessed they converted so that their illnesses would disappear and they could enter heaven when they died. It was a time when many female believers were being executed or sent to exile. Even though they belonged to the same royal family, Queen Jeongsun, who gained power, persecuted Catholics excessively as political revenge against the preceded King Jeongjo's close figures. As a result, royal ladies and court maids became victims of her oppression.

---

40   Dallet, Histoire de l'Eglise de Coree translated by An Heung-Ryeol and Choi Seog-U, Vol. 1, p.506.

References

Annals of King Yeongjo
Annals of Jeongjo
Annals of Sunjo
Seung-jeong-won Ilgi(the diaries of the royal secretariat)
Ilseongnok(the record of daily reflections)

The research foundation of Korean church history, Sahak Jingui, Bulham Culture
        Publishing Co., 1977
Yeokju Sahak Jingui translated by Jo Gwang, Korean Exalted Martyrs Committee,
        2001
Hwang Sa Young, Hwang Sa-Young's Silk Letter translated by Kim Young-Su,
St. Hwangseok Duruga Publishing Company, 1998
Charles Dallet, Histoire de l'Eglise de Coree translated by An Heung Ryeol and Choi
        Seog U, Vol. 1, 2, 3, the research foundation of Korean church history, 1996
Yu Hong Ryeol, Revised and enlarged addition of History of Korean Catholic
        ChurchI, II, Catholic Publishing House, 1997
Kim Ok Hee, History of Korean Catholic Females, I, II, Pulse of Martyrdom, 1991
Jeong Du Hee, Tracing History of Catholicism, Daughters of St. Paul, 1999
Jo Gwang, Study on the history of Catholic church in the late Joseon dynasty,
        National Culture Research Institute of Korea University, 1998

Jo Kwang, Jang Jeong Nan, Kim Jeong Suk, Song Jong Rye, Martyr Gang Wan
Suk made way for the rise of Korean Catholicism, Catholic Publishing Company,
        2007,
Jo Kwang, A analytic study on Sinyu Persecution in 1801, Church History Studies,
        Vol. 1, 1977
— , Characteristics of Sinyu Persecution in 1801, National Culture Studies, Korea
        University Press, 1978
— ,Two Hundred Years of Korean Catholicism, Haetbit Publishing Co., 1989
— ,On the Social Function of the Filial Piety in Choson Dynasty, History of Korean
        Philosophy, Vol. 10, 1998
— ,Jeong Yak Jong and early Catholic Church in Korea, History of Korean
        Philosophy,, Vol. 18, 2002
Choe Seog U, Early Korean Catholic Church from Sahak Jingui, Study on Church
        History, Vol. 2, 1979

An Hwa Suk, Activities of female Catholics and development of view of womanhood, History of Korean Church in memory of Choe Seog U's 60th Birthday from a collection of treatises, 1982

Kim Ok Hee, Lee Lutgardis's letter from prison and its historical significance, History of Korean Church in memory of Choe Seog U's 60th Birthday from a collection of treatises, 1982

Won Jae Yeon, Gathering of Holy Virgins, I, II, III, Church and History, Vol. 204, 205, 206, 1992

-, A Virgin Couple, I, II, Church and History, Vol. 207, 208, 1992

Hwang Yun Ja, The reality of Catholic persecution during King Sunjo's reign (1800-1834) in the late Joseon Dynasty, MA Dissertation, History Education Major, Graduate School of Education, Sogang University, 1998

Im Hye Ryeon, Queen Dowager Jeongsun's Su-ryeom-cheong-jeong and political changes in the early part of the reign of Sunjo, History of Joseon, Vol. 15, 2000

Byeon Ju Seung, Political background of the Sinyu persecution in 1801, History of Korean Philosophy, Vol. 16

Kin Jin So, Yun Min-Gu, Yi Won-Sun, Cha Gi-Jin, Ha Seong-Nae, Martyrdom is a seed of faith, The Research Foundation of Korean Church History, 2001

Joo Park, Sinyu persecution in 1801 and women believers, Joseon History Studies, Vol. 11, 2002,

Yun MinGu, 『The Origin of the Korean Catholic Church』, Kookhak Community, 2002

Lee Chung-Woo, What is Catholicism?, Catholic Publishing House, 1995

Ju Myeong Jun, "A Study on the Catholic Religious Activities of the Jeong Yak-jong's Family", History of Korean Philosophy, Vol. 18, 2002

Kim Jeong-Suk, "A Changed Perception of Womanhood by the introduction of Catholicism during the Late Choson Dynasty", History of Korean Philosophy, Vol. 20, 2003

Key words: King Sunjo, Queen Jeongsun, Royal Ladies, Court Maids, Catholic Persecution

나의 여성사 읽기

2) 제3회 한·중·일 여성사국제심포지움에서 논문 발표(중국 상해 푸단대학교, 2015. 12. 21)
"The Virtuous women and the Bought-Back women during and after the invasion of the Qing Dynasty"

병자호란 때의
열녀와 속환녀

1. 머리말

조선왕조는 임진왜란이 끝난지 30년만에 또 다시 두차례에 거친 만주족의 침입을 받았다. 정묘호란(인조 5년, 1627)과 병자호란(인조 14년, 1636)이 그것이다.

1차 침입인 정묘호란은 후금이 인조 5년(1627) 정월 13일 3만여 명의 군대를 이끌고 압록강을 건너와서 의주(義州)를 점령하고 용천, 선천, 안주, 평양, 황주 지방을 경유하여 평산(平山)에 도착하였다.

그 뒤 3월 3일 강화도에서 조선과 후금간에 형제관계를 맺고 조공을 바칠 것을 내용으로 하는 강화가 성립된 후 물러가기 시작하여 그해 8월 의주에서 전부 철수하여 정묘호란은 전쟁 발발 50일만에 종결되었다.

2차 침입인 병자호란은 청태종이 1636년(인조 14) 12월 9일 13만명의 군대를 이끌고 의주부윤 임경업이 지키는 백마산성을 피하여 속공을 감행하여 압록강을 넘어 5일만에 서울을 유린하고 7일만에 남한산성을 포위했다.

청군에 포위된 남한산성은 군사와 군량 모두가 충분치 않은데다 완전히

고립되었다. 이때 강화도가 함락되자 최명길 등의 주화파의 주장에 따라 항복을 결심하고 다음 해 1월 30일 인조가 항복함으로써 병자호란은 끝을 맺게 되었다. 이와 같이 정묘, 병자호란은 전쟁기간이 비록 50일로 짧았으나 청군이 거쳐 간 서북지방은 약탈과 살육에 의해 인명의 손실과 재산의 피해 등은 임진왜란에 버금가는 큰 피해를 가져왔다.

외침을 받을 때마가 가장 큰 수난을 겪는 것은 여성들이었다. 호란때에도 조선사회의 유교적 정절관의 보급으로 많은 열녀들을 생겨나게 하였다. 전쟁 때의 열녀들은 대부분 자살하거나 피살되었다. 특히 강화도가 함락되자 수많은 여성들이 정절을 지키기 위해 자결하였다. 이들 대부분은 정려(旌閭)의 포상을 받았다.

한편 적에 의해 많은 조선인들이 포로가 되어 만주로 끌려갔다. 위로는 종실로부터 아래로는 서민, 천민에 이르기까지 남녀노소를 불문하고 사로잡혀 갔다. 이들은 몸값을 지불함으로써 고향으로 돌아올 수 있었다. 이들 가운데 많은 여성들이 있었다. 사대부 집안에서는 비싼 몸값을 지불하고 돌아온 여성들에 대한 失節을 이유로 이혼을 제기하여 정치적, 사회적 문제가 되었다. 반면에 돌아오지 못한 여성들은 낯선 이역에서 비참한 생활을 하였다.

병자호란과 관련된 연구는 그동안 적지 않게 이루어졌다. 그러나 병자호란과 여성에 대한 연구는 극히 드물다.[1] 이에 본고에서는 만주족의 2차침입인 병자호란으로 인하여 큰 수난을 겪은 열녀와 속환녀에 대하여 살펴보고자 한다.

본고에서는 『조선왕조실록』,『승정원일기』,『여지도서』,『강도지』,『조선각도읍지』,『심양일기』,『심양장계』,『연려실기술』,『사찬읍지』 등의 자료를 참고하였다.

1 森岡康, 〈贖還被虜婦人の離異問題について〉,《朝鮮學報》26, 1963
　　박 주, 〈丙子胡亂과 旌表〉,《조선사연구》9, 2000
　　박 주, 〈병자호란과 이혼〉,《조선사연구》10, 2001
　　박 주, 「병자호란과 여성」,『조선시대의 여성과 유교문화』, 국학자료원, 2008 등

2. 병자호란과 열녀

조선 유교사회의 부부간의 관계에서 남편에 대한 아내의 순종과 수절(守節)은 가장 중요한 것이었다. 조선왕조의 위정자들은 가부장제의 유교적 여성관을 확립해 나가는데 전력을 기울였다. 조선왕조의 위정자들은 가부장제의 유교적 여성관을 확립해 나가는데 전력을 기울였다. '신하가 두 임금을 섬기지 않고 부인이 두 남편을 섬기지 않는다.'는 것이 인간의 가장 중요한 윤리가 되어 신하에게는 충(忠)이 부인에게는 정절(貞節)이 필수적으로 요구되었다.

국가에서는 유교적 정절관을 강조하기 위해 수절(守節)을 정책적으로 장려하는 포상정책 이른바 정표정책(旌表政策)을 실시하였다. 즉 남편에 대해 정절을 지킨 여자를 열녀라 하여 정문(旌門), 정려(旌閭), 복호(復戶), 상물(賞物) 등으로 포상함으로써 그들의 행적을 널리 세상에 알리고 후세의 규범으로 삼았던 것이다.

정문(旌門)이란 가장 높은 단계의 표창으로 열녀들을 표창하여 임금이 그 집이나 마을 앞에 세우도록 한 붉은 문이다. 다른 명칭으로는 정려(旌閭), 홍살문, 홍문, 작설(綽楔), 도설(棹楔)이라고도 한다. 복호(復戶)는 요역을 면제하는 것을 말하며, 상물(賞物)은 상으로 미(米), 포(布), 전택(田宅)등을 주는 것을 말한다.

양반층의 경우 열녀가 나오면 가문의 자랑이 되었으며, 천민의 경우 면천(免賤)하게 되어 신분상승을 가능케 할 뿐 아니라 경제적 혜택도 주어졌다. 이에 조선후기에 이르면 열녀는 가족들에 의해 강요되기까지 했다. 뿐만 아니라 수절이 당연시되었다. 정절을 지키기 위하여 수절하거나 자결하는 것이 이 당시 여성의 도리였다.

그 결과 많은 여성들은 죽음으로써 정절을 지켰다. 자결은 그러한 사회적

환경속에서 그들의 정절을 나타내는 유일한 방법이었다.

만주족의 침입으로 인한 열녀는 대부분 피살되거나 자살한 예이다. 호란 때 적을 만나자 대부분의 여성들은 강, 바다, 연못, 우물, 절벽 등에서 뛰어내려 자살하거나 혹은 스스로 목을 매거나 찔러 자살하였다. 그런가하면 적을 만났을 때 끝까지 저항하여 참혹하게 살해당하는 경우도 적지 않았다.

《여지도서》[2]를 통하여 도별 열녀 분포수를 볼 때 호란 때 절개를 지키려다 죽은 경우가 107건이 되며, 이 가운데 1627년 정묘호란 때가 28건(26%), 1636년 병자호란 때가 43건(40%), 정축년(1637년) 때가 36건(약34%)임을 알 수 잇다. 1637년 정축년에는 강화도에서 자결한 경우가 33건으로 그 대부분을 차지하고 있다.[3]

《강도지(江都誌)》를 보면 1637년 강화도가 함락되자 수많은 부녀자들이 절개를 지키기 위해 자결하였다.

《여지도서》와 《조선각도읍지》[4]에 나와 있는 병자호란 때 발생한 열녀 사례를 유형별로 살펴보면 다음과 같다.

적을 만나 강이나 바다, 우물에 빠져 죽은 경우가 27건이다, 수원부(水原府)의 이규영(李奎英)의 처 박씨는 병자호란에 남편이 전사하고 시부모와 함께 피난하다가 적을 만나자 남편의 신주(神主)를 안고 바다에 빠져 죽었다. 이에 정려(旌閭)하였다.[5]

안주목의 장지노의 처 김씨는 병자호란에 적에게 핍박받자 우물에 빠져 죽었다. 이에 정려되었다.[6]

2 《輿地圖書》는 전국적인 官撰邑誌이며 모두 55책으로 영조 41년(1765)에 편찬되었다. 여기에서는 국사편찬위원회에서 발행한 《輿地圖書》上.下를 이용하였다.
3 《朝鮮各道邑誌 全》를 통하여 호란 때의 열녀 분포수를 보면 모두 153건이며, 이 가운데 정묘호란 때가 45건, 병자호란 때가 60건, 정축년 때가 33건, 미상이 15건임을 알 수 있다.
4 《朝鮮各道邑誌 全》, 영인본, 태학사, 1978을 이용하였다.
5 《조선각도읍지》경기도 수원부 열녀조
6 《안주목읍지》효열녀조 221쪽
   《조선각도읍지》평안도 안주목 열녀조

절벽에서 뛰어내려 자살한 경우로는 8건이 보인다. 성천부(成川府)의 기녀(妓女)인 금옥(今玉)은 병자호란에 난리를 피하여 골짜기에 깊숙이 숨었다가 적병에게 잡혀서 핍박받게 되자 절벽에서 뛰어내려 죽으니 사람들이 모두 탄식하며 불쌍히 여겼다. 그런데 이 때에 이르러 도신(道臣)이 도내 사민(士民)들의 공의(公議)를 채택하여 그 일을 진계하니 숙종을 특별히 정려(旌閭)하도록 명하였다.[7]

황해도 서흥부(瑞興府)의 신고온(申古溫, 사비(私婢), 곽희방(郭熙邦)의 첩(妾)은 병자호란에 남편이 죽자 열흘동안 굶어서 죽었다. 천첩(賤妾)의 신분으로 주목된다.[8]

적에게 붙잡혔을 때 목을 찌르거나 또는 목을 매어 자결한 경우가 9건이 보인다.

남편이 사로잡히자 독약을 먹고 자살한 경우로써 개성부의 진흥서(陣興徐)의 처 전씨(田氏)가 있다. 이에 정려되었다.[9]

병자호란에 불에 타 죽은 경우도 있다. 황해도 연안부의 강철(康澈)의 처 최씨는 병자난에 적병에게 쫓겨 달아나다가 민가에 들어갔다. 적이 유인하고 협박했으나 몸이 더럽혀질까 두려워하여 끝까지 집에서 나오지 않았다. 적이 이에 그 집에 불을 질러 결국 최씨는 타죽었다. 이에 정려되었다.[10] 한편 적에게 붙잡혀 피살된 경우가 적지 않았다.

1637년 강화성이 함락되자 많은 부녀자들이 순절하였다. 강화도에서 스

---

7 《숙종실록》권11, 숙종 7년 3월 병진조
　　《여지도서》평안도 성천부 열녀조
　　《조선각도읍지》평안도 성천부 열녀조
　　《여지도서》와 《조선각도읍지》에는 금옥의 신분이 官婢로 다르게 나와있다.
8 《여지도서《황해도 서흥부 열녀조
　　《조선각도읍지》황해도 서흥부 열녀조
9 《조선각도읍지》경기도 개성부 열녀조
10 《여지도서》황해도 연안부 열녀조
　　《조선 각도읍지》황해도 연안부 열녀조

스로 목을 찔러 죽은 경우와 스스로 목을 매어 죽은 경우가 상당히 많다. 강에 빠져 죽거나 물에 빠져죽은 경우도 적지 않았다.

역관(譯官) 정신남(鄭慎男)의 딸은 처녀로서 1637년 변란을 피할 때 나룻배가 언덕을 막 떠나 그녀가 미처 배에 오르지 못하였는데 사공이 손을 잡아당기려 하자 정신남(鄭慎男)의 딸이 "손을 더럽히고 사는 것이 죽는 것만 못하다."하고 드디어 바다에 빠져 죽었다. 정치화(鄭致和), 민정중(閔鼎重)이 그 절의가 가상하다 하여 旌門을 세워 표창하자고 청하니 마을에 정문을 세워 표창하였다.[11]

이상에서 병자호란 때의 열녀 사례를 정리해 보면 많은 부녀자들이 적으로부터 정절을 지키기 위해 자결함으로써 정려(旌閭)되었다.

적을 만났을 때 강이나 바다, 우물에 몸을 던져 빠져 죽은 경우, 절벽에서 뛰어내려 자살하는 경우, 스스로 목을 매거나 또는 목을 찔러 자결하는 경우들이 대부분이었다. 그런가하면 적에게 끝까지 저항하다가 참혹하게 피살되는 경우도 적지 않았다. 그 밖에 약을 먹고 자결하거나 불속에서 타 죽은 경우가 드물게 있었다.

한편 열녀의 신분을 보면 종실(宗室)의 처(妻)로부터 여종에 이르기까지 사회신분의 고하, 귀천의 구별없이 열녀로서 정표되었다. 특히 첩(妾)의 신분이 적지 않아 주목된다.

그리고 가족이 함께 자결한 경우가 상당히 많았다. 예컨대 생원(生員) 민성(閔垶)은 그의 가족 13명이 모두 목을 매어 자결하였으며,[12] 정백형(鄭百

---

11 《현종실록》권19, 현종 12년 6월 계묘조
    《현종개수실록》권24, 현종 12년 6월 계묘조
    《연려실기술》253쪽

12 《국역 연려실기술》권26 246~247쪽에 보면 "민성은 그 아들 지침과 지발과 지익과 함께 의병에 속하였다가 성이 장차 함락하게 되자 3남 4녀와 지침의 처 이씨, 지발의 처 김씨, 지익의 처 유씨, 서자, 아내 우씨와 함께 모두 목을 매어 죽었다."라고 되어있다.

후)은 가족 9명이 모두 스스로 목을 매어 죽었다.[13] 그 밖에도 남편과 함께 순절하거나 자녀가 함께 자살한 경우도 적지 않았다.

이와 같이 강화성이 함락되자 수많은 부녀자들과 그 가족들이 순절(殉節)함으로써 병자호란 때 발생한 열녀의 대부분을 차지하고 있다.

신분을 볼 때 사족(士族)의 처가 가장 많았으며 천인(賤人)의 처와 첩(妾)도 또한 자결한 사람이 적지 않았다.

《여지도서》와 《전국각도읍지》에 의거하여 보면 병자호란 때에는 경기도가 가장 많은 열녀수를 보이고 있고, 그 다음으로 황해도임을 알 수 있다. 경기도에서도 당시 지배계층이 피신하고 있던 강화도가 가장 많은 열녀수를 보이고 있다.

3. 병자호란과 속환녀

병자호란으로 수많은 여성들이 청군에 의해 만주 심양(瀋陽)으로 끌려갔다. 인조 15년(1637) 5월 17일부터 만주 심양에서 속환(贖還)이 허용되었다. 《심양일기(瀋陽日記)》에 피로인매매를 위해 성문 밖에 모인 남녀 포로가 수만이었다고 기록하고 있는 것을 보더라도 얼마나 많은 수의 사람들이 납치되었는지 알 수 있다.[14]

이들은 청나라측이 몸값을 받고 석방하게 되는 속환(贖還)을 요구함에 따라 당시 정치, 사회, 경제에 큰 파문을 일으켰다. 청에 사로잡혀 간 여성들중 몸값이 지불되어 돌아오는 방법에는 개별적으로 속환하는 사속(私贖)과 국

---

13 《국역 연려실기술》권26, 246쪽을 보면 정백형은 청병이 성에 다가온다는 말을 듣고 먼저 목을 매어 죽었다. 그 아버지 효성과 그 서모와 형 백창과 아내 한씨 및 첩 두 사람과 서동생과 그의 아내 등 9명이 모두 스스로 목을 매어 죽었다. 백형의 고조는 정성근인데 연산조의 충효로써 화를 입어 정려하였으며, 아들 舟臣과 梅臣, 손자 元麟과 元麒 및 원린의 아들 孝成이 모두 효행으로 또한 정려하였는데, 이때에 와서 一門을 旌閭하였다.

14 《瀋陽日記》5월 17일, 59쪽 참조

가에서 속환하는 공속(公贖)이 있었다. 그러나 속환되어 온 여성의 수는 전체에 비하여 소수에 불과하였다.

　사대부 집안의 여성들에게는 수백냥, 수천냥의 고액의 몸값을 요구하여 속환이 제대로 되지 않았으며, 가난한 사람은 자연히 몸값을 지불하고 데려갈 사람이 없기 때문에 속환문제는 몇 년씩 지연될 수 밖에 없었다. 돌아오지 못한 여성들이 낯선 이역(異域)에서 겪어야 되었던 비참한 생활상은 수많은 비극을 낳기에 이르렀다. 즉 위로는 종실(宗室)[15]로부터 아래로는 서인(庶人), 노비(奴婢)에 이르기까지 남녀노약(男女老弱)을 불문하고 사로잡혀 갔다고 볼 수 있다. 피로 부녀자의 참상은 여러기록에 전하여지고 있다.[16]

　회은군(懷恩君) 이덕인(李德仁)의 딸과 같이 희망해서 청나라 조정의 후궁으로 들어간 등의 예는 극히 드물고 대다수의 여성은 상당한 노역(勞役)의 일을 강요당하였다.[17] 속환(贖還)을 지급한자 이외에는 결코 고국에 다시 돌아오지 못하고 혹자는 식량사정 때문에 심관(瀋館)에 남아있고 농경에 사역되었다. 속환된 일부 여자들은 객사(客司)에 소속되어 영구히 전복(典僕) 공천(公賤)이 되었다.[18]

　또 인조 15년(1637) 4월 22일의 기사에서 조속한 속환 대책의 실시를 원하고 있음을 알 수 있다. 즉 속환이 연기되어 늦어지게 되면 살아남은 자들

---

15 《승정원일기》인조 20년 4월26일조에 보면 비변사에 병자호란에 포로로 잡혀간 종실의 여자 중종의 6대손 蓮昌都正을 贖還시키기 위해 贖價를 題給하는 문제를 該曹에서 품처하게 할 것 등을 청하였다.

16 《승정원일기》인조 15년 2월 13일
위의 책, 인조 15년 4월 22일
위의 책, 인조 15년 9월 16일
위의 책, 인조 15년 11월 22일
위의 책, 인조 16년 4월 22일
위의 책, 인조 16년 9월 초7일
위의 책, 인조 18년 6월 초3일
위의 책, 인조 20년 4월 26일

17 森岡康, 〈贖還被虜婦人の離異問題について〉, 《朝鮮學報》26, 1963, 70쪽 참조

18 《승정원일기》인조 18년 6월 3일

은 혹은 굶주리고 혹은 쓰러지는 것 이외에 깊은 곳으로 팔리게 되어 영구히 찾아볼 수 없게 되므로 속환하는 일은 하루가 급하다고 하였다. 그리고 남은 백성들도 혹독한 병화를 입은 농토를 다 팔아 지극한 정성으로 부모처자를 속환하고자 하니 하루속히 속환관(贖還官)을 사은사행(謝恩使行)과 함께 보낼 것을 원하였다.[19] 예조좌랑 허박(許博)은 피로인들이 저 땅에서 굶주리고 몸을 덮을 의류가 제대로 갖춰져 있지 않아 금년 겨울이 지나면 얼어 죽는 자가 많을 것이므로 속환을 서둘러야한다고 상소하였다.[20]

무엇보다도 큰 사회적 문제는 속환(贖還) 피로부인(被擄婦人)의 실절(失節)에 관한 이혼문제였다. 이에 따라 사로잡혀 갔다가 속환(贖還)되어 온 부인(婦人)의 이혼 문제는 커다란 사회 문제로서 취급되게 이르렀다. 인조 16년(1638) 3월에 신풍부원군(新豊府院君) 장유(張維)가 외아들 장선징(張善澂)의 처가 병자호란 때 강화도에서 청군에게 붙잡혀갔다가 속환되어 친정에 있지만, 처로써 받아들이기 곤란하다고 하여 이혼시켜 줄 것을 예조에 단자를 올림으로써 발단이 되었다. 그러나 최명길의 복합론이 왕의 뜻을 얻어 장유의 신청은 윤허를 얻지 못하고 말았다. 최명길의 헌의 중에는 "만약 이혼해도 된다는 명이 있게되면 반드시 속환을 원하는 사람이 없게 될 것입니다. 이것은 허다한 부녀자들을 영원히 이역(異域)의 귀신이 되게 하는 것입니다."[21]라고 되어 있다. 그러나 2년 후 장유가 죽고 고상신(故相臣) 장유(張維)의 처 김씨가 예조에 재차 아들 선징(善澂)의 처의 이혼을 청하였다. 이때 장유의 처 김씨는 이혼 사유로서 속환부인이라고 하는 것 이외에 시부모에 대한 불순(不順)을 덧붙였다. 이 일에 대하여 인조는 특례로서 이혼을 허락하였다.[22]

---

19 《승정원일기》인조 15년 4월 22일
20 《승정원일기》인조 15년 9월 16일
21 《인조실록》권36, 인조 16년 3월 갑술
22 《인조실록》권41, 인조 18년 9월 경자

전 승지 한이겸(韓履謙)은 자기 딸이 사로잡혀갔다가 속환되었는데 사위가 다시 장가를 들려고 한다는 이유로 그의 노복으로 하여금 격쟁하여 원통함을 호소하게 하였다. 형조에서 예관으로 하여금 처치하게 하기를 청하였다.[23]

속환 피로부인에 대한 복합론과 이혼론, 절충론의 논쟁도 1638년(인조16)부터 1640년(인조18)까지 묘당을 떠들썩하게 하였다. 복합론을 강력히 주장한 최명길은 속환피로부인에 대해 결코 일률적으로 실절을 논해서는 안된다는 것이었다. 그리고 특진관 조문수, 영돈녕부사 이성구 등을 이혼론을 주장하였다. 포로로 잡혀가 실절한 부인은 남편의 집과 대의(大義)가 이미 끊어진 것이며 다시 합하게 하는 일은 사대부의 가풍을 더럽히는 일이라 보았다.

4. 맺음말

청의 침입 때 여성들은 죽음으로써 정절을 지켰다. 전쟁 중에 정절을 지키다 죽은 부녀자가 많은 것은 조선조의 유교적 여성관이 철저했기 때문일 것이다.

만주족의 1차 침입 때보다 2차 침입 때에 열녀가 더 많이 나왔다. 〈여지도서〉를 통하여 볼 때 1차 침입 때(43건)보다 2차 침입 때 열녀의 수(79건)가 훨씬 많이 나왔음을 알 수 있다.

지역적으로 볼 때 청군이 거쳐 간 서북지방이 약탈과 살육에 의해 인명의 손실이 많았다. 그 결과 1차 침입 때는 황해도의 해주, 안악에서 열녀가 많이 나왔고, 2차 침입 때는 강화도와 황해도의 평산에서 열녀가 많이 나왔다.

특히 강화도의 여성 인명 피해가 가장 컸다. 그것은 왕족과 관리들이 피난

---

23 《인조실록》권36, 인조 16년 3월 갑술

해 가 있던 상화성이 함락되면서 많은 부녀자들이 정절을 지키기 위해 순절하였기 때문일 것이다. 이들은 대부분 열녀로서 국가로부터 포상을 받았다.

한편 만주족의 침입으로 수많은 여성들이 청군에 의해 만주 심양으로 끌려갔다. 이들은 청나라 측이 몸값을 받고 석방하게 되는 속환을 요구함에 따라 돌아온 여성의 수는 소수에 불과하였다. 돌아오지 못한 여성들은 낯선 이역에서 추위와 굶주림 속에서 노동으로 비참한 생활을 하였다. 사로 잡혀 갔다가 속환되어온 일부 사대부 여성들은 실절(失節)로서 이혼을 요구받았다.

Abstract

The virtuous women and the Bought-Back women during and after the invasion of the Qing Dynasty

Park, Joo

(Catholic University of Daegu, Korea)

Choson dynasty was invaded by the Manchu two times after the Japanese Invasion of 1592. The first invasion was in 1627 and the second was in 1636.

Whenever disaster like war occurred, the most of victims were women. Since Choson society was very radical Neo-Confucian one at that time, the Confucian principles leaded a lot of loyal retainers, filial sons and fidelity women to death. Especially when Gangwha Island was fallen, many of women committed suicide to keep their chastity and most of them were rewarded later.

Many Koreans, from the member of royal family to the low-born and from the old to the young, were captured by enemy inevitably and taken to Manchuria during this war period. They could be back home by paying ransom. There were a lot of women among people who came back to Choson by paying ransom. Especially young married women of Literati families were at issue, because they were suspected of being raped-in the Neo-Confucian words, having lost their chastityby the barbarians during their stay in Manchuria as their prisoners. So the families of their husbands could not allow these women to remain as their daughters-in-law, and eventually tried to get permission from the Choson government to take divorce actions against them. Women who did not return their home leaded miserable life.

Obedience and faithfulness of wife to her husband were the most importantvalues in Neo-Confucian society. The rulers of Choson dynasty made an effort to establish a patriarchal society which was under Neo-Confucianism. 'Man should serve but one king and woman should serve but one husband' was the motto of life in that period.

Choson dynasty encouraged woman to remain faithful to her deceased husband and rewarded faithful woman with a red gate or discharging fromcorvee or a prize. Also the rulers made the virtuous woman's actions a role model of public.

A red gate was the highest ranked prize and was erected in honor of a virtuous woman in front of house or town by king's order. Rice or textiles or land was given to virtuous woman as a prize.

The upper class family were proud of the red gate when they had a virtuous woman. The lowest class family could raise their social class and had an economical benefit. That made a woman to keep her chastity against her will by her family in later Choson dynasty. It was in common that woman had used to commit a suicide herself to keep her chastity after her husband dead.

Choson government established an award policy to propagate patriarchal Neo-Confucianism that woman should serve but one husband. As a result, a lot of women threw away their lives to keep chastity. Suicide was the only way to meet their belief under that social environment.

Especially the most numbers of virtuous women were from Ganghwa Island, since many royal families and high government officials sought a shelter at the island. They all rewarded. A lot of women were sacrificed to keep their chastity during the Manchu Invasions due to Neo-Confucianism. Most of the women killed theirselves by slashing neck, hanging, drowning or falling. Some of them were killed by Manchurian soldiers brutally. Others committed suicide by taking poison or were burnt to death.

A lot of women died for their chastity as Ganghwa Island fortress was fallen in 1637. Many women killed theirselves by slashing neck, hanging and drowning.

The social status of virtuous women covered all the class of society from the royal family to the low-born. It is worthy of note that considerable numbers of virtuous women were concubines.

Many cases were a family suicide. All 13 members of Min sung's family and all 9 members of Jeong Hyung-baik's family hanged themselves. Also considerable numbers of women cases suicide with their husbands and children.

The largest numbers of virtuous women were the wives of the Literati families. Also the considerable numbers of virtuous women were concubines and the wives from the lower class.

Many women were captured by enemy as war prisoners and taken to Shimyang in Manchuria during the second Manchu invasion period. Qing allowedthem to come back by paying ransom. It started May 17th, 1637. There were two ways of paying ransom. One was paid by private money and the other was paid by government funds. Only few portions of women returned. Only few portions of women returned back home by paying ransom. Women, who did not return in time their home, leaded miserable life with hunger and bitter cold. The bought-back women were claimed to divorce by their husbands' families, because they were suspected of being lost their chastity. Qing wanted so much money for the women from Liberlati families that they could not pay money. For women from the poor families they could no affordto make money for ransom and travelling expenses. These situations resulted in delaying their returns for several years. Women, who did not return in time their home, leaded miserable life and tragic things were shown in the Diary of King's Secretary. Qing took many Koreans, from the members of royal family to the low-born and from the old to the young, to Manchuria for expecting large profit.

서평

강명관, 『열녀의 탄생-가부장제와 조선 여성의 잔혹한 역사』[1],

박주 서평

열녀의 탄생- 가부장제와 조선 여성의 잔혹한 역사[2]

1. 책의 구성과 내용: 열녀는 남성-양반에 의하여 제작된 것

이 책은 제목에서 알 수 있듯이 조선시대 열녀 탄생의 역사(부제: 가부장
제와 조선 여성의 잔혹한 역사)를 다룬 전체 855쪽 분량의 대작으로 주목할
만한 연구서이다. 저자가 머리말에서 언급했듯이, 이 책은 조선시대 남성-
양반이 국가 권력을 동원해 가부장적 욕망을 실천하는 텍스트를 여성의 대
뇌에 설치하는 과정을 추적하였다. 텍스트의 생산과 유통, 주입 그리고 그
결과로서 여성의 의식, 행위의 변화를 검토하였다. 조선시대 양반은 국가
권력이 장악한 인쇄, 출판기구를 동원해서 일방적으로 남녀의 차별과 여성
의 성적 종속성을 담고 있는 텍스트를 생산한 후 여성의 대뇌에 강제적으로
심고자 하였다는 것이다. 그 결과 수많은 여성들은 여성이 남성보다 열등한
존재이며, 성적 종속성의 실천을 위해 자기 생명을 내버리는 것을 여성 고
유의 윤리 실천이라 믿게 되었다는 것이다. 양반은 그 여성을 절부 혹은 열

1 강명관, 『열녀의 탄생-가부장제와 조선 여성의 잔혹한 역사』, 돌베개, 2009
2 박주, 서평 "열녀의 탄생", 『여성과 역사』 11호, 2009.12

녀라고 찬미하였던 것이다. 요컨대 조선시대 열녀는 국가-남성이 만든 텍스트에 의해 만들어졌음을 이 책은 강조하고 있다.

　본서의 구성은 다음과 같다.

본서의 내용을 살펴보면, 먼저 1장에서는 종법제에 입각한 가부장제가 가부장제적 욕망을 어떤 형태로 어떤 텍스트로 어떤 과정을 통해서 여성의 대뇌에 장착하는지의 문제를 제기하였다.

2장에서는 먼저 절부와 열녀의 개념에 대하여 언급하였다. 절부는 남편의 사망 이후 개가하지 않은 여성이며, 열부는 생명을 희생하면서까지 공인된 유일한 성적 대상자에게 성적 종속성을 실천하는 여성이라고 하였다. 따라서 절부와 열부는 모두 남성에 대한 여성의 성적 종속성의 실천자라는 것이다. 국가- 남성은 윤리로서의 열행을 여성에게 내면화시켜 종국에는 그 의식을 여성이 자발적으로 행동에 옮길 것을 요구하였던 것이라고 하였다.

다음으로 법과 제도에 의한 열녀의식의 강요에 대하여 살펴보았다. 성종은 경국대전에 "재가하거나 실절한 부녀의 자손 및 서얼자손은 문과, 생원 진사과 시험에 응시할 수 없다." 라고 명문화함으로써 사족 부녀자의 재가를 사실상 금지하였다. 국가-남성은 가부장적사회의 구축을 위해 재가금지, 여성의 격리·유폐와 아울러 수절을 실천한 여성을 표창, 장려하여 여성의 성적 종속성의 실천을 적극 유도했다는 것이다. 열녀를 표창하는 법과 정책은 곧 남성에 대한 여성의 성적 종속성을 강화시키는 것으로 이것은 여성과 남성의 관계가 절대적으로 불평등하게 전개될 것을 예고하는 것이라고 판단하였다.

국가는 정려정책을 적극 추진하여 수절을 장려했던 것이다. 3장에서는 소학. 삼강행실도 열녀편. 내훈의 도입, 제작과 보급에 대하여 고찰하였다. 여성의 대뇌에 '성적 종속성'이라는 관념을 설치하고자 소학, 삼강행실도 열녀편, 내훈 이라는 텍스트를 만들어 보급하였다는 것이다. 경국대전에 실려 있는 여성에 대한 모든 법과 제도는 소학에 근거를 둔 것이라고 하였다. 소학은 남녀의 분별을 말하면서 여성의 격리. 유폐를 정당화했고, 개가 불가를 말하여 남성에 대한 여성의 성적 종속성을 규정했으며, 삼종지도로 여성이 독립적인 존재가 아닌 의존적 존재 곧 남성에 의해서만 주체성을 갖는 존재임을 규정했던 것이다. 소학은 조선시대 여성성 전체를 규정했다고 인식하였다.

삼강행실도 열녀편의 제작과 보급에 대해 저자는 "열녀는 자연적으로 존재하는 것이 아니라 조선을 건국한 남성-양반에 의해 제작된 것이다. 그리고 삼강행실도 열녀편은 바로 그 열녀를 제작하기 위해 도구로 편집된 텍스트였다. 삼강행실도 열녀편은 조선조 열녀의 기원을 이루는 텍스트이며, 이 텍스트에 바탕을 두어 19세기 말 심지어는 20세기까지 열녀가 쏟아져 나왔던 것이다. 삼강행실도 열녀편에서 열행의 주류는 여성의 죽음이었다. 사대부들은 삼강행실도를 만들면서 죽음을 찬미하고 있다. 삼강행실도 열녀편은 성적 종속성의 관철을 위해 여성의 생명까지 요구했다. 그 방법은 죽음이 압도적이었고, 그 죽음의 방식 역시 다양하게 제시하고 있었다. '열'이라는 윤리의 실천을 위해 남성은 여성의 신체(생명)까지 요구하고 있는 것이다." 라고 하였다. 국가-남성에 의해 가장 강력하게 보급된 텍스트는 삼강행실도 열녀편이라고 하고 있다.

한편 여성의 일상을 지배하기 위한 저작으로 성종의 모후인 소혜왕후 한씨가 엮은 내훈 을 들고 있다. 내훈을 소학과 짝을 이루는 오로지 여성의 의식화를 겨냥한 여성용 소학이라고까지 규정하고 있다.

저자는 가장 강력한 교화의 수단을 출판이라고 하였다. 삼강행실도 와 그것의 언해본은 조선이라는 유교국가가 피지배층을 의식화, 교화하기 위한 수단으로 만들어진 것이며, 그것은 한국역사 이래 국가가 민중에게 쥐어 준 최초의 책이라고 하였다.

4장에서는 열녀의 발생과 그 성격의 변화에 대하여 살펴보았다. 열녀에 관한 임진왜란 때까지의 자료로서 고려사 열전 열녀편, 조선왕조실록, 동국여지승람, 동국신속삼강행실도 를 들고 있으며, 이들 자료에 나타난 열녀 기사를 상세하게 검토하였다.

사회적으로 공인된 유일한 남성과의 성관계 이외의 모든 관계를 '오염'으로 파악하는 관념 은 삼강행실도 열녀편에서 비롯된 것이라고 보았다. 자살과 신체 훼손이 점차 증가하는 것은 삼강행실도, 소학 같은 윤리서 보급의 결과임이 분명하다는 것이다. 다음으로 임진왜란 종결 후 동국신속삼강행실도 를 출간한 목적과 그 내력, 내용에 대해서 고찰하였다. 동국신속삼강행실도는 18권 18책의 거질의 분량 때문에 초판을 찍고 이후 인쇄된 적이 없다. 이에 반해 삼강행실도 와 이륜행실도는 철종 때까지 거의 모든 왕들이 재간행했던 중요한 책이었다. 정조 때에는 오륜행실도가 편찬 간행되었다.

광해군 때 편찬된 동국신속삼강행실도는 임진왜란과 관련하여 대단히 풍부한 열녀의 사례를 제공함으로서, 임진왜란 때 여성의 종속성이 어느 정도까지 관철되었는지를 측정할 수 있는 텍스트라고 보았다. 동국신속삼강행실도 열녀편에서 임진왜란을 배경으로 한 열녀는 모두 441명으로 전체 열녀 553명의 80%에 해당하며, 이들은 모두 죽음이라는 가장 잔혹한 방법으로 열녀가 되었음을 밝히고 있다.

임병양란은 남성 -양반에게 자신들이 만든 유가 이데올로기가 제대로 작동하고 있음을 확인하는 중요한 계기였다. 여성들은 이 두 전쟁에서 삼강행실도 열녀편의 가르침대로 남성에 대한 성적 종속성을 죽음으로 확실하게 입증해 주었던 것이다. 여성의 성적 종속성은 여성들의 대뇌 속에 깊이 각인되었다는 것이다.

삼강행실도 열녀편이 제작되어 임진왜란이 일어날 때까지 1세기 반이 넘는 기간 동안 여성의 대뇌에 주입된 열행들이 전쟁이라는 계기를 통해 본격적으로 작동하기 시작했던 것이다. 이로써 삼강행실도 열녀편을 제작했던 국가-남성의 의도는 성공을 거두었다고 보았다. 전쟁으로 인한 수많은 자살자의 발생은 자연적이거나 자발적인 것이 아니라 가부장제에 의해 강요된 의식화의 결과라고 판단하고 있다. 여성은 텍스트가 주장하는 가부장제 담론에 철저히 의식화되어 있었다는 것이다.

임진왜란은 조선의 건국과 함께 국가-남성이 법과 제도, 그리고 윤리 서적의 발행, 배포를 통해 강력하게 추진해 왔던 여성의 의식화 사업이 어느 정도 진행되었는가를 확인할 수 있는 절호의 기회였으며, 그것은 성공이었다.

열녀의식은 여성의 대뇌 속에 깊이 각인되어 내면화되었고 여성의 정체성을 이루게 되었다. 여성들은 전쟁이라는 위기를 정절의 위기로 판단하고 죽음으로써 정확하게 성적 종속성을 지켰다는 것이다. 병자호란 이후 속환된 여성을 성적으로 오염된 여성으로 간주하고 여성을 가문에서 축출했다는 것은 중요한 의미를 갖는다. 이것은 여성의 사회적 지위가 조락하고 여성이 남성 권력에 의해 완전히 지배된다는 것을 의미하는 것으로 서술하고 있다.

5장에서는 임병양란 이후의 여성 의식화 텍스트에 대하여 살펴보았다.

17세기를 지나면서 종법에 의한 종족이 성립하고 결혼의 형태가 처가살이에서 시집살이로 바뀌는 변화와 함께 여성의 일상을 통제하기 위한 새로운 형태의 텍스트가 출현하였다고 보았다. 거의 모든 양반 가문에서는 며느리와 딸을 교육하기 위한 텍스트를 만들기 시작했다. 이 텍스트들은 기본적으로 소학에 근거를 둔 것으로 그 내용이 대동소이했다. 두 차례의 전쟁이 끝나자 국가-남성은 한 걸음 더 나아가 여성의 일상을 지배하려 하였다. 국가에서 일련의 내훈을 다시 발행하고 민간에서 송시열의 우암선생계녀서를 위시한 다양한 여성 교육서가 출현하였다. 여성의 성적 종속성을 확인한 국가-남성은 여성의 일상까지 완전히 지배하고자 한 것으로 주장하고 있다.

임진왜란과 병자호란을 거치면서 죽음으로 인한 열녀를 대량 생산한 뒤 죽음은 여성들에게 깊이 각인되었다. 가문마다 이런 텍스트가 여러 종으로 대량 생산된 것은 곧 일상에서 여성을 통제하기 위한 수단이 필요했다는 것이다.

여성을 열등하고 편협한 존재로 정의하는 것은 예기까지 소급하는 것이지만 이 시기에 와서 이 점을 여성 교육서들이 재삼 강조하고 나선 것은 가부장적 질서에 의해 여성의 일상을 강력하게 의식화하고자 하는 목적을 갖고 있었기 때문이라는 것이다. 조선 후기의 무수한 여성 교육서의 출현은 예기, 소학, 열녀전 텍스트의 변용이라고 보았다.

여성교육서들의 내용은 오직 두 가지로 요약된다고 보았다. 남성에 대한 복종 구체적으로는 남편과 시집에 대한 무조건적인 복종과 가사 노동에 대한 무한정적인 복무, 모든 텍스트는 여성에게 이 두가지를 요구하였다. 이 두 가지 요구는 기본적으로 소학 과 내훈류의 텍스트에 근거한 것이다. 규방가사 역시 가부장제의 확산에 크게 기여한 여성훈육서였다고 보았다. 규방가사는 여성 교육서의 연장이며, 가사라는 텍스트를 새로운 수단으로 이용하여 가부장제를 다시 선전한 것이라는 것이다.

조선 후기에 와서 국가가 열녀전 곧 삼강행실도 열녀편을 보급하는데 소극적이 되어간 반면 양반 사회 내부에서 양반들은 열녀전을 적극적으로 생산하여 공급하기 시작했다. 조선후기로 오면 양반개인의 열녀전 창작은 폭발적인 증가세를 보였다. 임진왜란 이후 열녀전의 수가 거의 폭발적으로 증가하고 있다. 대개 혈연 관계가 있는 자식이 부모 또는 조상의 효행이나 열행을 널리 선전하기 위해 행록을 만들고, 서문이나 발문을 유명인에게 구하는 풍조가 유행했던 것이다. 이런 효행과 열행에 대한 선전은 곧 양반사회 내부에서의 사회적 지위를 확보하는데 큰 도움이 되었다. 17세기 이후 열녀전을 비롯한 다양한 형태의 열녀에 대한 글쓰기가 폭발적으로 나타났다고 기술하고 있다.

6장에서는 열녀의 탄생에 대하여 고찰하였다.

조선왕조실록의 열녀기사를 자료로 임병양란 이후 열녀의 성격이 어떻게 변화했는지를 추적하였다. 그 결과 조선 후기에 와서 죽음으로 열녀가 된 사례가 급격히 팽창했으며, 18세기에 와서는 죽음이 아니면 열녀로 정려를 받을 수 없을 정도로 죽음의 수가 증가한 것을 확인하고 있다. 열녀의 죽음이 폭발적으로 늘어난 것은 임진왜란과 병자호란 때 엄청난 수의 여성이 정절 상실에 대한 공포로 살해당하거나 스스로 죽음을 택했기 때문이다. 일련의 죽음이 확산된 현상은 오로지 양반 사회 내부에만 국한되지 않고 하층 사회에도 계속 확산되고 있었던 것이다. 열녀에 관한 남성의 모든 글쓰기는 오로지 여성의 자살을 찬미하는 데 골몰했다고 보고 있다.

남편과 아내 사이에 위계적인 윤리인 열은 조선 후기에 와서 친부모와 시부모에 대한 효성에 선행하며 동시에 모성에 선행하는 것으로 바뀌었다고 보고 있다. 열은 여성의 윤리에서 가장 높은 위상을 차지하게 된 것이다.

열녀의 죽음이 증가하는 것은 임병양란 때 경험한 여성의 죽음과 관계가 있지만 궁극적으로는 남성이 제작하고 보급한 텍스트에 감염된 결과라고 보았다. 남편이 죽었을 때 아내가 따라 죽는다는 발상은 자연적인 것이 아니라 학습 즉 의식화의 결과라고 보았다. 정려 정책의 시행 과정도 열녀담의 전파에 기여했다고 보았다.

여성에 대한 글쓰기에도 변화가 생겼다. 열행을 기념하는 산문은 고려 말 조선 초에 세편의 열녀전이 있었을 뿐이었으나 조선 후기에 와서 열녀를 기념하는 전과 정려기, 행록 등이 쏟아져 나왔다. 사대부들 사이에 열녀전을 짓는 것이 유행하기도 하였다. 그리고 이런 산문에서는 여성의 자살과 신체 훼손의 잔혹성을 미덕으로 높이 평가하고 있었음을 밝히고 있다.

7장에서는 열녀담론에 대한 비판과 한계에 대하여 살펴보았다.

박지원은 열녀함양박씨전 에서 열녀의 죽음을 비판적으로 언급하였다. 정범조는 부모와 자식이 있음에도 불구하고 자살하는 현상자체에 대해 비판적이었다. 정약용은 열부론 에서 열의 실천적 행위를 비판적으로 검토하였다. 조선 후기 죽음으로 열녀가 되는 사례의 증가와 확산은 궁극적으로 국가권력의 조장에서 비롯된 것임을 자각했던 것이다. 정약용은 남편이 천수를 누리고 죽었는데도 아내가 따라 죽는 경우는 제 몸을 죽인 것일 뿐이라고 하였다. 정약용은 열의 무조건적 실천으로서의 자살이 도리어 효와 자애라는 윤리를 파괴하는 비윤리적 행위임을 지적하고 있다. 정약용의 열부론은 이른바 열행이라는 신체훼손을 재검토하였다. 정약용은 과격하고 비합

리적인 윤리의 실천을 자제하고 국가의 조장을 멈춤으로써 유가적 윤리 내부의 모순적 충돌을 해결할 수 있다는 것이다. 박지원과 정약용 등의 비판은 조선 후기라는 역사적 공간에서는 유효한 것이었다.

하지만 그들 역시 여성을 억압했던 유가의 논리 자체에 대한 비판은 불가능했다고 서술하고 있다.

2. 남성에 대한 순수한 사랑은 없었는가?

저자는 열녀는 자연적으로 존재하는 것이 아니라 조선을 건국한 남성-양반에 의해 제작된 것이라고 보고 있다. 끊임없이 계속된 텍스트의 보급에 의해 열녀가 쏟아져 나왔던 것이다. 이러한 열녀는 여성이 남성에게 성적으로 종속되는 존재라는 것이 임진왜란과 병자호란 두 전쟁을 거치면서 확인되었다는 것이다. 조선의 건국과 함께 성리학을 국가 이데올로기로 받아들인 남성은 가부장적 사회를 완성하기 위해 남성에 대한 여성의 종속을 요구했으며, 이들은 국가의 권력을 통해 그것을 실현하고자 법과 제도를 만들고 아울러 여성을 의식화하기 위해 텍스트를 생산하고 유통시켜 조선시대에 수많은 열녀를 탄생시켰다는 것이다. 즉 조선시대 양반은 국가권력이 장악한 인쇄, 출판 기구를 동원해서 일방적으로 남녀의 차별과 여성의 종속성을 담고 있는 텍스트를 만들어 여성의 대뇌에 끊임없이 주입시켜 열녀를 탄생시켰다는 것이다. 요컨대 본서는 국가-남성이 텍스트를 통하여 열녀를 만들었음을 밝힌 책이다. 텍스트로서 소학, 삼강행실도 열녀편 등이 꾸준히 제작되고 보급되었으며, 이 가운데 삼강행실도 열녀편의 유통이 열녀를 탄생시키는데 가장 중요한 역할을 했다고 보고 있다.

본서가 갖는 중요한 의미는 첫째, 조선시대 열녀가 만들어진 배경과 동기에 대해 텍스트를 통해서 총체적으로 밝히고 있다는 점이다.

그동안 열녀에 대한 수많은 사례 연구가 있었다. 그러나 열녀 탄생과 동기와 그 배경에 대하여는 천착하지 못한 것이 사실이다. 그런데 이 책은 조선시대 남성, 양반이 일방적으로 남녀의 차별과 여성의 종속성을 담고 있는 텍스트를 만들어 여성의 대뇌에 끊임없이 주입시켜 열녀를 탄생시켰다고 주장하고 있음이 주목된다. 아울러 이 책은 국가-남성이 만든 텍스트가 열녀 탄생에 얼마나 큰 영향을 미쳤는가를 그리고 이러한 텍스트의 보급이 장기간에 걸쳐 꾸준히 계속됨으로써 수많은 열녀가 탄생될 수 있었다는 것을 밝혀주고 있다. 이러한 저자의 주장은 일면 수긍이 간다. 그러나 열녀의 탄생을 너무 단선적으로만 바라보는 것이 아닌가 추정된다. 물론 남성-양반이 유교적 가부장제 질서를 확립해 나가기 위하여 그러한 텍스트 제작과 보급을 추진한 것에 대해 충분히 이해가 되지만, 그렇다고 하여 열녀탄생의 측면을 남성-양반의 입장에서만 바라보는 것 또한 일정한 한계를 드러내는 것이 아닐까 생각되는 것이다. 열녀의 탄생이 텍스트에 의해 의식화된 것만이 아니라 남편에 대한 순수한 사랑과 애정에 의해서 탄생된 경우도 있을 수 있다는 점을 말하고 싶다.

둘째, 본서는 광범위한 열녀 관계문헌을 분석하고 있다는 점이 돋보인다. 전체 855쪽 분량의 책 가운데 주석 부분을 따로 91쪽을 할애하고 있으며, 부록으로 제시된 텍스트의 열녀목록(고열녀전 목록, 고금열녀전 목록, 이십오사 소재 열녀전 목록, 삼강행실도 열녀편 목록, 속삼강행실도 열녀편 목록, 고려사 열전 열녀 목록, 신증동국여지승람 열녀 자료, 동국신속삼강행실도 열녀 자료, 조선왕조실록 열녀 자료, 한국문집총간 여성관계자료 목록, 열녀전 목록, 한국문집총간 소재 열녀 정려기 등 기타)이 186쪽이나 차지하고 있음으로써 매우 풍부한 열녀 자료를 제공하고 있는 것이다. 그러나 텍스트 자료 활용에 있어서 조선 후기의 관찬 전국지리지인 여지도서 열녀 자료가 빠진 점은 아쉬운 감이 든다.

셋째, 본서는 텍스트에 주목하여 열녀 탄생 및 그 유지에 중요한 관점을 제시하였다. 그러나 열녀탄생에 있어서 정표정책의 중요한 의미 또한 간과해서는 안 될 것이다. 열녀의 탄생이 양반 사회 내부에만 국한되지 않고 하층사회에도 계속 확산될 수 있었던 것은 신분의 고하를 막론하고 열의 윤리를 실천한 여성에게 포상하였던 국가의 적극적인 정표정책의 영향이 또한 컸다고 볼 수 있기 때문이다.

끝으로 저자의 연구는 열녀의 탄생에 대해 총체적으로 그리고 본격적으로 살펴본 첫 단행본이라는 데에 큰 의의가 있다고 보여진다. 저자의 노고에 경의를 표한다.

박주, 『조선시대 읍지와 유교문화』[3], 한희숙 서평

"조선후기 효자, 열녀를 통해 유교문화의 지평 넓히기"[4]

I. 서 론

최근 들어 조선시대 유교문화를 다룬 연구 성과를 많이 찾아보기 어려운 학계상황에 비추어 볼 때 박주교수의 『조선시대 읍지와 유교문화』(국학자료원, 2016)는 특기할 만한 연구서라고 할 수 있다. 저자는 대구 가톨릭대학교 역사교육과 교수로 오랫동안 재직하면서 조선시대 유교문화에 대해 왕성한 연구 활동을 펼치고 있다. 저자가 오랫동안 심혈을 기울여 갈고 닦아온 조선시대 유교문화에 관한 연구 성과가 바로 이 책이라 할 수 있다. 사실 효(孝)와 열(烈)은 충(忠)과 아울러 유교사상의 핵심을 이루는 요소로써 유교문화의 원천이라고 할 수 있겠다. 그런 점에서 본 저서는 효녀, 효부, 열녀 등 여성뿐만 아니라 조선시대의 읍지, 효자 등에 대해 많이 다루고 있다.

그런데 조선시대 유교문화에 대해 이해가 부족한 필자가 이 책의 서평

---

3 박 주, 『조선시대 읍지와 유교문화』, 국학자료원, 2016

4 서 평, 한희숙, "조선후기 효자, 효녀를 통해 유교문화의 지평 넓히기", 『여성과 역사』 26호, 2017.6

을 부탁받게 된 데에는 여성사에 관심이 있다는 점 때문일 것이었다. 따라서 본서가 여성사 연구서라고 보기에는 나름 제한점이 많이 있지만, 전반적인 면에서 먼저 목차 및 내용을 대략 살펴보고 몇 가지 문제를 지적해 보고자 한다.

Ⅱ. 목차 및 내용 소개

본서는 다음과 같은 목차로 구성되어 있다.

이상과 같이 본서의 목차는 상당히 길다. 본서는 제1편에서는 '사찬읍지
에 나타난 경북지역의 효자 열녀'라는 제목 하에 성주 성산지의 편찬과 효
자, 열녀, 청도 오산지의 편찬과 효자 열녀에 대해 살펴보았다. 제2편에서
는 '사찬읍지에 나타난 경남지역의 효자 열녀'라는 제목 하에 단성지의 편
찬과 효자, 열녀, 밀양지의 편찬과 효자 열녀, 동래부지의 편찬과 효자, 열녀
에 대해 고찰하였다.

제3편에서는 '경상도읍지에 나타난 효자, 열녀'로서 경북지역의 효자, 효
녀, 효부, 경남지역의 효자, 효녀, 효부, 그리고 경산지역과 창녕지역의 효
자, 효녀, 열녀에 대하여 분석하였다. 제4권에서는 '효자에 대한 사례연구'
로서 18세기 후반 경상도 거창군 효자 3형제의 여묘생활을 살펴보고 그 자
료가 된 김근추의 [여묘일기] 원본과 번역문을 실었다. 그리고 밀양의 금녕(金
寧) 김씨 집안의 충효각과 탁삼재에 대하여 고찰하였다.

본서에 사용된 자료들을 보면 경북지역의 사찬읍지로 성주의 성산지, 청
도의 오산지, 경남지역의 사찬읍지인 단성지, 밀양지, 동래부지 그리고 관찬
읍지로 경상도읍지, 김근추의 [여묘일기], 밀양부 금녕(金寧) 김씨 집안의 충
효각과 탁삼재를 활용하였다.

본서는 내용과 구성의 측면에서 특이한 모습을 보여주고 있다. 먼저 본
서의 각 장은 개별논문이었음에도 불구하고 논문처럼 보이지 않는 제목이
붙어 있다. 장·절 목차를 살펴보면 각 장·절의 제목이 별도의 연구 논문
의 성격을 갖고 있지 않지만 각 장이 독립적으로 다루어지고 있다는 점이
다. 이런 점 때문에 독자들은 본서의 각 장을 이해하는데 더 편리하고 용이
할 수 있다고 생각된다.

나의 여성사 읽기

308

또한 저자가 밝힌 바와 같이 이 책의 핵심적인 내용은 '유교윤리의 교화적 성격을 고찰하는데'(16쪽) 있다. 이 책은 저자가 그 동안 연구해왔던 『조선시대의 효와 여성』, 『조선시대의 여성과 유교문화』와 매우 밀접한 관련성이 있는 연구로, 효녀, 효부, 열녀뿐만 아니라 효자들도 많이 다루고 있다. 따라서 경상도 지역의 효자(녀ㆍ부), 열녀를 이해하는데 좋은 기초 연구가 된다.

Ⅲ. 본서의 문제의식과 기여도

저자는 머리말에서 밝힌 바와 같이 '지금까지 조선시대의 효자, 효녀, 효부 그리고 열녀 등에 대해 관심을 가져 왔고' 따라서 조선시대의 사찬읍지, 여지도서, 경상도읍지 등에 수록되어 있는 경상도 지역의 효자, 효녀, 효부, 열녀 사례를 상세히 분석함으로써 조선시대 경상도 지역의 유교윤리의 확산과정과 지역적 특성을 실증적으로 살펴보고자 하였다.

저자는 오랫동안 『조선시대의 정표정책』(일조각, 1990)을 비롯해 『조선시대의 효와 여성』(국학자료원, 2000), 『조선시대의 여성과 유교문화』(국학자료원, 2008)를 간행한 이후 공저로 『여성과 한민족』(학문사, 1996), 『조선시대 대구의 모습』(계명대학교 출판부, 2002), 『조선시대 대구 사람들의 삶』(계명대학교 출판부, 2002), 『경북여성사』(경북여성정책개발원, 2004), 『여성, 천주교와 만나다』(한국가톨릭여성연구원, 2008), 『한국인의 효사상』(수덕문화사, 2009), 『한국인의 효사상과 정신문화(2)』(수덕분화사, 2012) 등 줄기차게 여성과 경북지역, 효 사상에 입각한 연구를 해 오고 있다. 저자가 그동안 얼마나 여성과 경북지역, 유교 윤리라는 주제어를 가지고 조선시대 효와 열(烈)에 대해 연구해 왔는지를 잘 알 수 있다.

본서 또한 위의 연구들과 마찬가지로 그동안 저자가 연구해 온 경상도 지역의 효자, 열녀에 관한 일련의 연구 성과들을 부분적으로 수정 보완하고,

김근추의 [여묘일기]한문 필사본의 원문과 번역본을 새로 실어 단행본 체제로 꾸민 것이다.(머리말) 이와 같이 줄기차게 경북, 여성, 유교문화와 관련된 연구를 하게 된 배경에는 아마도 저자가 여성으로서 오랫동안 경북 대구에 소재한 대학교에 재직해 온 점이 크게 작용한 때문이 아닌가 생각된다.

특히 저자는 본서에서 두 가지 점에 주목하고자 하였다. 첫째는 지역사 차원에서 경상도 지역의 효자, 열녀 사례를 심층적으로 분석함으로써 그 동안 등한시되었던 지역사 연구 발전을 도모하고자 하였다. 이것은 그동안 중앙 중심의 역사서술에 대한 반성과 아울러 지역사 연구를 통하여 효자, 열녀 등에 대한 보다 입체적인 접근을 시도하고자 한 것이었다.

둘째, 자료 활용에 있어서 16세기의 관찬지리지인 『신증동국여지승람』 외에, 16, 17세기에 현존하는 사찬읍지류, 18세기의 관찬지리지인 『여지도서』, 19세기의 읍지인 『경상도읍지』 등 주로 관찬, 사찬지리지를 두루 활용하고자 하였다.

이를 통하여 조선왕조실록, 유교윤리교화서 등의 자료만으로 연구할 때 나타나는 부족한 점들을 보완하여 총체적인 접근을 시도하고자 하였다.

셋째, 효자의 여묘일기와 문중 소장 고문서 자료들을 새로 발굴하여 소개함으로써 고문서 자료의 중요성과 의미를 새롭게 부각시키고자 노력하였다.

이러한 문제의식과 자료발굴을 통해 이루어진 본서는 저자가 오랫동안 꾸준히 파고 들어가면서 연구한 결과라고 할 수 있다. 본서는 조선 후기 경상도 각 지역의 읍지 및 지리지에 기록되어 있는 효자와 열녀 등 유교적 이념을 실천한 인물들에 대한 정보와 지리적 특성을 이해하는데 크게 기여할 것으로 짐작된다.

Ⅳ. 본서의 문제점과 아쉬움

조선시대 편찬된 경상도 지역의 읍지를 고찰하여 그 지역 사람들의 생활

모습과 국가적 유교정책을 살펴본 본서는 매우 독창적이고 의미 있는 연구임에도 불구하고 약간의 아쉬움을 가지게 한다. 첫째, 총론과 결론이 부재한다는 점이다.

즉 본서의 형식적 구성의 특이한 점이자 약간 어색한 부분을 지적해 보자면 본론에 짝하여 본서의 전체를 아우르는 서론(총론)과 결론이 비어 있다는 점이다. 각 장에 간단한 머리말과 맺음말이 있지만 본서는 각론에 중점을 두고 있어 각 장끼리의 연계성과 체계성이 약간 부족하게 느껴진다는 점이다. 대다수의 연구서가 문제제기, 연구방법, 연구사 정리 등을 포함하고 있는 서론을 앞세우고, 뒤이어 본론이 전개되고 있는 점에 비추어 볼 때 본서의 특색은 저자가 밝힌 바와 같이 기존의 각 연구 논문들을 모아놓은 것이기에 일관된 기승전결의 과정이 잘 나타나지 않는다. 이에 따라 조선시대 효자(녀·부)와 열녀를 중심으로 한 본 연구 성과의 위치를 가늠해 줄 총결(론)이 잘 담겨져 있지 않은 점이 매우 아쉽다고 하겠다.

둘째, 각 장마다 단순한 연구방법과 분석틀이 반복되고 있어서 결국 같은 서론의 형식과 같은 결론의 내용을 가져왔다는 점이다. 본서는 목차가 보여주는 형식적인 면에서 볼 때도 매우 도식적이고 제한적인 분석틀을 사용하고 있음을 알 수 있다. 주요 키워드는 읍지와 효자, 열녀이고 여기에 효녀와 효부가 부분적으로 덧붙여져 있다. 그 분석의 틀은 읍지의 편찬과 내용, 각 지역의 효자(녀·부), 또는 열녀로 구성되어 있고 여기에 여묘일기로 본 효자의 사례가 덧붙여져 있다.

따라서 본서는 자료의 분석과 그에 대한 역사적 해석과 종합이 부족한 듯이 느껴진다. 예컨대 성주지역의 경우 '다른 지역도 유사하다' 성산지의 편찬과 내용을 보면서 먼저 성주의 연혁을 살펴보고, 성산지의 구성 즉 서문과 34개의 항목에 대한 소개, 그 가운데 실린 인물의 수를 비교하고 있다. 그리고 〈표2〉 성주지역 지리지의 수록 인물비교 표에 의하면 신증동국여지승람

성주목, 성산지 여지도서 성주목, 경상도읍지 성주목읍지의 인물, 효자 효
녀 효부, 열녀의 숫자를 제시하고 있다. 그러나 단 이들이 고려의 인물인지
조선의 인물인지, 효자(녀·부), 열녀의 수만 제시하며 '다른 지리지에 비해
성산지에 가장 많은 인물이 수록되었음을 알 수 있다'(20-21쪽)고만 하였다.
아쉽게도 성산지에 나타나 있는 현상만 서술하고 왜 이런 차이가 나는지에
대해서는 깊이 있게 설명하지 않고 있다.

또한 이어 효자의 행적을 다양한 유형별로 나누고 그에 따른 몇 가지 사
례를 장황하게 제시하고 있다. 효녀, 효부의 사례도 마찬가지이다. 아울러
많은 분량을 효자들의 거주지와 가계배경을 서술하는데 할애하고 있다. 이
어 성주지역의 열녀들을 독립된 절로 정해서 성산지에 실려 있는 77명의 열
행(烈行)을 유형별로 나누어 서술하고 있다. 그 결과 성주지역은 재지사족
의 영향력이 큰 지역으로 다른 지역에 비해 효자, 열녀 사례가 다양하고 풍
부한 특성을 갖고 있었다고 하였다.

이러한 서술형식은 다른 장과 절에서도 거의 똑같게 이루어지고 있다. 따
라서 분석된 경상도 각 지역의 효자(녀·부), 열녀의 소개 등 현상 파악에는
매우 충실한 연구라 할 수 있지만 다른 지역과의 비교 차이는 잘 드러나지 않
는다. 즉 읍지에 실려 있는 사실들을 자세히 소개한 면에서는 특정 지역의 사
례연구로서 의의가 있으나, 경상도 지역의 효자, 열녀들이 차지하는 비중이
사회 전체적인 면에서 어떤 의미가 있으며, 다른 지역의 효자, 열녀들의 행실
과는 어떤 차이가 있는지, 또 이러한 인물들의 행위가 어떤 역사성과 역사적
의미가 있는지 등등에 대한 비교 서술이 좀 더 이루어졌더라면 하는 아쉬움
이 있다. 이러한 점에서 엄격히 따져 본서의 책 제목은 조선시대 경상도 읍
지와 효(孝)·열(烈) 문화라 하는 것이 내용에 더 부합되지 않을까 생각된다.

셋째, 본서가 경상도 읍지와 지리지에 나타난 사례들과 효자의 여묘일기
를 중심으로 고찰하다보니 효자에 대한 언급은 비교적 자세한데 비해 열녀

에 대한 서술과 해석이 다소 부족하다는 점이다. 즉 열녀에 대한 저자의 문제의식과 역사적 해석이 좀 더 분명히 제시되었더라면 하는 아쉬움이 남는다.

넷째, 본서는 제3편에서 경상도읍지에 나타난 효자, 열녀를 살피면서 제6장과 제7장에서 경북지역과 경남지역의 효자·효녀·효부에 대해 살펴보았다. 그런데 제8장과 제 9장에서는 별도로 경북의 경산지역과 경남의 창녕지역의 효자, 열녀, 효녀에 대해 살펴보고 있다. 체제적인 면에서 약간 어색한 점이 있는 듯하다.

V. 맺음말

조선시대 효와 열은 삼강의 중요한 요소들로 유교문화를 이해하는데 빠트릴 수 없는 항목이다. 그런 만큼 유교문화에 대한 이해가 매우 부족한 평자가 이 책에 대한 서평을 부탁받고 과연 평자로서의 임무를 잘 수행했는지 의문이다.

따라서 평자가 앞서 지적한 문제점들이 혹여나 저자의 노고에 누가 된다면 이것은 전적으로 평자의 이해 부족 때문에 초래된 것이라 할 수 있다. 즉 본서가 가지는 성과와 연구사적인 의의는 매우 크다고 할 수 있다. 특히 저자가 남들이 크게 주목하지 않았던 방대한 읍지들을 직접 하나하나 들추어내고, 또한 발로 뛰어 가며 일기류를 찾아내어 그 속에 담긴 효행과 열행들을 면밀하게 분석하였다는 점은 높이 귀감으로 삼아야 할 부분이라 하겠다.

사실 서평을 하는 입장에서는 본서의 장점과 단점, 연구사적 의의 등을 좀 더 부각시키는데 힘을 기울여야 했을 것이다. 즉 서평이 책 소개에 그치지 않고 그 이상의 토론을 끄집어내기 위한 비평문이 되기 위해 좀 더 논점 중심의 글을 써야 했으나 그렇지 못했다. 이 점 서평자로서의 역할을 제대로 하지 못한 것 같아 저자와 독자 모두에게 죄송하다.

아울러 혹 평자가 저자의 논지를 잘못 이해하였거나 곡해하였다면 이것은 전적으로 평자의 잘못이다. 저자의 논지에 극력 찬성하는 부분이 매우 많음에도 불구하고 낱낱이 피력하지 못한 점 또한 평자의 부족함에서 말미암는 것이니 널리 양해해주었으면 좋겠다.

박주, 『조선 왕실여성들의 삶』,[5] 이순구 서평
"왕실여성의 리더십"[6]

매력적인 제안

이 책은 무엇보다도 왕실여성의 리더십에 주목했다는 점이 흥미롭다. 리더십이란 주체적 행위를 전제로 한다. 주도자여야 가능한 일이다. 그간 왕실 여성들은 주체적 행위자보다는 대상으로 많이 주목받아 왔다. 그래서 고난이나 수난의 측면에서 접근된 경우가 많았다. 그런데 이 책은 왕실여성의 리더십 즉 주체성을 우선적으로 보고자 한 것이다. 이러한 제안은 여성사 입장에서 매우 매력적이다.

첫 번째로 주목한 것이 리더십이었고, 그 다음은 천주교와 왕실여성의 관계를 조명했다. 그리고 세 번째는 영조의 딸들 즉 왕실 딸들의 삶의 모습을, 마지막으로는 다양한 지위를 가진 왕실여성들의 삶의 일면을 보여주고자 했다.

책의 목차는 제1장 소현세자빈 강씨의 경제적 리더십, 제2장 정순왕후 김씨의 정치적 리더십, 제3장 영조의 딸 열녀 화순옹주의 생애와 정려, 제4장 영조의 딸 화완옹주의 생애와 정치적 향배, 제5장 왕족여인 송마리아의 천주교와 가족사, 제6장 순조대의 왕실여성과 천주교, 제7장 순원왕후와 안동 김씨 가문의 관계, 제8장 1801년 신유박해와 여성 등으로 구성돼 있다. 일단은 각 장의 내용을 소개하고, 그 후 이 책이 여성사에서 갖는 의미를 분석해 보기로 한다.

5   박 주, 『조선 왕실여성들의 삶』, 국학자료원, 2018
6   이순구, 서평 "왕실 여성의 리더십", 『여성과 역사』 29호, 2018.12

소현세자빈 강씨의 경제적 리더십

1장은 소현세자빈 강씨(이하 강빈 혼용) 가문에서 시작하고 있다. 부친 강석기는 김장생의 제자로 이른바 서인이다. 인조반정이 서인들에 의한 것인 만큼 강씨가 세자빈이 된 것은 정치적 색깔이 고려된 것이었다.

"나는 태자를 세움에 먼저 배필을 구하는 것을 급히 여겼다. 선인의 교훈대로 덕을 기준으로 유순한 이를 힘써 구하였으며 조정에서 세인에게 물어서 명문가의 출신을 얻었다. 병조 참지 강석기의 둘째 딸을 세자빈으로 책봉하였고, 27일 경신에 초계하고 친영 의식을 마쳤다." 인조가 세자빈 강씨 혼례를 두고 한 말이다. '유순하며 명문가'라고 하고 있다. 이때까지 인조는 훗날 이 세자빈과 그렇게까지 대립하게 될 줄을 꿈에도 몰랐을 것이다. 무난했던 소현세자빈의 왕실생활에 큰 변화가 온 것은 병자호란 때문이었다. "세자와 왕자 및 대신의 자제를 심양에 인질로 보낼 것"이라는 청의 요구에 의해 심양생활을 해야 했다. 1637년 4월 2달 여만에 소현세자와 세자빈은 심양에 도착했다.

강빈은 심양생활 얼마 후부터 무역을 시작했다. 1639년(인조 17) 청의 팔왕이 은 몇 백량을 보내 표범가죽, 수달피, 청서피, 청밀, 백자, 면포 등과 바꿀 것을 요청해 온 것이 계기였다. "포로로 잡혀간 조선 사람들을 모집하여 둔전을 경작해서 곡식을 쌓아두고 그것으로 진기한 물품들을 무역하느라 관소의 문이 마치 시장같았다."

『인조실록』 즉 조선 쪽 기록이지만, 당시 강빈이 얼마나 활발히 경제활동을 했는가를 잘 보여준다. 국제무역과 농장 경영에서 탁월한 능력을 발휘한 것이다. 이러한 사실이 조선의 조정에 좋게 받아들여 질리는 없었다. 반청 감정에다가 세자가 청나라를 움직여 왕위에 오르고자 한다는 음모설까지 나돌았기 때문이다.

인조는 1643년 강빈이 아버지 강석기 상을 치르고자 조선에 왔으나 끝내 상례 참석을 허락하지 않았다. 그리고 2년 후 1645년 소현세자 부부가 완전 귀국했을 때도 환영하는 분위기는 없었다. 소현세자는 귀국 후 2달만에 죽었다. 학질로 의심되는 병이었고, 이형익의 침을 맞고서였다. 인조는 소략하게 장례를 치렀다. 그리고 소현세자의 큰아들 원손을 제치고 봉림대군을 세자로 삼았다. 종법대로라면 세손을 책봉하는 것이 원칙이었으나 그렇게 하지 않았다. 이제 강빈과의 대립은 피할 수 없는 상황이 됐다.

1646년(인조 24) 1월 인조가 전복구이를 먹다가 독이 들어있다고 하면서 강빈을 의심했다. 강빈쪽 궁녀들은 모진 고문에도 불구하고 죄를 인정하지 않고 죽었다. 강빈 처벌에 대해서는 많은 신하들이 반대했다.

"강씨가 심양에 있을 때 은밀히 왕위를 바꾸려고 도모하면서 붉은 비단 적의를 미리 만들어 놓았으며 내전이라는 칭호를 외람되이 사용했다. 또한 지난해 가을에는 가까운 곳에 와서 분한 마음으로 시끄럽게 성내는가 하면 사람을 보내 문안하는 예까지 폐한 지가 이미 여러 날 되었다"

인조의 비망기의 일부이다. 강빈에 대한 불신은 돌이킬 수 없는 상황에 있었다. 결국 폐서인을 거쳐 1646년(인조 24) 3월 15일 사약을 내렸다. 두 달 동안 진행된 일이었다. 강빈의 친정은 멸문 지경에 이르렀고, 아들 셋은 제주도로 유배됐다. 70여년이 지난 숙종대에 와서 비로소 강빈은 신원되었다.

소현세자와 소현세자빈 강씨는 심양에서 볼모생활을 하는 동안에 국내의 극도의 반청적 정치상황을 잘 파악하지 못한 나머지 귀국 후 정치적 입지를 확보하는데 실패하여 결국 의문의 죽음과 사사를 당하였다. 그러나 소현세자빈은 왕실여성으로 최초로 심양에서 볼모생활하며 청과 국제무역을 하고 대규모 농장을 경영하여 재물을 모으는 리더십을 발휘하였다.

정순왕후의 정치적 리더십

2장은 정순왕후 김씨의 정치적 리더십이다. 정순왕후는 순조 때 수렴청정을 한 것으로 유명하다. 그런데 정순왕후는 이 시기만이 아니라 영조의 부인으로 또 사도세자의 어머니로 또 정조의 할머니로서의 위치가 있었기 때문에 영조대, 그리고 정조대에도 정치적으로 조명해 볼 필요가 있다.

정순왕후 김씨는 경주 김씨 출신이다. 아버지 김한구는 화순옹주와 혼인한 김한신과 같은 항렬이다. 정순왕후는 김한신에 이어 왕실혼을 했고, 이로써 경주 김씨 집안은 중앙 정계에 이름을 드러냈다.

정순왕후가 간택 시 아버지 이름이 써져 있는 방석에 앉지 않았다는 것, 가장 좋은 꽃이 목화라고 한 것, 행랑 수를 빗물 떨어지는 것을 보고 맞췄다는 것 등은 근대까지도 두고두고 회자되는 이야기이다. 이 일화를 모두 믿을 수는 없지만, 정순왕후의 총명함, 왕비로서의 자질과 리더십은 짐작해 볼 수 있다.

정순왕후의 영조대 역할을 보면, 먼저 사도세자의 죽음에 일정한 역할을 한 것으로 말해진다. 아버지 김한구가 노론 벽파로서 나경언을 사주하여 사도세자의 비행을 상소케 했다는 것이다. 사도세자 죽음 후에는 함께 협력했던 홍봉한 가문과 결별하고, 세손 정조를 가능한 보호하려고 했다고 한다.

그러나 정조 즉위 후에 정순왕후와 정조의 대립은 피할 수 없었다. 유배됐던 오빠 김귀주의 사망, 정조의 이복형제 은언군에 대한 처분문제 등으로 갈등했다. 정순왕후는 공의로 볼 때 역모와 관련 있는 은언군을 중죄로 다스려야 한다고 했고 정조는 끝까지 혈육을 보호하려고 했다. 이 시기 정순왕후는 정조를 이길 수는 없었다.

순조대에 와서 상황은 달라졌다. 1800년(순조 1) 56세에 정순왕후는 수렴청정을 시작했다. 순조 즉위 직후 정순왕후는 정국의 현안을 파악하기 위해 모든 조보(朝報)와 소장, 차자를 언서(諺書)로 등서하여 들이게 했다. 그리고 이어서 척신을 등용하여 국왕을 보호하겠다고 천명했다. 이 시기 정순왕후가 가장 강조한 것은 선왕 영조의 유지를 따르자는 것이었다. 정조대에 처벌 받았던 벽파인물들을 재평가하고 신원, 포증하는 이른바 정국 교체를 가

저왔다. 남인들, 홍낙임, 채제공 등이 제거되었다. 말하자면 정순왕후는 노론 벽파의 강력한 후원자가 됐다. 3년 반의 수렴청정 기간 동안 정순왕후는 480건의 하교를 내렸다고 한다. "이들을 다스리지 않으면 모든 사람이 짐승과 같이 되어 국가가 망할 것이다. 다스릴 경우 혹 난을 초래할 우려가 있기는 하지만, 나라가 더럽혀서 망하는 것 보다는 어찌 깨끗하게 보존하여 망하는 것이 낫지 않겠는가?" 정순왕후의 천주교에 대한 생각이다. 1801년의 이른바 신유박해로 1년 동안 300여 명의 천주교도들이 목숨을 잃었다. 아울러 정조대의 세력은 대거 후퇴했고 정순왕후 중심의 노론 벽파와 척신 세력이 중심이 됐다. 1803년 선정전 화재 사건으로 정순왕후는 수렴청정을 철회했다. 그리고 1년 여 후 승하했다.

정순왕후의 정치적 리더십을 정리해보면, 첫째 영조 계비의 지위로 노론 벽파를 보존하고, 둘째 정조기간 동안 공사의 구분을 강조하면서 정조를 제어했으며, 셋째 수렴청정 기간 동안 의리를 강조하면서 480건의 하교를 통해 국정을 주도했다.

정순왕후는 왕의 계비, 왕대비, 대왕대비로 다양한 방법을 통해 정치적 리더십을 발휘했다. 총명하고 논리적이며 결단력이 있어서 가능했다. 그런데 그 정치적 리더십이 일반 백성을 위한 정책에 발휘됐다기 보다는 궁궐 안 정치권력에 한정된 한계가 있었다.

열녀 화순옹주의 생애와 정려

화순옹주는 영조의 서2녀이며 정빈 이씨 소생이다. 13세 때 동갑인 경주 김씨 김한신에게 시집갔다. 영조는 부마 간택 시 처음부터 김한신에게 마음이 있었던 것으로 보인다. 김한신이 삼간택에 들자 영조는 그날로 그 아버지 김흥경을 황해 감사로 임명했다. 김한신에 대한 애정이 엿보이는 장면이다.

1758년 1월 17일 화순옹주는 혼인한지 26년 만에 39세의 나이로 스스로 자진했다. 이유는 14일 전 남편 김한신이 죽었기 때문이다. 화순옹주는 남편이 죽은 후 14일 동안 물한모금 입에 대지 않고 있다가 결국 사망했다.

"화순옹주가 졸하였다. 옹주는 바로 임금의 둘째 딸인데, 효장세자의 동복 누이동생이다. 월성위 김한신에게 시집가서 비로소 궐문을 나갔는데, 심히 부도를 가졌고 정숙하고 유순함을 겸비하였다.…도위와 더불어 서로 경계하고 힘써서 항상 깨끗하고 삼감으로써 몸을 가지니 사람들이 이르기를, '어진 도위와 착한 옹주가 아름다움을 짝할 만하다'고 하였는데 도위가 졸하자 옹주가 따라서 죽기를 결심하고 한모금의 물도 입에 넣지 아니하였다. 임금이 이를 듣고 그 집에 친히 거둥하여 미음을 들라고 권하자, 옹주가 명령을 받들어 한번 마셨다가 곧 토하니 임금이 그 뜻을 돌이킬 수 없음을 알고는 슬퍼하고 탄식하면서 돌아왔는데, 이에 이르러 음식을 끊은지 14일이 되어 마침내 자진하였다. 정렬하다. 그 절조여! 이는 천고의 왕희(王姬) 중에 있지 아니한 바이다."

예조판서 이익정이 화순옹주의 정려를 청하였는데, 영조는 "자식으로서 아비의 말을 듣지 않고 마침내 굶어 죽었으니 정절은 있으나 효에는 부족함이 있다"하면서 허락하지 않았다.

"아! 참으로 매섭도다. 옛날 중국 제왕의 가문에도 없었던 일이 우리가문에서만 있었으니 동방에 곧은 정조와 믿음이 있는 여인이 있다는 근거가 될 뿐만 아니라 어찌 우리 가문의 아름다운 법도가 빛이 나지 않겠는가? 더구나 화순귀주는 평소 성품이 부드럽고 고우며 덕성이 순수하게 갖추어져 있었으니 대체로 본디부터 죽고 사는 의리를 경중을 잘 알고 있었으므로 외고집의 성품인 사람이 자결한 것과는 비교가 되지 않는다. 아! 참으로 어질도다, 화순귀주와 같은 뛰어난 행실이 있으면 정문의 은전을 베풀지 않을 수 있겠는가?"

정조가 고모인 화순옹주에게 정려를 내리면서 한 말이다. 아버지로서는 차마 할 수 없었던 정려를 조카인 정조가 한 것이다.

김한신과 화순옹주는 자식이 없었다. 결국 김한신의 형 김한정의 셋째 아들 이주를 후사로 삼았다. 추사 김정희는 김한신의 봉사손으로 순조 대에 음악을 하사[賜樂]받기도 했다. 김한신과 화순옹주가 기억되고 있었기 때문이다.

화완옹주의 생애와 정치적 향배

화완옹주는 영조와 후궁 영빈 이씨의 막내딸로 영조의 9녀이다. 영조의 총애를 받으며 성장하여 12세 때 동갑인 정치달과 혼인했다. 딸이 하나 있었으나 태어난 지 얼마 안돼 죽고 남편 정치달도 20세에 요절하였다.

영조는 신하들의 반대에도 불구하고 자주 화완옹주 집에 거둥했다. 대단한 사랑이었다. 옹주는 영조의 총애에 힘입어 궁중의 실세가 되었다. 그리고 정후겸을 양자로 삼았다. 화완옹주와 정후겸은 당대의 실권자로 왕세손 정조의 대리청정을 반대하며 견제했다.

그러나 결국은 정조가 왕위에 올랐고 화완옹주는 강화도 교동부에 유배되고 작호도 삭탈되었다. 사형시키라는 신하들의 요구가 있었으나 정조는 끝내 받아들이지 않고, 오히려 유배 4년 후 화완옹주를 파주로 나와서 살게 했다. 그리고 말년에는 하교를 내려 옹주가 죄인에서 벗어나게 하였다. 그후 서울 도성에까지 들어와 살다가 1808년 71세의 나이로 생을 마쳤다.

송마리아의 천주교 가족사

송마리아는 참봉 송낙휴의 딸이고 은언군 이인의 처이다. 큰아들 상계군 담이 역적으로 지목되어 독살당하고 남편 은언군마저 역적으로 지목되자 가족 전체가 강화도로 안치되었다. 여기서 송마리아는 천주교와 만나게 된다.

송마리아는 며느리 신마리아와 함께 강화도 폐궁에서 외롭게 살고 있었다. 반역을 도모한 집안이라 하여 모든 사람이 방문을 극히 삼갔다. 아들을 잃은 슬픔과 비탄 속에 있다가 폐궁을 찾아온 한 노파에 의해 천주교를 접하게 됐다. 그리고 강완숙을 통해 교리를 더 공부하고 입교했다.

1801년 송 마리아와 신 마리아는 주문모 신부에게 피난처(폐궁)를 제공했다는 사실이 드러나자 재판이나 신문 등 아무런 법적 형식도 거치지 않고 정순왕후 하교에 의해 곧바로 사약을 받았다. 남편 은언군도 천주교인은 아니지만, 사학죄인이라는 명목으로 사사되었다. 그러나 그후 헌종이 후사 없이 죽자 은언군의 손자 원범이 철종으로 즉위했다. 이후 송마리아 부부의 작위가 복위되고 상계군도 신원됐으며 이들 가족의 역모 관련 문적은 세초되었다.

순조대 왕실 여성과 천주교

왕실여성으로서 대표적인 천주교인은 송 마리아와 신 마리아이지만, 이들과 함께 생활했던 궁녀들도 천주교에 입문한 사람이 있었다. 강경복은 폐궁 나인으로 세례명은 수산나이다. 주인 송 마리아를 통해 신앙과 교리를 배웠다. 그리고 강완숙과도 왕래하면서 천주교에 더 친숙해졌다. 죽음을 앞두고 "이제 형벌을 당하여도 뉘우치는 마음은 조금도 없다"고 할 정도 신심이 깊었다고 한다.

문영인 역시 나인으로 강완숙을 통해 교리를 배우고 주문모에게 세례를 받았다. 세례명은 비비안나였다. 동정녀 공동체의 일원이었다고 한다. 궁녀로 생활 중 병이 있어 궁을 나오게 됐고, 그후 더 천주교에 열성을 보인 것으로 돼 있다. 1801년 5월 22일 26세의 그녀는 강경복과 함께 처형 장소인 서소문 밖으로 끌려나가 즐거운 모습으로 칼날을 받았다고 한다.

순원왕후와 안동 김씨 가문

순원왕후는 안동 김씨로 아버지는 영안부원군 김조순, 어머니는 청송 심씨이다. 1800년 왕세자빈으로 간택되고, 1802년 순조비로 왕비에 책봉됐다. 순원왕후는 조선에서 유일하게 헌종, 철종 두 차례에 걸쳐 수렴청정을 했다. 이 기간 동안 왕실의 안정과 권위를 지키기 위해 진종의 조천을 거행하고, 익종의 능, 순조의 능, 수빈 박씨의 휘경원 등을 천릉했다.

순원왕후는 한글편지로 유명한데, 이 편지들을 통해 보면, 친정 안동 김씨 집안과의 긴밀한 관계를 잘 알 수 있다. 수렴청정을 하면서 헌종 때 친형제 김유근, 재종형제 김홍근 철종 때 김좌근, 김홍근 등에게 의지했던 것을 볼 수 있다.

한편, 왕실의 부마와 며느리를 자신의 친정 집안에서 많이 데려왔다. 김조근의 딸을 헌종비로, 김문근의 딸을 철종비로 책봉한 것을 보면 그렇다. 그리고 김현근, 김병주 등의 부마도 두었다. 수렴청정 기간동안 안동 김씨 세력이 크게 확장된 것은 부정할 수 없는 사실이다.

1801년 신유박해와 여성

신유박해 때 300여 명의 순교자 중 여성은 70여 명이다. 당시의 여성의 활동범위를 생각할 때 대단히 많은 숫자이다. 남녀 신자 가운데 가장 활발한 활동을 한 강완숙은 양반 부녀자임에도 불구하고 신앙문제로 가출하여 귀천을 가리지 않고 전교 활동을 펼쳤다. 정약종, 정약용, 황사영, 권철신, 오석충 등 남자 사대부와 왕래 전교 했고 여필종부, 남녀칠세부동석, 삼종지도 등의 유교윤리에 구애받지 않았다. 강완숙 외에도 많은 동정녀와 과부들이 자유로운 신앙생활을 했다.

여성순교자의 신분의 분포를 보면, 17명 중 양반부녀자 10명으로 가장 많았다고 한다. 입교 동기는 강완숙, 또는 가족의 권유였다. 유배자들은 모두

47명인데, 이중 평민과 천민이 26명으로 양반보다 많았다.

그리고 동정녀들은 결혼을 거부하고 스스로 동정을 택했다. 동정녀는 유교질서를 뿌리 채 흔드는 것이었다. 당시 동정녀로는 윤점혜, 정순매, 이득임, 김경애, 조도애, 문영인, 박성염, 김월임, 홍순희 등이 기록에 나타난다. 신유박해 때 순교한 유중철 요한, 이순이 누갈다 부부와 1819년 순교한 조숙 베드로, 권데레시 부부는 동정부부로 주목된다.

여성사적 의의

그동안 왕실 여성들은 권력의 희생양으로 그려지는 경우가 많았다. 정순왕후의 수렴청정이나 소현세자빈의 경제력, 인수대비의 역할, 인목대비의 정치력 등이 주목받기 시작한 것은 그렇게 오래된 일이 아니다. 그래서 이 책이 소현세자빈과 정순왕후의 리더십에 주목한 것은 의미가 있다고 생각한다.

특히 소현세자빈이 심양생활에서 경영 능력을 발휘했다는 것은 소현세자빈의 비극적 죽음에 가려 제대로 조명되지 못한 면이 있다. 이 책은 그런 점을 인식하고 심양에서의 소현세자빈의 경제활동을 소상히 서술하고 있다. 그동안 알려지지 않았던 자료들로 심양에서 곡식을 얼마나 수확했는지 등 새로운 사실을 많이 알 수 있게 한다.

그러나 그럼에도 불구하고 소현세자빈의 역할이나 능력을 좀 더 강하게 부각시켜줬으면 하는 바램은 남는다. '국내의 극도의 반청적 정치상황을 잘 파악하지 못해 정치적 입지를 확보하는데 실패했다'고 하는데, 실패했더라도 실패라고 할 만큼 인조와 대립할 수 있을 정도가 됐다는 것은 의미있게 드러내줬으면 좋았겠다는 뜻이다.

정순왕후에 대해 수렴청정만이 아니라 영조, 정조 대 왕비, 왕대비로서의 역할에 주목한 것이 의미있다. 영조대 왕비로서의 리더십, 정조대 왕대비로서의 리더십이라는 표현이 적절했다는 생각이다. 그리고 순조대 수렴청정

시기 480건의 하교를 내렸다는 사실은 정순왕후의 통치상황을 좀 더 선명하게 드러내준다. 읽는 재미가 배가 되었다.

그러나 역시 정순왕후의 리더십을 좀 더 적극적으로 해석해줬으면 하는 아쉬움이 있다. 정순왕후에 대한 부정적인 평가가 있더라도 정치력을 발휘한 것 자체에 대해서는 강조해줘도 좋지 않았을까 생각한다. 여성사에서는 당분간 이러한 적극성이 필요한 것이 아닌가 한다.

가령 '그녀의 리더십이 궁궐안의 정치권력에 한정된 리더십'이라고 했는데, 왕실내 한정된 것이라고 하더라도 왕실 내 최고권력이라면 그것이 여성사에서 갖는 의미는 크기 때문이다. 더 적극적으로 평가해줘도 좋지 않을까 생각한다.

화순옹주에 대해서는 혼인과정과 김한신에 대해 상세히 서술해준 것이 다른 연구들과 달랐다. 그간 열녀라는 측면에서 접근해서 실제생활 부분이나 인물 김한신에 대해서는 잘 알지 못했는데, 이 부분이 잘 설명되었다. 특히 영조의 김한신에 대한 애정, 그리고 김한신의 능력, 경주 김씨 출신 등이 드러나니까 화순옹주에 대한 이해가 깊어진다. 다만, 화순옹주의 열녀로서의 의미에 대해 논의를 좀 더 해줬으면 하는 바램은 있다. 즉 화순옹주 자진의 주체성 문제를 잠시 언급해줬으면 어떨까 하는 생각이 든다. 그러나 사실 이는 필자의 주관적인 바램일 뿐이다.

영조의 또다른 딸 화완옹주는 드물게 보는 권력 지향형 인물이다. 왕실의 딸로서 다음 왕위계승에 그렇게까지 개입한 인물은 찾기 쉽지않다. 세손 정조의 대리청정을 대놓고 반대했다고 하는데, 대비도 아닌 옹주이고 보면 이는 대단한 권력욕이라고 할 수 있다. 왕비나 대비는 내명부의 수장으로 왕실 정치에 개입할 수 있지만, 옹주는 사실 정치에서는 배제되어야 할 인물이다. 부마의 관직 진출이 금지되는 것도 그런 이유이다. 그럼에도 불구하고 정조와의 대립, 갈등 했다는 것은 부정적인 평가를 떠나서 주목해봐야 할 사실이다. 이 부분에 대해서도 적극적인 평가가 필요해 보인다.

송 마리아나 강경복 등을 통해서 왕실에 천주교 여성들이 상당수였다는 흥미로운 사실을 알 수 있었다. 유배생활로 천주교를 접하게 된 것이지만, 왕실도 천주교의 영향권에서 벗어나 있지 않았다. 특히 강경복과 문영인은 죽음 앞에서도 추호의 굽힘이 없었다고 한다. 한국천주교회사에서 여성들이 갖는 의미를 다시 생각하게 하는 대목이다. 여성과 종교는 긴밀하다. 조선 500년 동안 불교가 유교사회에서 명맥을 이어갈 수 있었던 것도 여성들 때문이었다. 이 기회에 여성과 종교, 여성과 천주교의 문제를 새롭게 분석해보는 계기가 되었으면 한다.

순원왕후에 대해서는 두 번의 수렴청정을 통한 정치력을 조명하고, 그 파트너들이 누구였는지를 서술했다. 순원왕후와 안동 김씨 정치참여의 실상을 볼 수 있다. 그리고 한글편지를 통해 집안을 챙기는 순원왕후는 안동 김씨 집안의 딸로서의 모습을 보여준다. 편지에 주목한 것은 의미가 있다. 향후 편지를 통한 연구가 활발해질 것으로 예상되는데, 그 단초가 되리라고 생각한다.

이 책의 장점은 누누이 지적했듯이 여성들의 리더십, 정치력 등에 주목한 점이다. 이 부분은 앞으로 여성사에서 더 강조되어도 좋다는 생각이다. 그리고 풍부한 자료로 사실 서술을 잘 한 것도 큰 장점이다. 그래서 아주 잘 읽히는 책이 됐다. 다만 한가지 왕실여성들의 역할을 조금만 더 적극적으로 평가해줬으면 하는 아쉬움은 남는다. 이는 아직은 여성사가 발전 단계에 있기 때문에 가져보는 바램이다.

제 2 장

주요 학회 활동

조선사연구회 회장 시절
(2006. 8 - 2008. 7)

　조선사연구회는 1990년 8월에 대구에서 경북대학교 대학원의 조선시대
사 연구자들이 모여 '조선시대에 대한 연구를 심화시키고 회원들의 친목을
도모한다'는 목적으로 창설된 학회이다. 매월 마지막주 금요일 1회의 연구
발표회를 개최하고, 『조선사연구』 학회지를 연간 1회 발간하였다.

　필자가 조선사연구회와 인연을 맺게된 것은 계명대학교 한충희 교수님
과 이준구 교수님을 우연히 만남으로서였다. 1998년 9월 12일 토요일, 조선
시대사학회에서 주관하는 지방학술발표회가 전주에 있는 전북대학교에서
열렸다. 그때 필자는 "조선시대 경상도 선산지역의 효자, 열녀"를 발표하기
위해 아침 일찍 대구에서 전주행 고속버스를 탔다. 그 고속버스 안에서 우
연히 계명대학교 한충희 교수님과 대구한의대학교(구, 경산대학교) 이준구
교수님을 처음 뵙게 되었던 것이다. 물론 그때 두 분도 전북대학교의 학술
발표회에 참석하기 위해 가시는 것이었다. 그동안 성함만 알고 지내다가 이
때 처음 뵙고 인사를 드리게 되어 매우 기뻤다. 이때의 첫 만남으로 인해 대
구의 조선사연구회 모임에도 참여하게 되었다.

　2000년에는 조선사연구회(회장 한충희 교수)에서 조선사연구회 창립 10
주년을 기념하고 지역사회에 도움이 되는 학술활동으로 조선시대 대구지역
의 모습과 사람들의 삶을 조명한 『조선시대 대구의 모습』과 『조선시대 대

조선사연구회에서 한영우 교수님과 함께
(2007.12.14.)
왼쪽줄에서 두 번째가 필자.

조선사연구회에서
한영우 교수님의 발표(2007.12.14.)

구 사람들의 삶』(계명대학교 출판부) 이렇게 단행본 2권이 간행되었다. 그리고 금오공대 박인호 교수의 제안으로 조선사연구회에서는 역사 전공으로 퇴직하신 원로교수님을 모시고 나의 역사연구에 대한 소중한 이야기를 듣는 시간을 가졌다. 그 때의 구술을 녹취하여 『조선사연구』학술지에 실었던 것이다. 그동안 문경현 경북대학교 명예교수, 故 이수건 영남대 명예교수[1], 故 김윤곤 영남대 명예교수[2], 故 한영우 서울대학교 명예교수[3], 권연웅 경북대학교 명예교수[4], 김엽 경북대학교 명예교수[5], 이명식 대구대학교 명예교수[6]와 소중한 시간을 가졌다.

필자는 강원대학교 차장섭 교수의 뒤를 이어 2006년 8월부터 2년간 제8대 조선사연구회 회장을 맡았다. 총무는 대학원 제자 조순 선생이 맡아 회장인 필자를 적극적으로 도왔다.

필자가 조선사연구회 회장을 맡았을 때 필자의 서울대 대학원 지도교수

---

1 이수건, 「나의 역사연구 회고」, 『조선사연구』 15집, 2006.10
2 김윤곤, 「학업의 과정을 회고함」, 『조선사연구』 16집, 2007.10
3 한영우, 「나의 학문과 인생」, 『조선사연구』 17집, 2008.10
4 권연웅, 「나와 역사학」, 『조선사연구』18집, 2009.10
5 김엽, 「나의 학문의 길」, 『조선사연구』 19집, 2010.10
6 이명식, 「나의 회고. 역사학과의 만남」, 『조선사연구』 20집, 2011.10

故 한영우 교수님께 "나의 학문과 인생"이라는 주제로 발표를 부탁드렸던 적이 있다. 2007년 12월 14일 바람부는 추운 겨울날 서울에서 대구까지 내려오셔서 오후 4시부터 7시까지 3시간 동안 조선사연구회 회원들과 함께 소중한 대화의 시간을 나눈 적이 있다.

故 한영우 교수님은 필자의 서울대학교 대학원 국사학과 지도교수로서 나의 삶과 학문적 발전에 늘 버팀목이 되어주셨다. 그래서 졸업 후에도 개인 연구실을 방문하여 조언을 종종 구하곤 했다. 그럴 때마다 반갑게 맞이해주시고 많은 질문에도 답변을 성의껏 잘해주셔서 진정한 큰 학자로서 학문의 열정을 느낄 수 있었다. 다시한번 깊이 감사드린다.

필자는 조선사연구회 회장 임기동안 23회의 논문발표와 토론의 시간을 가졌다. 조선사연구회의 월례발표회에서는 지정 토론자 이외에 참석자 모두 돌아가면서 질문하는 것이 전통이었다. 이로써 논문발표자에게는 많은 도움이 되었을 것이다.

매월 정기적으로 논문발표회를 갖다보니, 이따금 발표자와 토론자를 정하지 못해 무척 애를 먹었던 기억이 난다. 이러한 어려움이 있을 때마다 갑자기 부탁을 드려도 계명대학교 한충희 교수님은 거절하지 않으시고 바쁘신 가운데서도 흔쾌히 승낙을 해주셨다. 감사할 뿐이다.

2006년 9월부터 2008년 7월까지 조선사연구회 월례발표회 발표내용을 표로 정리하면 다음과 같다.

〈표1〉 조선사연구회 월례발표회 주제 및 발표자, 토론자 현황(2006.8~2008.7)

순서	연월일	발표자	주제	토론자
1	2006.9.1	김병우 (대구한의대)	대원군의 풍수지리사상	박인호 (금오공대)
2	2006.9.29	차장섭 (강원대)	조선시대 종합보에 대한 일고찰	우인수 (경북대)
3	2006.10.20	김명자 (경북대)	조선후기 안동지역 사족의 문집간행 배경과 현황	설석규 (경북대)

4	2006.11.24	박 주 (대구가톨릭대)	18~19세기 천성태집안의 효자 정려 청 원과정	우인수 (경북대)
5	2006.12.22	김윤곤 (영남대 명예 교수)	나의 역사연구 회고	
6	2007.1.26	배재홍 (강원대)	척주선생안을 통해 본 조선시대 삼 척부사	권영배 (계명대)
7	2007.2.23	한충희 (계명대)	조선 세조대 원종공신연구	박인호 (금오공대)
8	2007.3.30	조순 (대구가톨릭대)	수운과 해월의 민본사상	박주 (대구가톨릭대)
9	2007.4.27	김영나 (경북대)	광산김씨의 명문에 나타난 매매실태	김명자 (경북대)
10	2007.5.31	이수환 (영남대)	경주지역 손.이 시비 전말	조순 (대구가톨릭대)
11	2007.6.29	김정운 (경북대)	하회 풍산 류씨 류이좌 가문의 산송	김명자 (경북대)
12	2007.7.27	문경현 (경북대학교 명예교수)	나의 역사연구의 길	
13	2007.8.31	한충희 (계명대)	조선초기 집현전관 연구	우인수 (경북대)
14	2007.9.28	권영배 (계명대)	일제말 전시체제하 중등학교의 동원 과 저항	심상훈
15	2007.11.2	차장섭 (강원대)	조선후기 여성의 보학교육	구완회 (세명대)
16	2007.11.30	김명자 (경북대)	16~19세기 풍산 류씨 하회파의 혼 반경향	박주 (대구가톨릭대)
17	2007.12.14	한영우 (서울대 국사학 과 명예교수)	나의 역사연구	
18	2008.1.31	조순 (대구가톨릭대)	조학신의 민본사상 일고찰	박주 (대구가톨릭대)
19	2008.2.29	임삼조 (계명대)	일제 강점기 포항지역의 학교 설립운동	권영배 (계명대)
20	2008.3.28	김영나 (경북대)	조선전기 광산김씨 예안파의 전답실태	김명자 (경북대)
21	2008.4.25	박주 (대구가톨릭대)	조선후기 순조대의 왕실여성과 천주교	한충희 (계명대)
22	2008.5.23	설석규 (경북대)	조선중기 학파의 붕당화와 당론	박주 (대구가톨릭대)
23	2008.6.27	김명자 (경북대)	16~17세기 풍산 류씨 하회파의 종 법 수용	조순 (대구가톨릭대)

한국여성사학회 회장 시절
(2014. 10 ~ 2016. 9)

　필자는 미국 오하이오 주립대학교 동아시아 어문학과(Department of East Asian Languages and Literatures)에 1년간(1985. 12~1986. 12) 객원교수로 있었던 적이 있다. 동아시아 어문학과의 김영희 교수와 Timothy Light 교수는 필자의 초청. 입국을 알선해 주셨고, Leila Rupp교수와 Judith Mayne 교수 그리고 Phyllis Gorman 교수는 미국 여성사에 관한 여러 가지 정보를 제공해 주셨다.

　필자는 체류기간 동안 미국내 여성학과 여성사 연구동향을 파악하기위해 오하이오 중앙도서관내 여성학 도서관(Women's Studies Library)과 여성학 연구소(Center for Women's Studies)를 주로 이용하였다. 그리고 여성학 과목과 여성사 과목 1개씩 청강을 하였다. 귀국 후 보고서 논문으로 "미국내 여성사 연구동향에 대한 연구 -그 이론과 방법론을 중심으로-"를 발표하였다.

　그 후 필자는 여성사에 많은 관심을 가지고 있던 차에 2004년 9월 이화여자대학교에서 한국여성사학회 창립 행사를 한다는 초대장을 받게되어 기뻤다. 그래서 창립 오픈식에 참석을 하였고, 그때부터 한국여성사학회 월례 발표회와 학술대회 행사가 있을 때마다 대구에서 아침 일찍 열차를 타고 부지런히 참석했다.

호주 시드니에서 참석자들과 함께(2005.7)
앞줄 오른쪽 첫 번째가 필자

　2005년 7월에는 호주 시드니의 뉴 사우스 웨일즈 대학교(New South Wales University)에서 열리는 제20회 세계역사학대회(2005.7.3.~2005.7.9.)를 참관하기 위해 필자는 이배용 초대 회장을 비롯하여 5명(정현백 교수, 박진숙 교수, 이성숙 교수, 정경숙 교수, 남미혜 교수)의 임원진들 그리고 대학원생 1명과 함께 5박 7일(2005.7.5.~7.11)동안 호주를 다녀온 적이 있었다. 호주 방문 뿐만아니라 세계역사학대회에도 처음 참석함으로써 잊지못할 좋은 경험이었다.

　특히 이배용 총장님은 필자가 활동하고 있는 한국여성사학회의 초대 회장, 조선시대사학회 회장, (사)역사 · 여성 · 미래의 이사장이셨기 때문에 필자와 인연이 매우 깊다. 그런 인연으로 필자가 대구가톨릭대학교 박물관장 재임시와 안중근연구소 소장 재임시에 이배용 총장님은 먼 거리에 있는 대구가톨릭대학교(경상북도 하양읍에 위치)를 두 차례 방문해주셨다.

　첫 방문 때인 2016년 12월 16일(금)에는 (사)역사 · 여성 · 미래 이사장으

대구가톨릭대학교 박물관 앞 기념사진(2016. 12. 16)
사진 가운데 이배용 총장. 오른쪽부터 첫 번째가 필자.
그 다음이 기계형 교수, 안명옥 원장.
왼쪽부터 이성숙 관장, 정현주 관장, 정현백 장관

본교 안중근의사 동상 앞에서 기념사진(2018. 5. 8) 오른쪽에서 세 번째가 필자

안중근연구소 초청특강 기념사진(본교 중앙도서관, 2018. 5. 8)

로서, 정현백 장관, 안명옥 원장, 정현주 관장, 이성숙 관장, 기계형 교수 등 운영위원 다섯 분과 함께 추운 겨울 날씨에도 불구하고 본교 박물관에서 기획전시중이었던 "청동거울 展"도 관람하실 겸 격려차 오셨고, 2년 후인 2018년 5월 8일(화) 두 번째 방문 때에는 본교 중앙도서관에서 재학생들을 대상으로 "조마리아 여사의 생애와 독립운동" 이라는 주제로 안중근연구소 초청특강을 해주시기 위해 오셨다. 다시 한번 더 깊이 감사드린다.

필자는 한국여성사학회에서 활동하면서 우리나라 뿐만아니라 불가리아, 스페인, 중국에서 열린 국제학술회의에서 여성사 논문을 발표하는 기회를 모두 네 차례 가졌다. 잊을 수가 없고 감사할 뿐이다.

2014년 9월 20일(토) 드디어 필자는 한국여성사학회 제6대 회장으로 선출되었다. 경선에서 회장을 맡게 되어 한편으로 기쁘면서도 한편으로는 어깨가 무거웠다. 회장 임기 2년동안 내내 대구에서 매월 셋째주 토요일 새벽 7시에 나와 서울행 열차를 타고 오전 10시 30분에 서울 대우재단빌딩 7층 제1세미나실에서 열리는 월례논문발표회에 회장으로서의 책임감을 가지고 열심히 참석했다. 총무는 대구한의대학교 김성은 교수가 맡아 필자를 적극적으로 도왔다.

제6대 학회장으로 있는 동안(2014.10.1.~2016.9.30.) 17회의 월례발표회, 학회지 4권 간행(21호, 22호, 23호, 24호), 제57회 전국역사학대회 여성사부 분과 발표(주제: 역사권력에 대한 대항: 여성을 위한 여성에 의한 역사서술, 2014.11.1.), 한국여성사학회와 한국학중앙연구원 비교한국학연구센터 공동주최 학술대회(주제: 여성의 경제권, 2015.5.22.), 한국여성사학회와 한국여성연구원 공동주최 광복 70주년 기념 학술세미나(주제: 광복에서 통일로, 여성이 쓰는 한국사회 미래전망, 2015.8.13), 제22회 세계역사학대회 및 세계여성사대회(중국 제남(濟南), 2015.8.27.~8.28), 한국여성사학회. 한국학중앙연구원. 하와이대학교 한국학센터 공동국제학술대회(주제: Across the

광복 70주년기념 학술세미나 기념사진(2015.8.13.)
앞줄 오른쪽에서 세 번째가 필자

Pacific Ocean:Korean Women in the Early 20th Century, 2015.9.25.), 명성
황후 시해 120주년 추모학술세미나 개최(2015.10.7), 제58회 전국역사학대
회 여성사부 분과 발표(주제: 고등학교 한국사 교과서속 여성사 분석과 제
안, 2015.10.31.), 제3회 한.중.일 여성사 국제학술회의(주제: 전쟁과 여성,
중국 상하이 푸단대학교, 2015.12.20.~12.21), 2016년도 동계워크숍 개최
(2016.1.22.~1.23), '한국여성문학학회', '한국여성사학회', '한국여성철학
회'와 함께 문.사.철 학회의 제6회 여성주의 인문학 여성연합학술대회(주
제: 일하는 여성-여성노동에 대한 여성주의 인문학의 성찰-, 2016.4.16.), 한
국여성사학회 주최, 국사편찬위원회 후원 학술회의(주제: 열녀담론, 통제론
과 주체론의 소통 가능성, 2016.6.17), 한국여성사학회 발의, 한국여성연구
학회협의회 소속 6개학회 명의로 일본군 성노예제 문제를 둘러싼 최근 일본
정부의 태도를 비판하는 합동성명서 발표(2014.10), 일본군위안부문제 성명
서 발표(한국여성사학회 발의, 제58회 전국역사학대회준비협의회소속학회

(사)역사 · 여성 · 미래 운영위원회 모임(2023.8.9.)
오른쪽에서 두 번째가 필자

명의, 2015.10), (사)역사 · 여성 · 미래의 여성사 대중화 사업 참여(2015~현재) 등 정말 많은 활동이 있었다. 현재도 필자는 (사)역사 · 여성 · 미래의 여성사 대중화 사업에 계속 참여하고 있는데, 안명옥 현 이사장의 제안으로 "박주 박사의 역사이야기"라는 유튜브를 통해 여성사의 대중화에 힘쓰고 있다.

2016년 1월에는 1박 2일(1월 22일~23일)로 동계워크숍도 개최하였다. 서울여성플라자에서 정해은 박사는 "17세기 의순공주의 탄생과 조청관계"에 대해 발표를 하였고, 이성숙 박사는 "나의 여성사연구를 통해 본 영국 유학생활"에 대해서 발표하여 즐겁고 유익한 시간을 보냈다.

2016년 8월에는 『여성과 역사』 학술지가 0.2점 차이로 '등재지'가 되지못하고 '등재후보지 유지'여서 아쉬움이 매우 컸다.

2016년 9월 24일 정기총회에서 필자의 제안으로 다음 회기부터는 새 회장단의 임기 시작을 10월이 아니라 새해 1월 1일부터 임기 시작하기로 결의하고 정관도 개정하기로 하였다. 왜냐하면 학술지 평가의 기간이 1월부터 1년 단

제3회 한·중·일 국제학술세미나에서 논문발표(중국 푸단대. 2015.12.20.)
앞줄 왼쪽부터 황지원 대학원생(중국 푸단대 석사과정). 김성은 교수. 필자.
김지서 대학원생(중국 푸단대 박사과정). 강정숙 교수

위로 되어있어 종전의 10월 임기 시작은 학술지 평가에 불리했기 때문이다.

한편 필자는 6대 회장 시절에 한국여성사학회 주관으로 위안부 성명서 발표를 두차례하였다. 첫 번째는 2014년 10월 31일 한국여성사학회(회장 박주 대구가톨릭대학교 교수)는 한국여성학회, 여성건강간호학회, 한국여성문학학회, 한국여성커뮤니케이션학회, 한국여성신학회, 여성경제학회 등 6개 여성 연구학회와 함께 최근의 일본군 '위안부'를 둘러싼 일본정부 등의 태도를 비판하는 합동 성명서("일본군 성노예제 문제를 둘러싼 최근 일본정부 등의 태도를 비판한다")를 발표하였다.

두번째는 2015년 6월 19일 제58회 전국역사학대회협의회 2차 정기회의에서 한국여성사학회가 일본군 '위안부' 문제에 관해 협의회 차원에서 성명서 발표할 것을 제안, 이후 성명서 작성, 각 학회의 성명서 검토, 동참 의사 확인 등의 과정을 거쳐 2015년 8월 5일 수요일 협의회 소속 20개 단체 모두가 참여한 일본군 '위안부' 문제 해결 촉구를 위한 성명서를 발표하였다.

필자는 제3회 한.중.일 여성사 국제학술회의(2015.12.19.~12.22)에 참가하였다. 2015년 12월 20일(일)부터 21일(월)까지 중국 상하이(上海) 푸단대학교 (复旦大學校)에서 "전쟁과 여성(Gender and War in East Asia)"이라는 주제로 한국측에서는 필자와 강정숙 교수, 김성은 교수가 참가하여 발표하였다.

2015년 12월 19일(토) 동방항공 비행기를 타고 중국 상해 푸동공항에 도착했다. 푸단대학교 석사과정의 황지원 대학원생이 마중나와 만났다. 학교 근처에서 점심식사로 피자, 스파게티를 간단히 먹고 오후에 임시정부청사를 방문한 후 뤼신공원을 갔다. 뤼신공원내 윤봉길의사 기념관을 방문하기 위해서였다. 뤼신공원내에는 뤼신의 묘와 동상이 있어 공원이름도 뤼신공원이다. 그 이전에는 홍코우공원이었다.

저녁을 공원근처에서 간단히 해결한 후 복선호텔(푸단대학교 신문대학원 호텔)에서 첫 날 숙박했다. 그 다음날인 20일(일) 오전 8시 30분에 호텔 건너편에 위치한 푸단대학교로 갔다. 일요일임에도 불구하고 하루종일 학술회의가 열렸다. 먼저 오전에 4명, 오후에 6명 모두 10명이 발표하였고, 이어서 토론은 한국어, 중국어, 일어 순차 통역하였다. 점심은 도시락이었다. 한국측에서는 김성은 교수, 강정숙 교수가 발표하였다. 필자는 다음날 21일 (월) 오전에 "병자호란 때의 열녀와 속환녀"(the Virtuous Women and the Bought-back Women during and after the Invasion of the Qing Dynasty) 에 대해 발표했다. 유목림 박사과정 학생이 중국어로 통역하였고, 에미학생은 일본어로 통역하였다.

21일(월) 오후에는 상해 서남쪽에 위치하고 있는 상해 사범대학에 일본인 교수 5명과 함께 택시를 타고 갔다. 사범대학 문과대 지하에 있는 "위안부 자료관"을 관람하기 위해서였다. 위안부 자료관에는 많은 사진 자료들과 유품이 전시되어있었다. 위안부 자료관을 관람한 후 김지서 박사과정 대학원생의 안내로 저녁 늦게 와이탄 거리를 걷고 황포강을 건넜다. 동방명주탑과 야경을 구경하면서 상해의 발전상을 실감했다. 22일(화) 오전에는 상해

박물관을 관람한 후 오후에 인천공항에 도착했다. 3박 4일의 빡빡한 일정을 모두 무사히 마쳤다고 생각하니 몸은 비록 피곤했지만 흐뭇했다.

필자는 회장 재임 기간동안 국립여성사박물관의 건립 계획이 국내에서 추진됨에 따라 미국의 여성사 박물관과 전시관에 대한 정보를 얻기위해서 박현숙 교수(성균관대학교 초빙교수, 미국여성사 전공), 김성은 교수(대구한의대학교 교수, 한국근대사 전공)와 함께 셋이서 미국 동부 여성사박물관 탐방을 목적으로 2016년 7월 13일(수)부터 24일(일)까지 11박 12일동안 미국 동부를 다녀왔다.

필자가 회장 재임시 실시한 월례발표회를 비롯한 학술발표회 내용을 도표로 정리하면 아래와 같다.

〈표2〉 한국여성사학회 월례발표회 개최 현황(2014.10~2016.9)

순서	연월일	주제	발표자	토론자	비고
1	2014. 11.1	제57회 전국역사학대회 여성사부 독립패널 및 제66회 한국여성사학회 월례발표회 주제: 역사권력에 대한 대항: 여성을 위한 여성에 의한 역사서술 제1부 발표 1. 수녀의 눈으로 본 종교개혁: 잔 드 쥐시(Jeanne de Jussie)의 연대기를 중심으로 2. '국가주의'와 여성의 착종성:다카무레 이쓰에(高群逸枝)를 중심으로 3. 여성사 길 찾기:일본군 위안부 피해자의 역사쓰기와 지식인의 역할 4. 역사서술과 여성하위주체의 언어들: 기지촌 여성의 은어를 중심으로 제2부 지정토론 및 종합토론 사회:정해은(한국학중앙연구원)	1.박효근 (한성대) 2.이선이 (경희대) 3.박정애 (숙명여대) 4.김은경 (한국방송통신대)	1.이필은 (나사렛대) 2.김영숙 (이화여대) 3.김수진 (대한민국역사박물관) 4.박정미 (한양대)	장소:서강대학교 정하상관 610호
2	2014. 11.22	1. 신라 중고기 여왕 즉위와 건국신화 2. 진정한 여성성의 숭배 담론의 의미와 한계분석	1.김선주 (중앙대) 2.박현숙 (서강대)	1.이현주 (성균관대) 2.최재인 (서울대)	대우재단빌딩7층 제1세미나실
3	2014. 12.20	1. 18세기 하녀노동자에서 20세기 가사노동자 사이 2. 조선 양동마을의 딸과 며느리들	1.나혜심 (성균관대) 2.이순구 (국사편찬위원회)	1.최선아 (서원대) 2.안승준(한국학중앙연구원)	"

4	2015. 3.21	1. 세기 변환기 모자보호개념의 의미와 한계-독일사회 모성담론을 중심으로- 2. 신라 중대의 유교적 혼인의례도입과 왕실여성-신문왕의 납비례 도입과 신목왕후를 중심으로-	1.최선아 (서원대) 2.이현주 (성균관대)	1.최향란 (전남대)	〃
5	2015. 4.18	1. 고려말 열녀사례연구:양수생처 열부이씨 2. 조선시대 왕비 가례의 맹사봉영과 친영	1.권순형 (한국학중앙연구원) 2.임민혁 (한국학중앙연구원)	1.정해은(한국학중앙연구원) 2. 한형주 (경희대)	〃
6	2015. 5.22	한국여성사학회, 한국학중앙연구원 비교한국학연구센터 공동주최 학술회의 주제:여성의 경제권 1.고대여성의 재산권과 경제활동 2.고려시대 계복기록과 여성상속권 3.분재기에 나타난 조선시대여성의 재산상속 실상 4.조선후기 개성상인 회계장부에서의 여성의 경제적 역할 5. 한국전쟁기 여성의 계모임	1.김선주 (중앙대) 2.이정란 (고려대) 3.안승준 (한국학중앙연구원) 4.전성호 (한국학중앙연구원) 5.이명희 (이화여대)	종합토론:	장소:한국학중앙연구원
7	2015. 8.13	한국여성사학회, 한국여성정책개발원 공동주최 광복 70년 기념 학술세미나 주제: 광복에서 통일로, 여성이 쓰는 한국사회 미래전망 개회사:이명선(한국여성정책연구원 원장) 축사:김희정(여성가족부 장관), 박주(한국여성사학회 회장) 기조발제:"광복 70년의 역사적 의미와 통일을 향한 여성의 역할", 이배용(한국학중앙연구원 원장) 〈통일시대 여성리더십, 독립운동에서 찾다〉 1."지역사회 여성독립운동가 활동과 의의" 2."강원여성의 항일운동과 리더십" 〈여성의 사회적 역할 변화와 통일 한국 여성 의제〉 1."광복 70년, 통계로 본 여성의 삶과 지위변화" 2. "여성이 함께하는 통일한국의 비전과 정책과제"	1.한재숙 (위덕대학교) 2.박미현 (강원여성사연구소) 1.주재선 (한국여성정책연구원) 2.장혜경 (한국여성정책연구원)	1.강영심 (이화여대) 2. 신영숙(이화사학연구소) 3.장미혜 (한국여성정책연구원) 1.신경아 (한림대) 2.이명진 (고려대) 3.차인순(국회여성가족위원회 입법심의관)	일시: 2015년 8월 13일 목요일 14시 장소:상공회의소 국제회의장

8	2015. 8.27.~28	제22차 세계역사학대회 및 세계여성사대회주제:Women and Modernity	김성은, 기계형		장소:중국 지난(濟南) 난지아오 호텔Nanjiao Hotel)
9	2015. 9.19	1. 일본군 '위안부'개념과 범주를 둘러싼 논의 검토 2. 사립 정화여학교와 김정혜의 여성 교육관	1.박정애(동국대 대외교류연구원) 2.김형목(독립운동연구소)	1.강정숙(이화사학연구소) 2.김성은(대구한의대)	대우재단빌딩7층 제1세미나실
10	2015. 9.25	한국여성사학회.한국학중앙연구원.하와이대 한국학센터 공동주최 국제학술대회 주제: Across the Pacific Ocean:Korean Women in the Early 20th Century			장소: Burns Nall 5/4009 at the East-West Center, on thersity of Hawai'i Manoa campus
11	2015. 10.7	한국여성사학회 후원 명성황후 시해 120주년 추모 학술세미나 추모사:이수성(전 국무총리), 나경원(국회의원),박주(한국여성사학회 회장) 추모음악:김소현(뮤지컬 '명성황후' 배우), 뷰티풀 마인드 기조강연:명성황후의 역사적 위상, 이배용(한국학중앙연구원 원장) 1.명성황후 시해의 진상, 2.1895년 을미년 한국을 둘러싼 국제관계 3.명성황후 국장의 절차와 의식,	1.이민원(동아역사연구소 소장) 2.김현숙(건양대학교 교수) 3.이욱(한국학중앙연구원 연구원)	종합토론 사회:손승철(강원대학교 교수) 토론:1.정윤재(한국학중앙연구원 연구원) 정현주(한국여성사학회 부회장)	장소:국회도서관 대강당
12	2015. 10.31	제58회 전국역사학대회 주제:고등학교 한국사 교과서속 여성사 분석과 제안 1. 고등학교 한국사 교과서의 고대사 서술과 여성사적 제언 2. 고등학교 한국사 교과서의 고려시대사 서술 3. 고등학교 한국사 교과서의 조선시대사 서술 4. 고등학교 한국사 교과서의 근대사 서술	1.김선주(중앙대) 2.권순형(한국학중앙연구원) 3.정해은(한국학중앙연구원) 4.김성은(대구한의대)	1.이부오(주엽고) 2.이건흥(백영고) 3. 4.김영선(이화여대)	장소: 서울대 사범대학 11동 106호

13	2015. 11.21	이기백의 한국여성사연구 소론형성과 혼맥	1.김수태 (충남대) 2.이순구 (국사편찬위 원회)	1.권순형(한국 학중앙연구원) 2.김학수(한국 학중앙연구원)	대우재단빌딩7 층 제1세미나실
14	2015. 12.19	1. 미국내 여성사연구 현황과 소통 가능성 모색 2. 신여성과 깁슨 걸 비교분석	1.박경 (이화여대) 2.박현숙 (서강대)	1.이현주 (성균관대) 2.박정애 (숙명여대)	대우재단빌딩7 층 제1세미나실
15	2015. 12.20.~21	제3회 한중일 여성사 국제학술회의 주제:전쟁과여성(Gender and War in East Asia)	박주, 강정 숙, 김성은		장소: 중국 상하 이(上海) 푸단대학 교(復旦大學校)
16	2016. 1.22.~23	2016년도 동계워크숍 개최 1. "17세기 의순공주의 탄생과 조청 관계" 2. "나의 여성사 연구" 회의: "학회 발전 방향 및 논의 사항"	1.정해은 2.이성숙		장소: 서울여성 플라자
17	2016. 3.19	1. 혜심(1178~1234)선사상의 무아 "여성성" 2. 김택룡(1547~1627)家의 혼인과 가족관계	1.박영숙 (한국학중앙 연구원) 2.김정운 (경북대)	1.옥복연 (전 서울대 여성 연구소) 2.김세서리아 (이화여대)	대우재단빌딩7 층 제1세미나실
18	2016. 4.16	제6회 여성주의 인문학 연합학술대회 주제: 일하는 여성-여성노동에 대한 여성주의 인문학의 성찰- 제1부 전통 유교사회에서의 여성노동, 사회:주형애(연세대) 1. 유교의 노동관과 여성 2. 고소설을 통해본 조선시대 여성의 감정노동과 서사적 대항발화 3. 조선시대 사대부가 여성과 길쌈 노동-양잠을 중심으로- 제2부 근대화 과정, 여성노동의 변천, 사회 박주(대구가톨릭대) 4. 20세기 대구여성의 삶과 노동:섬유 산업을 중심으로 5. 식민지기 사회주의자 서사의 여성 노동의 재현 6.포스트콜로니얼리즘과 제3세계 여성이주노동 제3부 신자유주의 시대, 여성노동에 대한 비판적 성찰, 사회 신정원(한예종) 7. 가정주부와 산업 노동자의 경계 에 선 여성 8. 신자유주의 시대 여성노동과 섹슈 얼리티:여성=이주-노동 서사의 변천 9. '어머니'라는 매체:과학기술시대의 재생산 노동	1부 1.김미영 (서울시립대) 2.김수연 (이화여대) 3.남미혜 (이화여대) 4.김성은 (대구한의대) 5.오혜진 (성균관대) 6.나혜심 (성균관대) 7.윤은주 (숭실대) 8.허윤 (한신대) 9.김애령 (이화여대)	1.김세서리아 (이화여대) 2.한길연 (경북대) 3.이순구(국사 편찬위원회) 4.이계형 (국민대) 5.이혜령 (성균관대) 6.권은혜 (서강대) 7.이지영 (이화여대) 8.심진경 (서울여대) 9.김은주 (동덕여대) 종합토론 사회:김선희 (한국여성철학 회 회장)	장소:이화여대 인문관 111호 주최:한국여성 철학회 공동주최:한국여 성철학회, 한국 여성사학회, 한 국여성문학학회 후원:한국연구 재단

19	2016. 5.21	1. 전후 북한여성의 삶과 체제하의 생 존전략 2. 근대시기 혼례문화의 변동	1.안태윤 (경기도 가족 여성연구원) 2.김연수 (한국학중앙 연구원)	정현백 (성균관대) 소현숙(한양대)	대우재단빌딩7 층 제1세미나실
20	2016. 6.17	한국여성사학회 주최 국사편찬위원회 후원 학술회의 주제: 열녀담론, 통제론과 주체론의 소 통 가능성 제1부 1.여말선초 열녀의 탄생 2.조선 사족체제의 성립과 여성의 통제 제2부 3. 열녀, 도덕성 실천의 주체 4. 19세기 열녀 계승과 변화 5. 근대 초기 열녀 담론 연구	권순형 (한국학중앙 연구원) 강명관 (부산대) 이순구(국사 편찬위원회) 이숙인 (서울대) 홍인숙 (선문대)	1.이은영 (이화여대) 2.박영민 (고려대) 3.한형조(한국 학중앙연구원) 4.황수연 (연세대) 5.정해은(한국 학중앙연구원) 종합토론 좌장: 한희숙 (숙명여대)	장소: 이화여자 대학교 인문관 111호
21	2016. 9.24	〈청규박물지〉와 새로운 여성지식인 의 탄생 정기총회	박영민 (고려대 민족 문화연구원)	이순구 (국사편찬위 원회)	대우재단빌딩7 층 제1세미나실

미국 동부 여성사 박물관 탐방기
(2016. 7. 13 ~ 7. 24)

필자는 한국여성사학회 회장 재임시 박현숙 교수, 김성은 교수와 함께 셋이서 미국 동부 여성사박물관 탐방을 목적으로 2016년 7월 13일부터 24일까지 11박 12일간 미국 동부를 다녀왔다. 이 글은 그때의 탐방기를 필자 나름대로 정리해본 것이다.[1]

2016년 7월 13일(수)

필자는 김성은 교수와 함께 인천공항에서 오전 9시 35분발 대한항공 KE073을 타고 캐나다 토론토를 향해 출발하였다. 박현숙 교수를 토론토 공항에서 만나기로 했던 것이다. 7월 휴가철이라 인천공항에는 그야말로 인산인해였다. 비행기표 예약한 e-티켓을 들고 자동기계에서 좌석 티켓을 먼저 끊고 그 다음 짐가방만 따로 부치면 수속이 빨리 끝남을 이번에 처음 알았다.

미국시간으로 13일(수) 오전 9시 55분에 캐나다 토론토 피어슨 국제공항에 도착했다. 그런데 대한항공이 30분 늦게 이륙하여 11시경 피어슨 공항 터미널에 도착했다. 같이 합류하기로 한 박현숙 교수는 쿠바에서 출발하였기 때문에 터미널1에 도착하므로 우리는 기내열차를 타고 그곳으로 이동하

---

1 이 글은 이미 발표한 박현숙 교수의 논문 「대중과 역사의 소통의 장으로서의 여성사 박물관-수잔 B. 안소니 박물관과 여권운동의 성지 세네카 폴즈를 중심으로-」, (『大丘史學』 제126집, 2017.2) 와 김성은 교수의 짧은 글(「학회 소식」, 『여성과 역사』 25, 2016.12, 230쪽)을 참조하면서 나름대로 탐방기를 정리한 것이다.

여 드디어 세 사람이 반
갑게 만났다. 간단히 샌
드위치로 점심을 먹고 공
항내 렌트카 빌리는 곳으
로 가 미국산 켄사스 라
는 큰 봉고차를 빌렸다.
그리고 미국 국경선과 가
까운 캐나다 나이애가라
폭포를 먼저 보고서 다리

나이애가라폭포 앞에서 (2016.7.13.)
왼쪽부터 필자, 김성은 교수, 박현숙 교수

건너 국경선을 넘어 미국으로 들어가기로 했다.

　필자는 1986년 여름에 미국쪽의 나이애가라 폭포를 본 적이 있었는데, 이
번에는 30년만에 캐나다쪽의 폭포를 보게되어 감개무량했다. 배를 타고 폭
포 밑을 지나가며 물보라를 맞으니까 옛날 생각이 났으며, 폭포 주변에 생
긴 아름다운 무지개를 여러 차례 볼 수 있어 너무 좋았다. 나의 제안으로 세
사람은 현장 관광사진사가 찍어주는 기념사진을 찍었다. 어두워지기 전에
미국 숙소에 도착하기위해 너무 아쉽지만 나이애가라 폭포 관광을 짧게 마
치고, 서둘러 국경다리를 건너며 여권과 미국비자를 검사받았다. 그런데 뜻
하지않은 일이 발생했다. 미국 이민국 경찰에게 여권과 비자 조사를 받으
면서 잠시 건물안에 억류당하였을 뿐만 아니라 벌금 18달러를 지불해야했
다. 왜냐하면 박현숙 교수가 쿠바 여행을 다녀오면서 가루 커피를 사가지고
온 것이 짐가방 검사에서 걸린 것이었다. 당시 쿠바와 미국간의 관계가 좋
지않아서 가루 커피를 마약으로 의심했던 것 같다. 이렇게해서 뜻하지않게
지체되어 밤 9시가 넘어 수잔 B. 안소니 박물관이 위치한 뉴욕주 로체스터
(Rochester, NY)로 이동할 수가 있었다. 2시간 가량 박현숙 교수의 운전으로
로체스터에 있는 숙소인 Quality Inn에는 밤 11시경에 도착했다.

7월 14일(목)

아침에 숙소에서 자동차로 5분만에 수잔 B. 안소니(Susan B.Anthony,1820~1906) 집 겸 박물관(National Susan B. Anthony Museum & House:17 Madison Street, Rochesster, NY)[2]에 도착했다. 11시에 오픈인데 너무 일찍 도착했다.

수잔 B. 안소니의 집은 3층으로 되어 있었다. 1층에는 두 개의 거실과 식당이 있었고 2층에는 서재, 손님방, 침실 2개(수잔과 매리의 침실)가 있었다. 3층에는 작업실이 있었다. 박물관 옆 건물에 방문자 센터와 상점이 있었다. 방문자 센터에서는 어린이들과 성인을 위한 다양한 프로그램을 제공하고 있었다. 또한 뉴스레터를 발간하였다. 상점에서는 수잔 B. 안소니와 여권운동가에 대한 책과 DVD, 기념품 등을 팔고 있었다. 이 박물관은 직원과 자원봉사자들이 활동하였다.

수잔 B. 안소니의 집 겸 박물관을 방문한 후 집 근처에 조성된 안소니 기념공원(Susan B. Anthony Memorial Park)을 갔다. 안소니 공원 중앙에는 수잔 B. 안소니의 오랜 친구였던 노예제 폐지 운동가 프레데릭 더글라스(Frederick Douglass)와 차를 마시며 대화를 나누는 실물 크기의 동상이 있었다.

김성은 교수와 필자는 아마 수잔 B. 안소니

안소니 공원에서 수잔 B. 안소니와 프레데릭 더글라스가 차마시며 대화하는 동상(2016.7.14.)

---

2   박현숙, 앞의 논문 309쪽에 의하면 수잔 B.안소니의 집은 안소니가 40년간 정치적으로 활발하게 활동했던 시기에 살았던 곳이고, 그가 전미 여성참정권 협회 회장일 당시 협회의 본부였던 곳이며, "실패는 없다"라는 연설을 발티모어에서 한 후 1906년 86세를 일기로 세상을 떠난 곳이다. 수잔 B. 안소니는 퀘이커 교도로 여성참정권운동, 금주운동, 노예제폐지운동에 참여했으며, 여동생 매리와 함께 살았다. 이 집은 현재 기념박물관으로 운영되고 있다.

미국 수잔 B. 안소니
(1820~1906) 자택 및 박물관
앞에서(2016.7.14.)

수잔 B 안소니의 묘비(1820~1906)

수잔 B 안소니 책과 DVD

의 묘소도 이 근처에 있을 가능성이 있다는 생각을 하였다. 그래서 우리 세 사람은 묘소를 찾기로 했다. 한참 찾아다닌 끝에 드디어 근처 엄청나게 넓은 공동묘지를 발견했고, 그 공동묘지에서 수잔 B. 안소니의 묘와 묘비 뿐만 아니라 가족묘 그리고 친구 프레드릭 더글라스의 묘까지 찾는 행운을 얻었다. 뜻하지 않은 수확에 우리는 더위와 피곤함도 잊은채 무척 기뻐했다.

오후 4시 15분 로체스터를 출발하여 세네카 폴즈(Seneca Falls, NY)를 향했다. 세네카 폴즈의 Holiday Inn Waterloo 숙소에 무사히 도착하여 숙박하였다. 근처에 월마트 대형매장이 있어 내일 아침식사용 식품과 필요한 약들을 구입했다.

세네카 박물관 방문자센터 로비에서 (2016.7.14.)
왼쪽부터 필자, 박현숙 교수, 김성은 교수

7월 15일(금)

세네카 폴즈는 엘리자베스 캐디 스탠튼(Elizabeth Cady Stanton, 1815~1902)이 1848년 여성의 평등을 주장하는 여권선언문을 낭독한 곳이다.

수잔 B 앤소니(서 있는 사람)와
엘리자베스 캐디 스탠튼.

오늘은 가장 먼저 미국 역사상 최초의 여권회의 기념공원 방문 센타(Women's Rights National Historical Park Visitor Center: 136 Fall Street, Seneca Falls, NY)를 방문했다. 1층에는 "the First Wave"란 제목으로 여권운동에 동참했던 인물들을 기념하는 남녀 청동상들이 나란히 둘러서있었다. 그 옆에서 우리 세 사람은 기념사진을 찍었다. 2층은 여권운동의 시작을 기념하는 전시관, 바로 옆 야외 Declartion Park에 세워진 벽에 여권선언문(Declartion of Sentiments)이 새겨져 있었다.[3]

미국역사상 최초의 여권회의 기념공원(The First Women's Rights Convention)이 있었다. 기념공원에는 수잔 B. 안소니와 엘리자베스 캐디 스탠튼[4]이 만나는 역사적인 장면을 연출한 동상이 설치되어 있었다. 그리고 세네카 폴즈에는 미국의 여권투쟁이 시작된 것을 기념하는 작은 규모의 미국 여성 명예의 전당(National Women's Hall of Fame: 76 Fall Street, Seneca Falls, NY)이 있었다. 예술, 체육, 교육, 행정, 자선사업, 과학, 인문학에 공헌한 미국 여성 266명(현재까지, 원주민 포함)을 선정해 이들의 성과를 인정하고 기리기 위해 만들어진 장소였다. 여성노동자들이 일했던 직물공장(메리야스공장, Seneca Knitting Mill)에 좀더 규모가 큰 미국 여성 명예

---

3   김성은, 『여성과 역사』 25, 2016.12, 230쪽 참고

4   박현숙, 앞의 논문, 313~315쪽에 의하면 엘리자베스 스탠튼은 1848년 세네카 폴즈에서 여권선언문을 발표하였다. 수잔과 엘리자베스는 1869년 전국여성참정권협회를 발족하였다.

나의 여성사 읽기

의 전당(Great Women and National Women's Hallof Fame)이 입주할 예정으로 2016년 7월 현재 내부 공사 중이었다. 우리는 엘리자베스 캐디 스탠튼(Elizabeth Cady Stanton)이 7명의 아이를 키우며 여권운동을 이끌었던 역사적인 집을 방문했다.

세네카 폴즈에 있는 Wesleyan Chapel을 방문하였는데, 여기에서 1848년 7월 19일~20일 엘리자베스 캐디 스탠튼, 노예제 폐지론자들인 Jane Hunt, Mary Ann M'Clintock, Lucretia Mott, Martha Wrigrt을 비롯해 300명의 남녀가 모여 미국역사상 최초의 여권회의를 개최하고 여권선언문을 채택하였다고 한다.[5]

퀘이커교도이자 노예제폐지론자로 미국역사상 최초의 여권회의를 주도했던 Mary Ann M'Clintock의 집을 방문하였는데, 이 집에 모여 미국역사상 최초의 여권회의를 준비하며 여권선언문 초안을 작성하였다고 한다.

요컨대 여성참정권 운동가 두 인물 수잔 B. 안소니와 엘리자베스 캐디 스탠튼의 집과 기념박물관, 묘소를 방문함으로써 두 여성의 당시 여성참정권 운동을 현장에서 생생하게 느낄 수 있었다. 무엇보다 이들의 삶의 현장인 집을 공공박물관으로 만들었다는 점과 이들 박물관이 처음에는 여성들이 뜻을 모아 박물관 건립운동을 시작하여 국가 차원의 지원으로 발전되었다는 점이 인상적이었다. 그리고 세네카 폴즈는 여권선언문을 발표한 여권운동의 역사적 장소임을 확인할 수 있었다.

7월 16일(토)

세네카 폴즈에서 아침 8시 40분에 출발하여 오후 2시 30분에 보스톤 변두리에 위치한 Old Sturbridge에 도착했다. 미국의 유일한 민속촌이라 했다. 입장료는 성인 1인당 28달러였다.

---

5 김성은, 위의 책 231쪽 참고

7월 17일(일)

아침 8시 40분에 출발하여 명문 하버드대학교를 방문하고자 하였다. 그러나 고속도로상에서 2번씩이나 길을 잘못 들어가 결국 하버드대학 방문은 시간관계상 아쉽게도 포기하고 곧바로 공항으로 가 렌트카를 반납했다. 그리고 비행기를 타고 워싱턴 D.C. 로건 공항에 도착하였다. 그런데 뜻밖에도 박현숙 교수의 큰 트렁크가방의 커버가 보이지 않는 것이었다. 박현숙 교수는 공항의 창구 직원에게 항의를 했으나 관심을 보이지않았다. 그러나 박교수는 집요하게 끝까지 항의를 하여 마침내 커버를 찾아왔다. 비록 시간은 좀 지체되었지만 우리는 박교수의 용기와 뛰어난 영어실력에 박수쳤다.

택시를 타고 예약된 죠지킴톤 호텔로 이동하였다. 이 호텔에서 4박하기로 되어있었다. 오후에 죠지 워싱턴 기념탑, 제퍼슨 기념관, 프랭클린 루즈벨트 대통령 기념공원을 차례로 걸어다니며 구경하였다. 몸은 피곤했지만 보람있는 하루였다.

7월 18일(월)

호텔 근처 유니온역에서 1달러짜리 순환버스를 타고 워싱턴 D.C.를 관광하기로 했다. 유니온역에서 저녁식사를 해결하고 아침식사용 먹을꺼리를 준비하기로 했다. 오전에 제일 먼저 국립여성예술가박물관(National Museum of Women in the Arts:1250 New York Avenue NW Washington D.C)을 방문하여 (입장료 30달러) 도슨트 멋쟁이 할머니(14년간 근무중)의 긴 해설을 들었다. 이 박물관은 여성 재력가 Wilhelmina Cole Holladay라는 분이 설립, 박물관 건물은 1907-08년에 세워진 건축물로 1987년 National Museum of Women in the Arts 로 개관, 16세기 여성의 작품부터 현재까지 여러나라 여성 예술가의 작품을 구입해 보관 전시, 현재 4,500점 넘는 작품을 소장, 1층 로비에는 기부자들의 명단이 새겨져 있었다. 실내 건축물과 인테리어가 우아하면서 너

워싱턴 D.C.에서 (2016.7.17.)한국전 참전용사 기념공원에서(2016.7.19.)

무나 근사했다. 실내 카페테리아에서 샌드위치와 스프로 점심을 해결했다.

다음으로 포드극장에 갔다. 극장 입구에는 이미 긴줄이 서 있어 한참을 기다린 후에 극장 안으로 들어갈 수 있었다. 포드극장은 링컨대통령이 암살된 곳으로 당시 사용된 권총을 비롯하여 링컨대통령과 관련된 유품이 전시되고 있었다.

4시경 갑자기 소나기가 내렸다. 다시 유니온역으로 돌아왔다. 저녁을 유니온역에서 간단히 해결하고 호텔로 돌아왔다. 숙박하는 호텔 근처에 역이 있어 여러모로 무척 편리했다. 2013년 여름 독일 베를린 여행을 갔을 때도 베를린역 근처에 숙소를 정해 베를린 관광을 편리하게 했던 기억이 떠올랐다.

7월 19일(화)

오늘은 가장 먼저 마틴 루터킹 동상을 만났고, 그 다음 링컨 기념관과 한국전쟁 참전용사 기념공원을 방문했다. 다음으로 스미소니언 미국역사박물관(Smithsonian National Museum of American History)에 갔는데 시간관계상 3층으로 올라가 역대 미국대통령 영부인 기념 공간(First Ladies)에 전시되어있는 물품들 즉 취임식 등 중요한 행사 때 입었던 드레스, 백악관에서 사용했던 명품 도자기 그릇, 외국 대통령으로부터 받은 선물 등을 흥미

마운트 버논 입구에서(2016.7.20.)

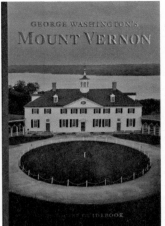
조지 워싱턴 대통령의 마운트 버논
가이드북

롭게 살펴보았다. 이어서 항공우주박물관, 인디언박물관, 백악관, 국회의사
당을 차례로 방문했다. 하루동안 하나라도 더 보기위해 많은 곳을 돌아다
녀 무척 피곤했다.

7월 20일(수)

오늘은 미국 최초의 대통령 조지 워싱턴 대통령의 거주지였던 마운트 버
논(Mount Vernon)에 가는 날이다. 어제 밤 늦게까지 박현숙 교수는 지도와
인터넷자료 검색하며 마운트 버논에 가는 버스를 예약했다. 1인당 입장료
포함해서 53달러여서 3명이면 159달러였다.

George Washington's Mount Vernon은 1858년 지역여성단체인 마운트
버논 여성협회(Mount Vernon Ladies' Association)에서 모금운동을 벌여 모
금된 돈으로 조지 워싱턴의 저택과 마운트 버논의 토지와 그 주변 토지까지
구입해 보존 유지 관리되고 있는 유적지로 역사적인 장소이다. 워싱턴 부부
가 살았던 저택과 가구, 농장, 사업장, 묘소가 있었다.

지역 여성들이 단체를 조직해 역사적으로 가치있는 집을 보존하고 복원하

911테러 추모공원(2016.7.21.)

였다. 지역 여성단체에서 국가가 미처 생각하지 못하고 시행하지 못한 '역사 유적지 및 유물' 보존과 운영에 앞장섰음은 주목할 일이다.

그 지역의 역사적 가치를 인식한 여성이 지역 여성협회를 조직하여 모금 운동을 벌이고 모금된 돈으로 집과 토지를 구입하여 유적지 관리를 하였던 것이다. 즉 민간여성단체에서 유적지 관리를 처음 자발적으로 시작하여 어 느 정도 진척 되고 성과가 나면 그때 국가가 지원하는 방식으로 운영되었다.

7월 21일(목)

워싱턴 유니온역에서 오전 9시 17분에 암트랙 열차를 타고 출발하여 오 후 1시에 뉴욕역에 도착하였다. 힐튼 가든 인 호텔에 짐가방을 놓고 오후 3 시부터 뉴욕 관광을 시작했다. 록펠러센터 가이드 투어를 시작으로 세인트 패트릭성당, 월드 트레이드 센터를 방문했다. 그리고 911테러 추모공원 그 라운드 제로(Ground zero)를 다녀왔다. 2001년 9월 11일 참혹한 테러사건 의 희생자를 애도하기 위해 사고현장에는 추모공원이 꾸며져 있었다. 정사 각형 형태로 큰 인공폭포가 두개가 있어 모두의 눈물을 상징하며 가장자리에는 수많은 희생자의 이름이 새겨져 있었다.다시 호텔에서 출발하여 브로드웨이까지 30분이상 걸어가서 저녁 8시에 시작하는 위키드 공연을 관람했다. 호텔로 돌아올 때 너무 피곤하여 택시를 탔는데 엄청 막혀 밤 11시가 넘어 도착했다.

7월 22일(금)

오늘은 뉴욕의 유명한 카네기홀, 트럼프 타워, 센트럴 파크 일부, 메트로폴리탄 박물관, 뉴욕시립박물관을 차례대로 관람한 후 UN본부로 갔다. 뉴욕시립박물관에는 여권운동 관련 전시를 하고 있어 한참을 둘러보았다. 박현숙 교수의 대학 동기 김석란씨가 유엔에서 근무함으로써 유엔 내부를 안내받는 행운을 가졌다. 역대 유엔사무총장들의 초상화와 사진들이 걸려있었다. 반기문 유엔총장 초상화 앞에서 사진촬영도 했다. 매우 흐뭇했다. 대형 유리창 밖의 전망으로 넓은 허드슨강과 높은 빌딩숲이 보였다. 로비에는 세계각국에서 선물한 그 나라의 대표적인 물품들이 전시되어 있었다. 우리나라는 금속활자로 인쇄된 '월인천강지곡' 한글 책이 전시되어 있었다.

필자와 김성은 교수는 숙박한 호텔근처 한식당에서 저녁식사를 하고, 밤 9시에 택시를 타고 케네디 공항에 밤 9시 30분경 도착했다. 박현숙 교수는 저녁 7시경 유엔에 근무하는 친구집으로 갔다. 뉴욕에 온 참에 명문 컬럼비아대학교를 방문하려 했으나 시간이 부족하여 결국 못가서 아쉬웠다. 그러나 박현숙 교수의 철저한 사전 여행준비로 뉴욕주 로체스터에 있는 수잔 B. 안소니 박물관을 비롯하여 미국 동부의 여성사 박물관을 포함한 여러 유명한 박물관과 역사적 장소 그리고 UN본부까지 알차게 탐방을 마칠 수 있었다. 함께한 박현숙 교수와 김성은 교수께 이 지면을 통해 다시한번 감사 인사를 전하고 싶다.

유엔본부 입구에서(2016.7.22)　　　　　유엔본부 안에서(2016.7.22.)

7월 23일(토)

뉴욕 케네디 공항에서 출국

7월 24일(일)

새벽 4시에 인천공항에 도착

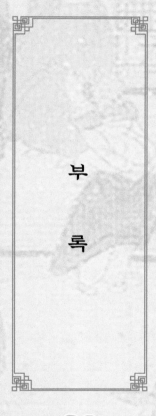

부

록

주요활동 연보

1. 주요 저서

1. 『조선시대의 정표정책』(일조각, 1990)
2. 『조선시대의 효와 여성』(국학자료원, 2000)
3. 『조선시대의 여성과 유교문화』(국학자료원, 2008)
4. 『조선시대 읍지와 유교문화』(국학자료원, 2016)
5. 『조선 왕실여성들의 삶』(국학자료원, 2018)
6. 『여성과 한민족』(학문사, 1996, 공저)
7. 『옛사람들의 삶과 윤리』(국립민속박물관, 1996, 공저)
8. 『한국사』 31(국사편찬위원회, 1998, 공저)
9. 『조선시대 대구의 모습』(계명대학교출판부, 2002, 공저)
10. 『조선시대 대구 사람들의 삶』(계명대학교출판부, 2002, 공저)
11. 『63인의 역사학자가 쓴 한국사 인물열전』Ⅰ,Ⅱ,Ⅲ(돌베개, 2003, 공저)
12. 『경북여성사』(경북여성정책개발원, 2004, 공저)
13. 『여성, 천주교와 만나다』(한국가톨릭여성연구원, 2008, 공저)
14. 『한국인의 효사상』(수덕문화사, 2009, 공저)
15. 『한국의 효사상과 정신문화(2)』(수덕문화사, 2012, 공저)
16. 『새로 발굴한 도마 안중근 의사 추모시』(대구가톨릭대학교 안중근연구소, 대구가톨릭대학
　　교 출판부, 2019, 편저)
17. 『문화유산으로 본 한국 여성 인물사』(역사·여성·미래, 2021, 공저)
18. 『'나눔과 책임' 정신을 실천한 선각자에 관한 연구』(사)국채보상운동기념사업회, 2021, 공저)
19. 『국채보상운동기념사업회 20년사』(사)국채보상운동기념사업회, 2022, 공저)
20. 『국채보상운동 기록물과 한국의 서원』(사)국채보상운동기념사업회, 2022, 공저)
21. 『국채보상운동에 참여한 다양한 계층연구』(사)국채보상운동기념사업회, 2023, 공저)
22. 『수촌 박영석의 삶과 학문』(선인, 2024, 편공저)
23. 『여성사, 한 걸음 더』(푸른역사, 2024, 공저)

2. 주요 논문

1. 「조선 숙종조의 사우 남설에 대한 고찰」, 『한국사론』 6, 서울대학교 국사학과, 1980. 12

2. 「목은 이색과 그의 정치사상에 관한 연구」, 『효성여자대학교 연구논문집』 25, 1982
3. 「조선초기의 정표자에 대한 일고찰-효자, 열녀를 중심으로-」, 『사학연구』 37, 1983. 12
4. 「조선 숙종조의 정려에 대한 일고찰」, 『효성여자대학교 논문집』 29, 1984
5. 「조선 중종조의 정려에 대한 일고찰」, 『변태섭박사화갑기념사학논총』, 1985. 10
6. 「미국내 여성사 연구동향에 대한 연구 -이론과 방법론을 중심으로-」, 『효성여자대학교논문집』 35, 1987. 8
7. 「16세기 旌表政策에 대한 연구」, 『한국전통문화연구』 5, 효성여자대학교 한국전통문화연구소 1989. 7
8. 「18세기의 정표정책」, 『국사관논총』 22, 국사편찬위원회, 1991
9. 「정조대의 오륜행실도 간행보급에 대한 일 고찰」, 『수촌박영석화갑기념한국사학논총』, 1992
10. 「동국신속삼강행실도 열녀도의 분석」, 『여성문제연구』 20, 대구효성가톨릭대학교 여성문제연구소, 1992. 9
11. 「임진왜란과 정표」, 『한국전통문화연구』 8, 효성여자대학교 한국전통문화연구소, 1993. 6
12. 「고려시대 정려에 대한 일고찰」, 『효성여자대학교 연구논문집』 50, 1995. 2
13. 「19세기 후반기의 정표정책-고종, 순종대를 중심으로-」, 『대구효성가톨릭대학교 연구논문집』 52, 1996
14. 「조선중기 효자, 열녀에 대한 고찰」 - 함주지와 영가지를 중심으로-」, 『대구효성가톨릭대학교 연구논문집』 56, 1997. 12
15. 「17세기 진주지역의 효자, 열녀, -진양지를 중심으로-」, 『인문과학연구』 창간호, 대구효성가톨릭대 인문과학연구소, 1998. 2
16. 「조선시대 효자에 대한 정표정책」, 『한국사상사학』 1, 1998. 6
17. 「조선시대 12정려와 8정려에 대한 사례연구」, 『사학연구』 55, 56합집, 1998. 9
18. 「조선중기 경상도 선산지역의 효자,열녀 -〈일선지〉를 중심으로-」, 『조선시대사학보』 8, 1999. 3
19. 「조선중기 경주지역의 효자, 열녀 -〈동경잡기〉를 중심으로-」, 『사학연구』 58, 59합집, 1999. 12
20. 「조선중기 경상도 함양지역의 효자,열녀 -〈천령지〉를 중심으로-」, 『진단학보』 88, 1999. 12
21. 「조선중기 경상도 상주지역의 효자, 열녀 -〈상산지〉를 중심으로-」, 『한국사론』 41, 42 합집, 서울대 국사학과, 1999. 12
22. 「병자호란과 정표」, 『조선사연구』 9, 2000. 10
23. 「조선시대 대구지역의 효자, 열녀」, 『사학연구』 63, 2001. 9
24. 「병자호란과 이혼」, 『조선사연구』 10, 2001. 11
25. 「조선중기 단성지역의 효자, 열녀, -〈단성지〉를 중심으로-」, 『한국사학보』 13, 2002. 9
26. 「조선후기 신유박해와 여성」, 『조선사연구』 11, 2002. 10
27. 「김일손의 생애와 무오사화」, 『조선사연구』 12, 2003. 10
28. 「조선시대 경북지역의 열녀 사례분석, -〈경상도읍지〉를 중심으로-」, 『조선사연구』, 13, 2004. 10
29. 「맹사성의 생애와 세종대의 유교윤리 보급」, 『조선사연구』 14, 2005. 10
30. 「조선시대 경남지역의 열녀 사례분석 -〈경상도읍지〉를 중심으로-」, 『여성과 역사』 4, 2006. 6
31. 「17세기 후반 경상도 의성현의 우씨 열녀의 삶과 생활 - 신덕함의 《우열녀전》을 중심으로-」, 『사학연구』 83, 2006. 10
32. 「18, 19세기 동래부 영양천씨 집안의 효자정려 청원과정 -《석대천씨오대육효고문서》를 중심으로-」, 『사학연구』 85, 2007. 3
33. 「『동래부지』의 편찬과 효자, 열녀」, 『조선사연구』 16, 2007.10

34. 「catholicism and women in the Royal Court of king sunjo period in the late chosun dynasty」, 『여성과 역사』 8, 2008. 6
35. 「조선중기 『밀양지』의 편찬과 효자,열녀」, 『조선사연구』 17, 2008. 10
36. 「조선시대 경북지역의 효자, 효녀, 효부 사례분석 -《경상도읍지》를 중심으로-」, 『한국사상과 문화』 49, 2009. 9
37. 「조선시대 경남지역의 효자, 효녀, 효부 -《경상도읍지》를 중심으로-」, 『한국사상과 문화』 54, 2010. 9
38. 「조선후기 밀양부 김녕김씨 집안의 충효각과 탁삼재에 대한 사례연구」, 『대구사학』 104, 2011. 8
39. 「조선시대 경산지역의 효자, 열녀」, 『조선사연구』 20, 2011. 10
40. 「조선후기 정순왕후 김씨의 정치적 리더십에 대한 재조명」, 『여성과 역사』 15, 2011.12
41. 「조선후기 소현세자빈 강씨의 리더십에 대한 재조명」, 『한국사상과 문화』 62, 2012. 3
42. 「영조의 딸 열녀 화순옹주의 삶과 죽음」, 『한국사상과 문화』 64, 2012. 9
43. 「조선시대 창녕지역의 효자, 효녀, 열녀」, 『한국사상과 문화』 67, 2013. 3
44. 「조선후기 『성산지』의 편찬과 효자, 열녀」, 『한국사상과 문화』 69, 2013. 9
45. 「18세기 후반 경상도 거창군 효자 3형제의 여묘생활 -金謹樞의 여묘일기를중심으로-」, 『한국사상과 문화』 73, 2014. 6
46. 「조선후기 청도《오산지》의 편찬과 효자, 열녀」, 『한국사상과 문화』 74, 2014. 9
47. 「조선후기 영조의 딸 화완옹주의 생애와 정치적 향배」, 『여성과 역사』 22, 2015. 6
48. 「조선후기 왕족여인 송 마리아의 천주교와 가족사 재조명」, 『한국사상과 문화』 84, 2016. 9
49. 「조선후기 순원왕후와 안동 김문의 관계에 대한 재조명」, 『한국사상과 문화』 89, 2017.9
50. 「조선시대 경기도 지역의 열녀 사례분석」, 『한국사상과 문화』 94, 2018. 9

3. 국내 학술회의 논문 발표

1. 대구사학회 발표, "목은 이색의 정치사상에 대한 연구", 1983. 6
2. 한국사상사학회 발표, "조선시대 효자에 대한 정표정책", 1998
3. 조선시대사학회 발표, "조선 중기 경상도 선산지역의 효자, 열녀", 1998. 9. 12
4. 제131회 조선사연구회 발표, "조선시대 대구지역의 효자와 열녀", 2001. 6. 16
5. 조선사연구회 발표, "18~19세기 천성태 집안의 효자 정려 청원과정", 2006.11. 24
6. 조선사연구회 발표, "조선후기 순조대의 왕실여성과 천주교", 2008. 4. 25
7. 제135회 대구사학회 발표, "조선후기 밀양부 김녕김씨 집안의 충효각과 탁삼재에 대한 사례연구", 2011. 4. 16

4. 국제 학술회의 논문 발표

1. 제20회 세계여성사대회에서 논문 발표(불가리아의 소피아 대학교, 2007. 8. 8)
"The Manchu Invasions and the Life of Women of ChosonDynasty"
2. 제10차 세계여성학대회에서 논문 발표(스페인의 마드리드 대학교, 2008. 7. 6)
"Catholicism and Women in the Royal Court of King Sunjo Period in the late Chosun Dynasty"
3. 제1회 한·중·일 여성사국제심포지움에서 논문 발표, (이화여자대학교, 2011. 8. 24)

"조선후기 정순왕후의 리더십 재조명"
4. 제3회 한·중·일 여성사국제심포지움에서 논문 발표(중국 상해 푸단대학교, 2015. 12. 21)
"The Virtuous women and the Bought-Back women during and after the invasion of the Qing Dynasty"

5. 강연

1. 한국의 정려(성균관청년유도회 대구광역시본부 초청강연, 2002. 8. 26, 유림회관소강당)
2. 조선시대 경북지역의 효자·열녀(상주박물관 전통문화대학 초청특강, 2011. 7. 4)
3. 조선시대의 효자·열녀(국립대구박물관 초등교원 문화연수 초청특강, 2012. 7)
4. 탁영 김일손선생의 직필정신(청도문화원 우리정신아카데미 초청특강, 2014. 6. 25)
5. 솔례 현풍곽씨와 12정려(뿌리회, 2015. 6. 13)
6. 조선시대 수절과 열녀이야기(시민학교 민립의숙 초청특강, 2018. 4. 18)
7. 조선시대 열녀 화순옹주와 정려문(역사·여성·미래, 2018. 10. 5)
8. 조선 왕실여성들의 삶(국립한글박물관, 2019. 6. 14)
9. 열녀가 된 왕의 딸 화순옹주와 정려문(도동서원 유교아카데미, 2021. 10. 21)
10. 현장에서 바라본 안중근의사 유적과 추모-뤼순과 하얼빈을 중심으로-(2021년도국채보상운동 나눔과 책임 시민아카데미, 2021. 11. 16)
11. 한국에서의 서원의 발생과 재지사족의 형성(2022년도 국채보상운동 나눔과 책임 시민아카데미, 2022. 10. 18)
12. 국채보상운동에 참여한 부인(2023년도 국채보상운동 나눔과 책임 시민아카데미, 2023. 5. 2)
13. 청도『오산지』의 편찬과 효자, 열녀(2023년도 경북청유 선비문화 청도포럼, 2023. 7. 7)
14. 영조의 딸과 사도세자(대구가톨릭대학교 박물관 소장유물 연계 콜로키움, 2023. 10. 11)

6. 기고

1. 효자, 열녀 정표정책,『대구 청유회보』제55호, 2003년 3월호
2. 조선시대 영남지역의 효자, 열녀 이야기, 제56호~제186호, 2003년 4월호~2014년 2월호
3. 독백,『史香』8호, 대구가톨릭대학교 사범대학 역사교육과, 2003. 11
4. 특별기획 정려를 시작하며,『대구청유 30년사』, 대구시청년유도회, 2009. 11. 20
5. 비운의 왕실여성국제CEO소현세자빈 강씨,『여성의 역사를 찾아서동소 이배용 교수 정년기념논총-』, 2012. 3
6. 조선사연구회에서 한충희 교수님과의 인연,『계명사학』23집- 명재 한충희교수정년기념호-, 2013. 2
7. 특별기획 정려(旌閭)를 마치며,『대구 청유회보』제184호, 2013년 12월호
8. 열녀,『한국민족문화대백과사전』, 한국학중앙연구원, 2017
9. 안중근의사 유적지 답사기-다롄, 뤼순, 하얼빈을 가다!,『대한국인 안중근』vol 45, 2018, 안중근의사숭모회
10. 여성국채보상운동, 국채보상운동기념사업회보『천둥소리』51호 특집호, 2021. 가을. 겨울
11. 국채보상운동기념사업회 여성위원회 회고와 전망,『(사)국채보상운동기념사업회 20년사』, 2022. 2
12. 국채보상운동 의연·미담 이야기(1) 국채보상운동 의연·미담이야기, 국채보상운동기념사업회보『천둥소리』52호, 2022 봄/여름

13. 국채보상운동 의연· 미담 이야기(2) 여성의 국채보상운동 의연·미담 이야기, 『천둥소리』 53호, 2022 가을. 겨울
14. 국채보상운동 의연· 미담 이야기(3) 어린이와 청소년들의 국채보상운동 의연·미담 이야기, 『천둥소리』 54호, 2023 봄. 여름
15. 국채보상운동 의연· 미담 이야기(4) 가난한 사람, 하층민들의 국채보상운동 의연·미담 이야기 『천둥소리』 55호, 2023 가을 겨울
16. 국채보상운동 의연· 미담 이야기(5) 종교인들의 국채보상운동 의연·미담 이야기 『천둥소리』 56호, 2024 봄 여름
17. 과부, 정려, 효녀, 효부, 효자, 효제, 『한국민속사회사전』 가족과 친족, 국립민속박물관, 2024

7. 학회활동

2002. 8. 1 - 2004. 7. 31 조선사연구회 연구이사
2006. 8. 1 - 2008. 7. 31 조선사연구회 회장
2009. 8. 1 - 2020. 2. 28 조선사연구회 감사
2005. 10. 1 - 2006. 9. 30 한국여성사학회 지역이사
2006. 10. 1 - 2014. 9. 30 한국여성사학회 부회장
2014. 10. 1 - 2016. 9. 30 한국여성사학회 회장
2016. 10. 1 - 2018. 9. 30 한국여성사학회 감사
2007. 1. 1 - 2008. 12. 31 대구사학회 감사
2011. 1. 1 - 2012. 12. 31 대구사학회 연구이사
2013. 1. 1 - 2016. 12. 31. 대구사학회 기획이사
2007. 1. 1 - 2020. 2. 28 조선시대사학회 평의원
2010. 1. 1 - 2011. 12. 31 조선시대사학회 연구이사
2014. 1. 1 - 2015. 12. 31 조선시대사학회 편집위원
2016. 1. 1 - 2019. 12. 31 조선시대사학회 연구이사
2007. 1. 1 - 2020. 12. 31 고려사학회 평의원
2010. 1. 1 - 2011. 12. 31 한국사연구회 지역이사
2011. 3. 1 - 2020. 2. 28 한국사상문화학회 이사
2012. 3. 1 - 2020. 2. 28 대구가톨릭대학교 인문과학연구소 운영위원
2010. 1. 1 - 2012. 12. 31 한국교회사연구소 편집위원

8. 해외답사활동

1) 조선시대사학회 해외답사 참가
　　1차 조선통신사 유적답사(대마도, 이즈하라, 이끼섬, 가라츠, 후쿠오까, 시모노세키) 2008. 8. 21 - 8. 26
　　2차 조선통신사 유적답사(히로시마, 미야지마, 도모노우라, 오카야마, 우시마도, 고베, 오사카, 교토, 히코네), 2009. 2. 14 - 2. 18
　　3차 조선통신사 유적답사(나고야, 시즈오카, 하코네, 도쿄), 2010. 2. 17 - 2. 21
　　중국 연행사행로 2차답사(심양, 흥성, 진황도, 준화, 승덕, 북경 등), 2010. 8. 25 - 8. 29

일본 오키나와 역사탐방, 2014. 2. 20 - 2. 23
중국 주자 유적지 답사(상해, 우계, 건양, 복건성 무이구곡), 2017. 2. 1 - 2. 5
대만 유적지 답사(까오슝, 타이중, 타이난) 2019. 2. 13 - 2. 17

2) 서울대학교 한국고대사팀 해외답사 참가
　중국 신강성 일대 돈황 천산북로 실크로드 답사(우루무치, 천산 천지, 돈황, 양관, 트루판),
　　2010. 8. 4 - 8. 12
　2차 실크로드 우즈베키스탄 답사(타슈켄트, 우르겐치, 히바, 사마르칸트, 부하라, 테르미
　　즈)2011. 7. 13 - 7. 22
　베트남 남중북부 유적 답사(하노이, 후에, 다낭, 호이안, 호치민) 2013. 2. 18 - 2. 24
　미얀마 유적 답사(양곤, 바간, 만달레이, 헤호, 인레호수) 2017. 12. 26 - 12. 31

3) 대구시 청년유도회 주관 중국 공자유적지 답사 참가
　중국 사천성답사 (성도, 미산, 낙산, 아미산, 중경, 삼협, 의창, 황룡, 구채구, 면양, 수녕, 성
　　도) 2009. 8. 8 - 8. 20
　중국 유교문화 유적지 답사(계림, 양삭, 유주, 영주, 낙양, 삼문협, 태원, 대동, 항산. 내몽
　　고) 2012. 7. 25 - 8. 8
　중국 산동성 곡부 답사(청도, 일조, 임기, 조장, 등주, 곡부, 추성, 가상현, 평읍, 몽산, 태안.
　　태산, 치박) 2015. 7. 27 - 8. 6
　중국 하남성 유적 1차 답사(개봉, 복양, 장원, 난고현, 상구, 영성, 상해) 2017. 7. 28 - 8. 6
　중국 하남성 유적 2차 답사(정주, 위휘, 제원, 낙양, 신정, 평정산, 주마점, 상해) 2019.
　　7.22 - 7.31

4) 한국박물관협회 해외답사 참가
　대만 타이뻬이 박물관, 미술관 탐방: 2015. 11. 18 - 11. 21
　몽고 울란바토르 박물관 탐방: 2016. 8. 17 - 8. 22

5) 미국 동부 여성사 박물관 탐방(로체스터, 세네카, 폴즈, 보스톤, 워싱턴D.C., 뉴욕) 2016. 7.
　13 - 7. 24

6) 안중근의사기념관 주관 언중근 의사 관련 유적지 답사 참가
　1차 중국 안중근의사 관련 유적지 답사(대련, 여순, 하얼빈) 2018. 4. 25 - 4. 28
　2차 중국 안중근의사 관련 유적지 답사(대련, 여순, 하얼빈) 2019. 5. 1 - 5. 4

감사의 글

대구가톨릭대학교(구, 효성여자대학교, 대구효성가톨릭대학교)는 내 인생에서 거의 40년 가까이를 재직하며 삶과 교육, 연구의 터전이자 보금자리였다. 천주교대구대교구장 조환길 대주교님, 故 전석재 초대 총장님, 故 김영환 총장님, 故 박도식 총장님, 홍철 총장님, 김정우 총장님께 깊이 감사드린다. 그리고 故 이은창, 노영택, 최광식, 최상천 등 국사교육과 교수들, 노영택, 최광식, 이정희, 백경옥 등 사학과 교수들, 이경규, 이정희, 백경옥, 강종훈, 조수정, 이해영 교수 등 역사교육과 교수들과 김주영, 엄묘섭, 황종득, 이정옥, 성현란, 김정옥, 유태순, 권희경, 홍정민, 정양희, 유은경, 남인숙, 이복희, 김효신, 김효중, 임유경, 이희숙, 임선애, 김현주, 지정민, 박분주, 유순남, 김민아, 윤진영, 우미희, 마은숙, 박상영, 김지영, 여찬영, 장도준, 성교진, 강태진, 전영권, 조용현, 박순식 등 동료 교수들, 조순, 박경수, 정연환, 노수문, 하승무, 박성혜, 김선희 등 대학원 졸업생 및 재학생들께도 감사드리고 싶다. 특히 이경규 교수와의 인연은 퇴임 후에도 필자의 사회 활동에 큰 도움을 주고 있다.

필자의 신앙생활에 도움을 준 황종득(대모), 나인자, 최영자, 엄묘섭, 이정옥, 김효신, 정연호, 강동욱, 제현동, 임선애, 박분주, 김현주, 남승미, 이순옥 등 "상지의 옥좌" 레지오 단원 교수들께도 감사드린다.

그동안 지도와 격려를 해주신 서울대학교 은사님이신 故 한영우 지도교수를 비롯하여 故 김철준, 故 변태섭, 최승희, 정옥자, 이태진 교수님과 고려대학교의 은사님이신 故 강진철, 故 강만길, 김정배, 故 정재각, 故 김준엽, 송갑호, 이인호 교수님께도 깊은 감사를 드린다. 특히 고인이 되신 한영우 교수님은 대학원 지도교수로서 필자의 삶과 학문적 발전에 늘 버팀목이 되어주셨다. 그래서 졸업 후에도 개인 연구실을 방문하여 종종 조언을 구하곤 하였다. 그럴 때마다 반갑게 맞이해주시고 많은 질문에도 답변을 성의껏 잘해주셔서 진정한 큰 학자로서의 학문의 열정을 느낄 수 있었다.

필자가 조선사연구회 회장을 맡았을 때 한영우 교수님께서는 대구에 내려오신 적이 있다. "나의 학문과 인생"이라는 주제로 발표를 어렵게 부탁드렸는데, 필자의 부탁을 차마 거절하지 못하셨던 것 같다. 2007년 12월 14일 바람부는 추운 겨울날 대구까지 내려오셔서 오후 4시부터 7시까지 3시간 동안 조선사연구회 회원들과 함께 소중한 대화의 시간을 나눈 적이 있다. 잊을 수가 없고 감사할 뿐이다.

또한 이배용 전 이화여대 총장님을 비롯한 이병휴, 故 이장희, 故 이성무, 조광, 정만조, 한충희, 권연웅, 성재 김익수 교수님들께도 깊이 감사드리고 싶다. 특히 이배용 총장님은 필자가 활동하고 있는 조선시대사학회 회장, 한국여성사학회 초대 회장, (사)역사 · 여성 · 미래의 이사장이셨기 때문에 필자와 인연이 매우 깊다. 그런 인연으로 이배용 총장님은 경상북도 하양읍에 있는 대구가톨릭대학교에 안중근연구소 초청특강과 박물관 전시 관람(필자가 박물관장 재임시)을 위해 모두 두 차례 방문하신 적이 있다. 깊이 감사드린다.

객원교수로 방문할 수 있도록 초청장을 보내주셔서 필자의 학문적 발전과 더 넓은 세상을 경험하도록 해주신 미국의 오하이오 주립대학교 동아시아어문학과의 김영희 교수님, UCLA 한국학연구소 소장 존 던컨(J. Duncan) 교수님께도 깊은 감사를 드리고싶다. 던컨 교수님은 대표적인 저서로 『조선왕조의 기원(The Origins of the Choson Dynasty)』이 있으며, UCLA 한국학연구소를 설립하여 최고의 한국학연구기관으로 성장시켰다. 던컨교수님을 처음 뵙는 날 무척 친절하게 한국학연구소와 동아시아학 도서관(East Asian Library) 등 여러 곳을 직접 안내해주셔서 그 고마움을 잊을 수가 없다.

본교 박물관 관장 시절 "태극·무궁화 어울림展"을 할 수 있도록 개인적으로 수집하고 계시는 소중한 유물들을 흔쾌히 대여해주신 김길성 이계문 양연구소 소장, 박물관장을 오랜기간 맡으셔서 박물관에 대한 많은 지식을 알려주신 김쾌정 한국박물관협회 회장(허준박물관 관장), 변숙희 경상북도 박물관협회 회장(영천 시안 미술관 관장) 그리고 항상 열정적으로 박물관 업무를 도와주셨던 채창권 선생님께도 감사 인사를 전하고 싶다.

안중근연구소 소장 시절에는 많은 조언을 해주신 이경규 초대 안중근연구소장을 비롯하여 행사 때 마다 적극적으로 도와준 조순, 박경수, 노수문, 정연환, 하승무, 구본욱, 김차경 선생 그리고 안중근연구소 업무를 곁에서 성실하게 도와주었던 최효진 대학원생 조교에게도 감사드리고 싶다. 특히 안중근 의사 유족으로서 안중근 의사를 추모하고 선양하는 행사에 참석하셔서 항상 따뜻하게 대해주시고 물심양면으로 도와주신 故 안기영 여사님(안중근의사의 재종손녀)과 한춘희 여사님(안중근 의사 조카사위 광복군 한지성 대장의 조카) 께 깊이 감사드린다.

한국여성사학회 회장 시절에는 이배용, 박진숙, 정현백, 이송희, 강영경, 이순구, 문지영, 백옥경, 정해은 한국여성사학회 전 회장들과 윤정란 현 회장 그리고 김성은, 한희숙, 정현주, 박현숙, 강정숙, 권순형, 신영숙, 김영선

김은경, 이성숙, 기계형, 남미혜, 박경, 강영심, 김수자, 이현주, 김선주, 박정애, 안태윤, 박미현, 김형목, 나혜심, 이진옥 교수 등 한국여성사학회 임원진들의 도움이 컸다. 모든 분들께 감사드린다.

조선사연구회 회장시절에는 이준구, 한충희, 권영배, 우인수, 차장섭, 박인호, 구완회 조선사연구회 전 회장들과 정재훈 현 회장 그리고 조순, 故 설석규, 故 배재홍, 김병우, 이재철, 김명자, 김정운, 김영나, 김지은 교수 등 조선사연구회 회원들의 도움이 컸다. 모든 분들께 감사드린다.

조선시대사학회의 정만조, 이영춘, 김현영, 김문식, 강문식, 심승구, 권오영, 신병주, 한희숙, 故 최진옥, 이남희, 이수환, 김학수, 송양섭, 김의환, 정해득 등 조선시대사학회 회원 교수들께도 감사드린다.

대구시 청년유도회에서 사서(四書) 강독으로 늘 변함없이 지도해주시는 양재 이갑규 선생님께 깊은 감사를 드린다. 2001년부터 퇴근 후 대구향교에 四書 강독을 들으러 다니기 시작했다. 그 때 양재 이갑규 선생님께 四書를 배우면서 인연이 시작되었다. 그리고 대구시 청년유도회에 회원가입하여 전문위원을 맡게 되면서 필자는 2002년 8월 26일에 유림회관 소강당에서 "한국의 정려(旌閭)"란 주제로 초청강연을 하였다. 또한 대구시 청년유도회에서 매월 발행하는 〈대구청유회보〉에 2003년 3월호(제55호)부터 2014년 2월호(제186호)까지 "특별기획 정려(旌閭)" 섹션을 맡아 10년간 조선시대 영남지역의 효자, 열녀를 연재하는 재능기부를 하였다. 이 연재는 감사하게도 대구시 청년유도회 김용만 회장의 특별한 제안에 따른 것이었다.

그리고 우리 전통문화의 계승을 위해 대구청년유도회에서 실시하는 국내의 동방 18현 유적지와 영남지역 서원과 종가 등 선현유적지 탐방하는 행사에 열심히 참가하였다. 성리학을 통치이념으로 한 조선왕조의 역사를 전공하는 필자에겐 선현 유적지 현장답사가 매우 큰 도움이 되었다. 특히 이갑규 선생님의 지도 인솔하에 임종식 단장, 채영화 총무를 비롯한 김규탁 전 회장, 추태호 전 회장 그리고 김용환, 곽병원, 권혁화, 구본섭, 정여호, 손수용, 윤종주, 장형수, 주동일, 조영매, 박헌걸, 이주은, 이명교, 이홍자, 김정순, 이외태, 이윤남 등 대구시청년유도회 답사팀 선생님들과 함께 중국의 공자 유적지 답사에 다섯 차례 동행하는 행운도 누렸다.

대구시청년유도회 역대 회장을 지내신 이완재, 김규탁, 홍해수, 김용만, 추태호, 이창환, 배희구, 구본준, 양수용, 채영화 등 회장 여러분께도 감사드린다.

(사)역사·여성·미래에서 이사와 공동대표로서 참여하여 여성사의 대중화를 위해 노력할 수 있도록 해주신 이배용 전 이사장을 비롯하여 안명옥 현 이사장, 정현주 상임대표, 이원복 공동대표, 강영경 공동대표, 장혜경 사무국장께도 진심으로 감사의 인사를 전하고 싶다.

(사)국채보상운동기념사업회 이사와 여성분과위원장으로서 참여토록 해주신 신동학 전 상임대표를 비롯하여 이명식 현 상임대표, 이경규 공동대표께도 깊이 감사드린다. 특히 신동학 전 상임대표님은 여의사로서 현재 구순을 넘었지만 지금도 사회활동을 통해 열심히 봉사하는 삶을 살고계심은 같은 여성으로서 필자의 롤모델이 되고 있다.

『우열녀전』필사본과『여묘일기』필사본 복사자료를 제공해주신 조원경 (사)나라얼연구소 이사장과 황영례 소장 그리고 자료해석에 도움을 주신 한학자 故 이채진 선생님, 故 소천 서길택 선생님, 구본욱 선생님, 일문요약을 해주신 故 김영빈 대구가톨릭대학교 명예교수께도 감사를 드린다.

끝으로 역사학이라는 학문의 길을 걷는데 항상 든든한 버팀목이 되어주셨던 선친 박영석님과 뒤에서 조용히 격려해주시는 어머니 김외태님께 진심으로 깊은 감사를 드린다. 그리고 같은 한국사 전공자로 가장 학문적 소통이 잘되는 큰 남동생 박환 교수를 비롯하여 여동생 박옥 서양화가, 남동생 프랑스사 전공의 박단 교수와 중국사 전공의 박강 교수의 응원과 격려, 그리고 항상 외조를 아끼지 않는 남편 임문혁 교수에게도 고마움을 전하고 싶다. 공부한다며 시간을 함께 많이 못한 아들 정균, 딸 혜균이에게도 미안함과 고마움을 전하고 싶다. 그리고 며느리 이한나(손녀 임가은), 사위 이용운에게도 감사의 인사를 전한다.

2025년 1월
신미당 박 주

초판 1쇄 인쇄일 2025년 5월 12일
초판 1쇄 발행일 2025년 5월 19일

지은이	박 주
펴낸이	한선희
편집/디자인	정구형 이보은 박재원 안솔비
마케팅	정찬용 정진이
영업관리	한선희 한상지
책임편집	정구형
인쇄처	으뜸사
펴낸곳	국학자료원 새미(주)
등록일	2005 03 15 제251002005000008호
	경기도 고양시 덕양구 권율대로 656 원흥동 클래시아 더 퍼스트 1519, 1520호
	Tel 02)442-4623 Fax 02)6499-3082
	www.kookhak.co.kr
	kookhak2010@hanmail.net
ISBN	979-11-6797-234-7 *03910
가격	24,000원

* 저자와의 협의하에 인지는 생략합니다.
  국학자료원 · 새미 · 북치는마을 · LIE는 국학자료원 새미(주)의 브랜드입니다.
* 이 책 내용의 전부 또는 일부를 재사용하려면 반드시 저작권자의 동의를 받아야 합니다.